YUHIKAKU

# ストーリーで学ぶ
# 地域福祉

INTRODUCTORY COMMUNITY SOCIAL WELFARE:
LEARNING FROM STORIES

著 ・ 加山　弾
　　 熊田博喜
　　 中島　修
　　 山本美香

有斐閣 ストゥディア

# 目　次

## 地域福祉の推進主体(1)　　　　113
フォーマルな機関・団体

　　● 動　画：氷見市社会福祉協議会の森脇俊二
　　　　　　　さんへのインタビュー

# Column 一覧

本文イラスト：こぴょ

# 著者紹介

（五十音順）

## 加 山　　弾（かやま・だん）

序章，第1，8，9章，10章1節，11章2，3節，12章2，3節，16章

**現職**　東洋大学社会学部社会福祉学科教授

**主著**　『地域におけるソーシャル・エクスクルージョン──沖縄からの移住者コミュニティをめぐる地域福祉の課題』有斐閣，2014年。『地域再生と地域福祉──機能と構造のクロスオーバーを求めて』（共編）相川書房，2017年。

## 熊 田 博 喜（くまだ・ひろき）

序章，第2，3，14，16章

**現職**　武蔵野大学人間科学部社会福祉学科教授

**主著**　『生活支援の社会福祉学』（共著）有斐閣，2007年。『〈つながり〉の社会福祉──人びとのエンパワメントを目指して』（共著）生活書院，2020年。

## 中 島　　修（なかしま・おさむ）

序章，第5，6章，10章2節，11章1節，12章1，4～7節，15章，16章，地域福祉に関する年表

**現職**　文京学院大学人間学部人間福祉学科教授

**主著**　『コミュニティソーシャルワークの理論と実践』（共編）中央法規出版，2015年。『地域福祉のイノベーション──コミュニティの持続可能性の危機に挑む』（共編）中央法規出版，2017年。

## 山 本 美 香（やまもと・みか）

序章，第4，7，13，16章

**現職**　東洋大学ライフデザイン学部生活支援学科教授

**主著**　『臨床に必要な居住福祉』（責任編集）弘文堂，2008年。「居住の困窮化の経緯と住まいの回復への支援に関する研究──東京都A区における生活困窮者支援対象者の事例から」『日本の地域福祉』日本地域福祉学会，第30巻，2017年。

# 序 章

# これから地域福祉を学ぶ皆さんへ

## 地域福祉との出会い

　皆さんは,「地域福祉」という言葉を聞いて,何を思い浮かべるでしょうか。「地元でボランティア活動をしている住民の姿」だという人もいれば「小中学校時代,〝シャキョウ〟の方が学校に来てくれて,体験学習を受けた」ことを思い出す人もいるかもしれません。「別に,何のイメージも浮かばない」という人も,きっといると思います。

　「地域」はそこに暮らす人,集う人すべての共有財産であり,日常生活の基盤です。つまりあなたにとっても(普段,意識することはあまりないでしょうが)とても大切なものなのです。「地域」という空間に人々が集まって暮らし,働き,学ぶわけですから,「仲間」と出会い,一緒に笑い合ったり,困ったときに互いにカバーし合ったり,決まりごとをつくったりします。そういうものが「コミュニティ」です。

　ところが,近年ではその地域のコミュニティが煙たがられるようになっていて,人と人とのつながりがとても弱まっています。そのため,近隣の人間関係がとてもギスギスしやすかったりして,何となく落ち着きをなくしているように思えます。そのような地域の雰囲気の中で,一番犠牲になるのは,何かの生活問題に直面した人々でしょう。子育ての悩みを抱えながら,相談に乗ったり手を貸したりしてくれる人がいないまま不安やストレスを溜め込んでしまう。親に認知症の症状が出始めたが,離れて暮らしているため,「何か起きたらど

うしよう」と不安で仕方がない。職場や学校で嫌がらせを受け，これからどう社会と関わっていいかわからない。外国から移り住んだものの，日本語がわからず病院にも行きにくい。そのように地域社会の中で脆弱な立場にある人々ほど，「助けて」と言えなくて「生きづらさ」を抱え込んでしまいがちなのです。

　せちがらい世の中で，悩みを抱えて寒々とした思いをしている人々も「住民」であり，そんな人々の痛みに気づかない，気づいても「見て見ぬフリ」をするのも「住民」です。一方，苦しんでいる人々の力になろうと温かく手を伸ばす人々も同じ地域に暮らす「住民」です。また，自治体や社会福祉協議会など，公的機関・専門機関として住民の活動を後押ししたり，住民ではカバーできない専門的なサービスを提供したりする人々もいます。私たちは，それらすべての人々が地域福祉の構成主体だと考えています。

　近年では，孤立社会化，ストレス社会化，少子高齢化といった不安要素が拡大していますので，国は「地域共生社会」の実現を掲げ，自治体や地域ごとの取組みを推進しようと，さまざまな政策を打ち出しています。その意味で，地域福祉は新たな時代を迎えたといえます。しかしやはり，いつの時代も鍵を握るのは，そこで暮らす住民の思い，「この町が好き」とか「この町のここがイヤだ」などといった，生活者としての切実な願いや欲求（ニーズ）です。

　皆さんの身近な地域のこと，人々のこと，いろいろな場所のことを思い浮かべてください。そこを出発点に，一緒に地域福祉を考えていきましょう。

## ▌この本の特徴▐

　本書は，これから地域福祉を理解しようとする方々が，地域福祉を身近に感じながら，楽しんで学んでほしい（できれば，何か取り組みやすいことから活動に参加してもらいたい）という思いで，4人の執筆者がまとめたものです。そのため，各章の冒頭では，**大学3年生の美咲を主人公にした「ストーリー」**をイントロダクションとして展開させるようにしました。美咲と大学の仲間たち，家族，近所の人々などとのやりとりに親しみを感じてもらえれば……そして，できれば皆さんも登場人物の一人になって，美咲たちと一緒にキャンパスで学んでもらえれば，とても嬉しいです。登場人物や地域・団体はすべて架空のものです……が，彼女たちの元気があふれて，「バーチャルな活字の世界から抜け出して，3次元ワールドに参加したい！ そして著者と語りたい！」というこ

●ストーリー登場人物●

美咲（21歳）　主人公。女性。優飛大学社会福祉学部3年生，飲食店でアルバイト。あさひ市在住。

翔吾（21歳）　美咲の大学の友達。男性。社会福祉学部3年生。

彩加（20歳）　美咲の大学の友達。女性。社会福祉学部3年生。

ミン（20歳）　美咲の大学の友達。男性。ベトナム人留学生。社会福祉学部3年生。

トモエ（21歳）　美咲のサークル仲間。女性。優飛大学経営学部3年生。

山中先生（49歳）　美咲のゼミを担当し，「地域福祉論」を教える教員（優飛大学社会福祉学部准教授）。

修一（50歳）　美咲の父親。会社員。

博子（48歳）　美咲の母親。あさひ市社協に勤務するコミュニティソーシャルワーカー。

熊三（78歳）　美咲の祖父。

清子（73歳）　美咲の祖母。

松井さん（82歳）　美咲の近所の住人。

大牧さん（31歳）　母が勤める社協の同僚。コミュニティソーシャルワーカー。

加島さん（42歳）　山中先生の「地域福祉論」のゲストスピーカー。大学近くのこはる市社協のコミュニティソーシャルワーカー。

とになり，美咲たちが進行役になって座談会（第16章）まで開いてしまいました。

　また，視覚的なイメージをつかんでもらうために，QRコードで実践事例の

動画を付けました。本書の 124 ページと 244 ページに掲載されています。ぜひ，人々の熱意と地域福祉実践の魅力を感じてほしいと思います。

動　画 ───────────────────────────────

●氷見市社会福祉協議会 事務局次長　森脇俊二氏

富山県氷見市は，県の北西部に位置し，富山湾に面した自然豊かな町です。「氷見寒ぶり」「氷見牛」などが有名で，「食べ物が豊富で，のんびりと空気が流れる中で生活できる地域」（取材に応じてくださった森脇さん）です。人口約 4 万 8000 人，世帯数約 1 万 7000（2019 年 2 月取材時）で，人口減少と高齢化は進んでいるものの，国や自治体の補助金などもうまく取り入れながら，住民が主役となるまちづくりを進めています。→第 8 章 124 ページ

● NPO 法人おかやま UFE 代表　阪井ひとみ氏

住まいを失った，あるいは失いそうになっている人々，とくに精神障害者に対して，住まいの提供と生活支援を行っている団体である，岡山県にある NPO 法人おかやま UFE を取り上げました。われわれ執筆者で取材に行き，このおかやま UFE で中心的な存在として活躍されている阪井ひとみさんの活動を追いました。ぜひ動画をご覧になってください。→第 13 章 244 ページ

───────────────────────────────

## 社会福祉士国家試験への対応

　読者の中には，社会福祉士国家資格取得をめざしている人も多いことでしょう。本書は社会福祉士国家試験への対応にも配慮しました。6 ～ 7 ページの表を参照してください。

　2019 年には「社会福祉士養成課程のカリキュラム」が見直されました。新しいカリキュラムは，2021 年度から実施されます。精神保健福祉士との共通科目を増やすことや，実習・演習の充実（2 カ所以上での実習，実習時間を 240 時間に拡充）など，さまざまな点が変更されました。

　とくに，地域福祉は，地域共生社会に関する科目として，現行の「地域福祉の理論と方法」と「福祉行財政と福祉計画」を合わせた「地域福祉と包括的支援体制」が新しく創設され，内容が大きく変わりました。「地域福祉論」を福

祉計画論や行財政論も含めて多角的に学べる科目へとより発展させたともいえ
ます。一方で，地域福祉の理念や対象，住民主体・住民参加といった，これま
で地域福祉論の中で重視されてきた概念も忘れてはなりません。本書では，こ
れらの事項についても忘れることなく取り上げています。

　皆さんが地域福祉の扉をワクワクと開いていただければ，何よりの喜びです。
本書がその一助になることを願います。

社会福祉士カリキュラムと本書の対応関係(1)：現行カリキュラム［地域福祉の理論と方法］

| 本書の各章（序章、第16章を除く） | 社会福祉士カリキュラム（現行） | | | | | | | | | | | | | | |
|---|---|---|---|---|---|---|---|---|---|---|---|---|---|---|---|
| | 1. 地域福祉の基本的考え方 | | | | | 2. 地域福祉の主体と対象 | | | 3. 地域福祉に係る組織、団体および専門職や地域住民 | | 4. 地域福祉の推進方法 | | | | |
| 中項目 | 1.概念と範囲 | 2.地域福祉の理念 | 3.地域福祉の発展過程 | 4.地域福祉における住民参加の意義 | 5.地域福祉におけるアウトリーチの意義 | 1.地域福祉の主体 | 2.地域福祉の対象 | 3.社会福祉法 | 1.行政組織と民間組織の役割と実際 | 2.専門職や住民の役割と実際 | 1.ネットワーキング | 2.地域における社会資源の活用・調整・開発 | 3.地域における福祉ニーズの把握方法と実際 | 4.地域ケアシステムの構築と実際 | 5.地域における福祉サービスの評価方法と実際 |
| 第1章　地域福祉の概念 | ● | | | | | | | | | | | | | | |
| 第2章　コミュニティと地域福祉 | ● | | | | | | | | | | | | | | |
| 第3章　地域福祉の理念 | | ● | | | | | | | | | | | | | |
| 第4章　地域福祉の歴史(1) | | | ● | | | | | | | | | | | | |
| 第5章　地域福祉の歴史(2) | | | ● | | | | | | | | | | | | |
| 第6章　地域福祉の法・制度 | | | | | | | | ● | | | | | | | |
| 第7章　地域福祉の対象 | | | | | | | ● | | | | | | | | |
| 第8章　地域福祉の推進主体(1) | | | | | | ● | | | | ● | | | | | |
| 第9章　地域福祉の推進主体(2) | | | | | | ● | | | ● | ● | | | | | |
| 第10章　地域福祉の推進主体(3) | | | | | | ● | | | ● | ● | | | | | |
| 第11章　地域福祉の推進方法(1) | | | | | ● | | | | | | ● | ● | ● | | |
| 第12章　地域福祉の推進方法(2) | | | | | | | | | | | ● | ● | ● | ● | ● |
| 第13章　地域福祉のサービスと活動 | | | | ● | | | | | ● | | | | | ● | |
| 第14章　住民主体のまちづくり・活動 | | | | ● | | | | | | | | | | | |
| 第15章　地域福祉の財源 | | | | | | | | | ● | | | | | | |

社会福祉士カリキュラムと本書の対応関係(2)：新カリキュラム［地域福祉と包括的支援体制］

| 本書の各章（序章、第16章を除く） | 社会福祉士カリキュラム（新） | | | | | | | |
|---|---|---|---|---|---|---|---|---|
| | 1. 地域福祉の基本的な考え方 | 2. 福祉行財政システム | 3. 福祉計画の意義と種類、策定と運用 | 4. 地域社会の変化と多様化・複雑化した地域生活課題 | 5. 地域共生社会の実現に向けた包括的支援体制 | 6. 地域共生社会の実現に向けた多機関協働 | 7. 災害時における総合的かつ包括的な支援体制 | 8. 地域福祉と包括的支援体制の課題と展望 |
| 第1章 地域福祉の概念 | ● | | | | | | | |
| 第2章 コミュニティと地域福祉 | | | | ● | | | | |
| 第3章 地域福祉の理念 | ● | | | | | | | |
| 第4章 地域福祉の歴史(1) | ● | | | | | | | |
| 第5章 地域福祉の歴史(2) | ● | | | | | | ● | |
| 第6章 地域福祉の法・制度 | | | | | ● | | | |
| 第7章 地域福祉の対象 | | | | ● | | | | |
| 第8章 地域福祉の推進主体(1) | ● | ● | | | ● | ● | | ● |
| 第9章 地域福祉の推進主体(2) | ● | | | | ● | ● | | ● |
| 第10章 地域福祉の推進主体(3) | ● | | | | ● | ● | | ● |
| 第11章 地域福祉の推進方法(1) | ● | | ● | | | | | |
| 第12章 地域福祉の推進方法(2) | ● | | ● | | | | | |
| 第13章 地域福祉のサービスと活動 | | | | | ● | ● | ● | |
| 第14章 住民主体のまちづくり・活動 | ● | | | | | | | |
| 第15章 地域福祉の財源 | | ● | | | | | | |

第 1 章

# 地域福祉の概念

## STORY

　いよいよ新学期。今日から美咲は，優飛大学の3年生。春休みはバイトのほか，サークル仲間や高校時代の友達と買物に行ったり，流行スポットで遊んだりと，それなりに満喫した。しばらく会っていなかった友達とも会えて大満足な休みだった。それももう終わり。新学期から，また気を引き締めていかなくちゃ。キャンパスは再び学生たちであふれ，いつもの活気が戻ってきた。

　「昼は学食に集合！　いつもの席で」。同じ学部の翔吾からスマホにメッセージが届く。あちこちから歓声が聞こえるにぎやかな学食の奥，カレーライスとアイスティーをトレイに乗せて窓際の席へ向かうと，翔吾のほかに彩加とミンもいた。「久しぶり！」学部の友達とは春休みは会っていなかったので，少し懐かしい気持ちになった。「ねえ，春休み，何してたの？」互いに，話したいことは山ほど

ある……。

　午後は，山中先生の「地域福祉論」の講義がある。美咲たちは揃ってその講義に出る。といっても，「地域福祉」って何だろう？　美咲が「次の授業，単位とれるかな」と話題を向けると，「うーん，地域ってなんかイメージがわかないし，難しそうだよねー」と彩加。相づちを打ちつつ，美咲の頭には，母親の顔が浮かんできた。母の博子は，あさひ市の社会福祉協議会の職員だ。仕事の内容について詳しく聞いたことはないが，子どもの頃から会話の中で「地域福祉」という言葉は何となく耳にしていた。そういえば，母はよく言っていたっけ。「住民が主役。住民のボランティアが大切」。それが，地域福祉ってこと？

　そんな母の教えもあってか，美咲はボランティア活動を何度か経験している。中学時代には学校のプログラムで，福祉施設で何度かボランティアをした。高齢者や障害者の施設だったが，お手伝いをして喜ばれるのは嬉しかったし，知らない大人たちと話すのもどちらかといえば好きだった。高校時代も，夏休みを利用して，母親が勧めてくれた高齢者施設に手伝いに行っている。この春休みも，ボランティアに行く時間はあったかも，と美咲はふと思った。

　「地域福祉って，地域でボランティアするってことじゃないの？」と翔吾が言う。「俺もそのイメージ」とミン。でも，施設ではなく地域でボランティアするってどんなことなんだろう？　と，美咲は疑問に思った。町内の清掃とか，駅前での募金とか……？　それくらいしかイメージができないけれど，ほかに何かあるのかな。せっかくだから母に聞いておけばよかった。でも，友達と会う約束やバイトもあったし，仕方ないか。みんなでトレイを片付けて，美咲たちは講義に向かった。

# 1　地域で暮らす，暮らし続ける

　私たちは基本的に，どこかの地域で暮らす「住民」だといえます。とはいえ，住民同士の付き合いがだんだん弱くなり，近所の人と挨拶を交わすことも減ってきていることもあって，「自分はこの地域の住民だ」と実感できる人はあまり多くないのかもしれません。

　しかし，たとえば近くに商業施設がオープンするとか，近くに大きな病院がなくて困っていた地域に総合病院が移転してくるといったことがあると，その

周辺に暮らす誰もが利便性や安心感という恩恵を受けることができます。反対に，大規模な災害や凶悪な犯罪に襲われた時，周辺住民すべての不安や恐怖，悲しみが迫ってくるはずです。つまり，たとえ見ず知らずであっても，同じ地域に暮らす住民同士というだけで「利害関係者」なのです。

　また，同じ地域に長く暮らすほど，よく顔を合わせる人や会話を交わす人，よく行く店や病院などができやすくなります。それは「馴染み」ということであり，「馴染み」の相手が増えるほど地域への愛着や仲間意識も増し，それが「コミュニティ」としての意味をもつようになってくるといえます。

　ちょっと立ち止まって，皆さんの子どもの頃を思い出してみると，日頃の生活空間は今よりずっと狭く，友達や買物等も「地元」が中心だったことでしょう。大人に近づくにしたがって，進路や職業の選択肢が増え，行動範囲や人づきあいも広くなり，徐々に「地元」を意識しなくなってきたのではないでしょうか。さらに年齢を重ねてくると，（学生時代の今では想像もつかないかもしれませんが）子育てであったり，親の病気や介護の必要に直面したりするかもしれないし，もっと先には自分の老後の心配が待っています。それらのニーズ（要求）は，毎日起きることであって，基本的に地元で満たされることです。地元のサービスを利用し，さらには「子育て仲間」「介護家族同士」のつながりや，それらに関わるボランティアの人たちとのつながりがあると，自分の負担も軽くなり，精神的にも満たされることでしょう。そう思うと，私たちは人生の中の結構長い時間を「地域で生活している」といえないでしょうか。

　誰だって自分が暮らす地域が心から安らげるものであってほしいと思うものでしょうし（危険や不安を遠ざけたいのが当然です），「もっとこうだったらいいのに」という願いもあるでしょう。「地域福祉」は，そうした住民一人ひとりの「ここでより良く暮らし続けたい」という思いが出発点となります。

　私たちはゆっくりと，しかし後戻りのできない人生を歩んでいます。幼少の時期，学生生活を満喫できる時期，職場や家庭で責任をもつ時期など，「自分史」のさまざまな場面を生きています。地域はそのもっとも基本的なステージであり，私たちは少なからぬ恩恵や影響を地域から受けています。自分も，地域というステージのほかならぬアクター（登場人物，構成員）の一人だと考え，本書を通して一緒に地域福祉を考えていきましょう。

#  2 地域社会の変容

　前節で見たように，誰にとっても地域は生活の安定のための土台のはずなのに，安心して暮らせなくなってきているのは，皆さんも感じることでしょう。少子高齢化や低調な経済の影響で，「無縁社会」「ストレス社会」とよくいわれるようになって，地域もなんとなくギスギスしたような（他人のことを思いやるゆとりがない？）雰囲気になりつつあるように思えます。また，個人主義的・新自由主義的な価値観が浸透するにしたがって，「自分の権利や利益さえ守られればよい」という考え方を主張する人が増えています。その結果，心配事もなく順調に暮らせているうちはいいのですが，実際にはトラブルや衝突がそこかしこで起きています。

　図1.1は，2006年と2015年での住民同士のつながりの変化を表したものですが，この10年ほどで近隣関係が希薄化し，困った時に助け合う関係が乏しくなっていることがわかります。

　また，個人情報についても，世の中全体でやや意識過剰になっていると言えば言い過ぎでしょうか。誤解があるといけないのですが，現代のようなネット社会では，情報漏洩のリスクは防がなければなりません（つまり，自分の情報を「知られない権利」は絶対に守られる必要があります）。しかし，個人情報保護法を根拠に，互いが知り合わなくてよい，関わらなくてよいという風潮がやや強いように感じられます。まして，問題を抱えて孤立している人のSOSに周りの人たちが気づいても，「他人の問題には関知したくない」という風潮になっているのではないでしょうか。本当は「個人情報だから」でなく，「関わるのが煩わしいから」なのかもしれません。地域での仲間意識は，人と人とが知り合うこと，関わることで生まれるのであって，切り離すことからは生まれないのです。

　そのような地域社会の片すみで，問題を抱えている人たちが孤立しています。ごみ屋敷，ひきこもり，虐待……といった地域の孤立の問題を頻繁に耳にするようになりましたが，これらは公的なサービスにつながりにくい，あるいはつながっても解決しにくい性質の問題です。さらに状況を悪くしているのは，身

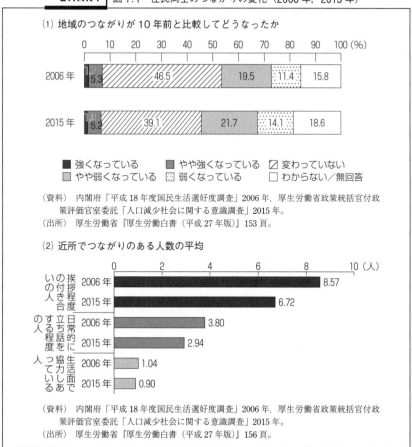

**CHART** 図1.1　住民同士のつながりの変化（2006 年，2015 年）

(1) 地域のつながりが 10 年前と比較してどうなったか

2006 年　1.7　5.3　46.5　19.5　11.4　15.8

2015 年　1.3　5.2　39.1　21.7　14.1　18.6

■ 強くなっている　　■ やや強くなっている　　▨ 変わっていない
▨ やや弱くなっている　▨ 弱くなっている　　□ わからない／無回答

（資料）　内閣府「平成 18 年度国民生活選好度調査」2006 年，厚生労働省政策統括官付政策評価官室委託「人口減少社会に関する意識調査」2015 年。
（出所）　厚生労働省『厚生労働白書（平成 27 年版）』153 頁。

(2) 近所でつながりのある人数の平均

挨拶程度の付き合いの人　2006 年　8.57
　　　　　　　　　　　　2015 年　6.72

日常的に立ち話をする程度の人　2006 年　3.80
　　　　　　　　　　　　　　　2015 年　2.94

生活面で協力しあっている人　2006 年　1.04
　　　　　　　　　　　　　　2015 年　0.90

（資料）　内閣府「平成 18 年度国民生活選好度調査」2006 年，厚生労働省政策統括官付政策評価官室委託「人口減少社会に関する意識調査」2015 年。
（出所）　厚生労働省『厚生労働白書（平成 27 年版）』156 頁。

の回りでこうした問題が起きていることに誰も気づいていないか，気づいても見て見ぬフリをすることが多くなっていることでしょう。その結果，孤立死（孤独死），自殺，虐待死など，生命に関わるような事態にいたってしまうことが増えているのです。

　もし，今の皆さんが「見て見ぬフリ」をする一人だとしても不思議はないのですが，少し想像してほしいと思います。自分が将来，職場のハラスメントや友人関係等でつまずき，仕事を辞めたりして孤立してしまった時。また，子どもができたものの，夢見た幸せな家庭像とはほど遠く，育児不安やストレスを抱え込んでしまった時。健常者だった自分や家族が障害を負ったり，認知症になったりした時。そんな時に身近で相談に乗ってくれたり，手を貸してくれた

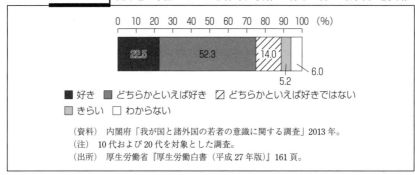

**CHART** 図1.2　今住んでいる地域（市町村）が好きか否か（10代・20代）

（資料）　内閣府「我が国と諸外国の若者の意識に関する調査」2013年。
（注）　　10代および20代を対象とした調査。
（出所）　厚生労働省『厚生労働白書（平成27年版）』161頁。

りする人がいればどんなにか心強いことでしょうが，いなければ途方に暮れて
しまいます。「相談ならむしろネットやSNSで，匿名性のもとでする方がい
い」というのが今では主流になりつつあるのかもしれません。しかし，自分が
今まさに問題に直面している時（震災で自分が被災したとしたら？），物理的に近
くにいる人ならすぐに駆けつけてくれるし，きっとこれからも支えてくれるで
しょう。地域というのは，このような「持ちつ持たれつ」の互助が生まれる空
間でもあるのです。

　図1.2を見てみましょう。10代・20代の若者が「今住んでいる地域が好き
か否か」を表したものですが，「好き」と「どちらかといえば好き」を合わせ
ると74.8％，つまり約4分の3もの若者が地元を大切に思っていることを示し
ています。地域に愛着をもつ住民が「できること」「気づいたこと」を少しず
つ進めることが地域福祉の原動力となるのです。

# ３　さまざまな問題が地域で起きている

　さて，私たちの身の回りでは，実にさまざまな問題が起きています。支援の
必要な人の生活問題やニーズを大まかにとらえると，①日常生活を送るうえで
住民間の支えが必要な軽微なものと，②緊急かつ専門的な対応の必要なものに
分けて考えられるでしょう。前者としては，たとえば，買物や通院・通学など
が難しい高齢者や障害者などへの外出支援，孤立気味の人への見守りや話し相
手，子育て支援などがあります。後者では，心身の健康状態の急な悪化，失業

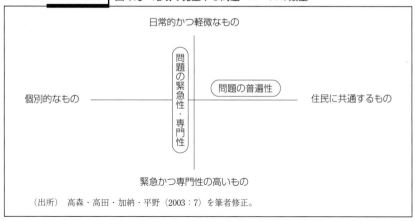

（出所） 高森・高田・加納・平野（2003：7）を筆者修正。

など家計の急変，災害・犯罪などに遭った人などの問題があります。いずれも切迫した問題に陥りやすいものばかりで，現に困りごとに直面している人々への支援と同時に，予防的な支援も不可欠です。

　また，別のとらえ方をすれば，①防災・防犯や健康づくりなど，そこに暮らす住民に共通する（普遍的な）ものもあれば，②要介護高齢者，障害者，難病患者，外国籍住民，刑務所出所者，いじめや虐待を受けた子どもなどが，個別的に抱える問題もあります。

　このようなさまざまな問題を，図1.3のように整理しておきましょう。

　昔は当たり前にあった近隣での住民間の交流の希薄化，つまり「つながりの欠如」がこれらの問題の根底にあるのだとすれば，地域福祉は「つながりの再構築」だといえます。つながりが問題を未然に防ぎ，また，起きてしまった問題にはつながりで解決にあたることができるからです。

　これらの問題群に，行政や支援機関などは公的責任において取り組んでいるわけですが，それだけでは十分でなく，「第一発見者」「見守りやちょっとしたお手伝い」など，住民にしかできない役割があります。つまり，図1.3の問題類型は，多様な支援が展開するフィールドととらえることもできるのです。

　地域福祉では「住民が主役」といわれます。実際，住民が身近な地域で，さまざまなボランティア活動を行うことが地域福祉の生命線といえるもので，「コミュニティワーカー」や「コミュニティソーシャルワーカー」などと呼ばれる専門家はそうした住民主体の福祉活動を育てるスペシャリストだともいえます（→第10章 Column ❶）。

　一方，住民が諸活動を通じ，地域の課題を自分たちで考え，住民としての責任感を自覚し，これからの地域のあり方を選んでいくこと，さらには行政や関係機関・団体などと一緒にそれらを決定していくことは，福祉の立場で「自治」を前に進めていくことでもあります。

　このように，地域福祉は住民や福祉当事者（支援の必要な人やその家族など）の声，あるいは支え合いを基礎として，その集積によって身近な生活圏の自治を形成していくのだと考えると，「住民参加の地域福祉活動」といってもさまざまな性格があることがわかります。右田紀久惠は，地域福祉における参加のタイプを，①自助的な協働活動への参加，②援助・サービス供給活動への参加，③政策決定・計画立案への参加，④組織的圧力行動への参加，に整理しています。大まかな志向性として見れば，①や②のように諸活動への直接的な参加と，③や④のように政策過程に対して意思表示し，影響を与えていくこと（地域のことを自分たちで決めていく），というものがあると考えられます。

　ここでいう「住民」には，「誰かの役に立ちたい」という活動者もいれば，「誰かの手を借りて，この町で暮らし続けたい」と思う福祉当事者もいます。さらにはそのようなことに無関心な人，関わりたくないと考える人もいます。それらの一人ひとりが「この地域が一番」だと思えるように，「ボトム・アップ」（下から上へ）の考え方で進めていくことが大事です。

# 4　地域福祉実践の新たな広がり

　整理すると，地域福祉は住民によるボランティアなどの主体的な活動が柱となり，行政（自治体）や専門家はそれをバックアップしたり，独自のサービスを提供して支援の必要な住民を支えています。

　住民の活動の典型的なものとして，サロン（高齢者や子育て世代などの対象ご

とに開かれる交流の場や居場所）の運営，配食サービス，日常のちょっとした困りごとを解決する家事援助，買物や通院に付き添う外出支援，閉じこもり傾向にある高齢者などへの見守り・声かけ訪問といったものがあり，小地域を単位として継続的に行われることで，「支える側」「支えられる側」という壁を超えてつながりあえる温かさがあります。

　また，住民のニーズは時代とともに変化するので，地域福祉活動も住民ならではの感性や柔軟さで創意工夫されています。たとえば，子どもの貧困問題と向き合う「子ども食堂」や「無料塾」などの新しい取組みは，多くの住民の共感を呼び，全国で急速に広がっています。また，誰もが立ち寄り，ホッとできる居場所であり，また住民同士のつながりを生むことのできる「コミュニティカフェ」も増えています。そのカフェを活動拠点にして新しくボランティアグループが立ち上げられたり，障害者が働く場としての機能をもったりすることもあり，一つの「場」がいくつもの活動に発展していく例も全国で見られます。

　冒頭でも述べたように，住民は，自分の住む地域で起きることに直接影響を受ける利害関係者ですし，頻繁に接することで連帯意識や共同意識も芽生えやすいものです。「自分の住む地域をもっとよくしたい」と思っている住民は多く，また近所で暮らす人の問題に素早く気づいている住民もいます。専門家のような知識や権限がなくても，柔らかい発想で新しい解決方法を生み出せることや，温かく他者とつながっていけることは住民ならではの強みといえます。これまでもそうであったように，時代や社会に合わせた住民の取組みには大きな期待が寄せられているのです。

# ⑤　岡村重夫の地域福祉論

　地域福祉の理論は，1970 年代に岡村重夫によって体系的にまとめられました（岡村 1974）。その当時の日本は，高度経済成長の中でめざした「福祉国家」の推進が区切りを迎え，それまでの施設入所中心の福祉のあり方から在宅福祉サービスへと政策の重点を移す時期にあり，また高齢化や地方の過疎化・都市の過密化への対応が必要とされるという転換期にありました。

　そのような時代背景の中，岡村が掲げたのは「福祉コミュニティ」づくりの

大切さでした。福祉コミュニティとは，社会的に不利な立場に置かれた人々，何らかの支援を必要とする人々や，それらの人々を仲間として受け入れ，支援する人々や団体からなるコミュニティのことで，多数の地域住民の共通の関心や問題意識に基づいて形成される「一般的コミュニティ」の下位集団だとされます。

　町なかをよく見てみると，せっかくバリアフリートイレが設置されているのに，道路を渡らなければトイレにたどり着けないような物理的な問題があって肝心の身体障害者にとって使い勝手が悪いような，本末転倒といわざるをえない例が実際にありますし，高齢者が体調不良をきたしていても周りの誰も気に留めないこともあります。福祉当事者を射程にとらえない，つまり多数者の目線のみで進められる地域づくり，コミュニティづくりは，弱い立場の人を容易に排除してしまうのです。

　このことは，ストレスが多く生きづらさに直面しやすい現代社会において，改めて問い直す必要があるのではないでしょうか。福祉コミュニティは，さまざまなハンディがある人も当たり前のように社会で暮らすことができ，諸活動に参加できるようにするべきだとする「ノーマライゼーション」や「ソーシャル・インクルージョン（社会的包摂）」の考え方にも連なるものといえます。生活問題は本人の責任だととらえる近年の風潮は，「自己責任論の濫用」と呼ぶべき状況ですが，そうではなく，生きづらくさせている一般の地域・コミュニティや社会そのものをも変えていく必要があると考えるべきでしょう。

　その意味で，福祉コミュニティを一般住民の社会やコミュニティを構成する一部として，しかもきわめて重要な部分として位置づけることは大切です。近年では，地区社協（第**8**章参照）や住民同士の支え合いのネットワークなどが拡充しており，まちづくりの中核に福祉が据えられるようにもなってきています。これらは福祉コミュニティの具現化としてみることができるでしょう。

　岡村は，地域福祉の構成要素として，「地域組織化活動（一般的地域組織化・福祉組織化）」「コミュニティ・ケア」「予防的社会福祉」を示しています（岡村1974：62）。

　第1の「地域組織化活動」において，「一般的地域組織化」は，ひろく住民一般の中に市民的・民主主義的な態度（つまり，自分のことだけでなく，自分の周りの他者にも関心を向け，責任感をもって行動できること）を促進するため，地域の

通信手段や集会する場所を整備すること，近隣で連帯することの大切さの理解を育むことが必要だとされています。一方，「福祉組織化」は，上述した「福祉コミュニティ」の実現のために行われるものです。支援の必要な人々が社会の諸活動に参加し自己決定すること，そのために必要な情報を集め，地域の計画を立てること，共通理解や合意形成のためのコミュニケーションを促進すること，必要な社会福祉サービスを新設・運営することは，福祉コミュニティのもつ機能であり，それを活発にすることが求められます。

　第2の「コミュニティ・ケア」は，施設入所型の「インスティテューショナル・ケア」と対をなす考え方で，支援の必要な人々が可能なかぎり地域社会で生活できるよう，施設・サービスを地域に開かれたものとし，地域社会サービスとして運営できるようにしようとするものです。

　第3の「予防的社会福祉」では，岡村が挙げる社会生活上の基本的要求（①経済的安定，②職業的安定，③家族的安定〔住宅〕，④医療，⑤教育，⑥社会的協同，⑦文化・娯楽）に基づき，それぞれに対応する社会制度・サービスが矛盾なく連携できるようにするという視点が重視されます。私たちは，日常的にいくつもの社会サービスを利用しながら生活上のニーズ（要求）を満たしているのですが，たとえば健康を害したことをきっかけに学校に通えなくなったり，失業を契機に住居（社宅など）を失うなど，問題が複合的に生じることも多いため，サービスが個々バラバラに適用されては，利用する人・世帯の個々の事情に寄り添うことができません。また，社会的に不利な状況にある人々のニーズは，すべての住民に共通するニーズに対応する「普遍的サービス」だけでは充足されないため，少数の人がもつニーズに対応する「特殊サービス」も不可欠なのです。

　岡村は，めざすべき「福祉」の意味について，「万人に共通する平等の権利というだけでは，まだ『福祉』にはならない」「真の『福祉』であるためには，個人の主体的にしてかつ個別的な要求（needs）が充足されなくてはならない」と述べています。今日的な地域の課題として，社会的孤立や排除の問題が浮上していますが，地域福祉はそれらを克服し，真の「福祉」へ近づけていくものでなければなりません。

## 地域福祉論の形成過程

　地域福祉という言葉自体はずっと昔からあったのですが，その使い方は統一的なものでなく，終戦直後から 1950 年代末までは，スラムや未解放部落等への対策としてのセツルメント運動や隣保館活動などが，主に「地域福祉」と呼ばれていました。

　しかし，上で述べたように，現代，私たちが使う地域福祉の概念は，1970 年代に岡村によって体系化されたものをベースにしながら，地域社会の変容や，それを受けた実践・政策の展開や理論化の過程で少しずつ発展してきました（牧里 1983：362-63）。野口定久による 1990 年代までの整理に沿って，大まかに見てみましょう（野口 2008：49）。

　1970 年代は，過疎化・過密化で脆弱になったコミュニティを地域に取り戻すことを政府が優先課題として掲げ，コミュニティ行政や「定住構想」と呼ばれる政策が打ち出されました。この時期の地域福祉には，岡村重夫や阿部志郎がリードした「コミュニティ重視志向」と，右田紀久恵，井岡勉，真田是が唱えた「政策制度志向」の地域福祉という性格がありました。

　1980 年代に入ると，在宅福祉やノーマライゼーションの考え方が広がり，住民が参加するボランティア活動が促進されたことから，地域福祉論は永田幹夫や三浦文夫が唱えた「在宅福祉志向」や，大橋謙策，渡辺武男による「住民の主体形成と参加志向」を特徴としました。

　1990 年代は，地方分権・自治が重視され，市民活動に新しく道を開く「NPO 法」（特定非営利活動促進法）が制定された（1998 年）ことなども，地域福祉に大きく影響を与えました。右田紀久恵が主唱した「自治型地域福祉論」の時代といわれます。

　現在の地域福祉も，その延長線上に発展し続けています。2000 年に改正された「社会福祉法」においてはじめて「地域福祉」の用語が規定され，また住民・当事者も参加する地域福祉計画も法制化されたことなどを契機に，武川正吾による「地域福祉の主流化」という考え方が着目されました。生活困窮者自立支援法の施行（2015 年），地域包括ケアシステムの法定化や「我が事・丸ご

と」地域共生社会実現本部の設置（2016年）のように，地域福祉の政策化が近年は活発化しています。また，高齢社会化に伴うさまざまなリスクとともに，社会的孤立・排除の問題への対応も必要になっており，コミュニティソーシャルワーカー（CSW）のような専門職も配置が進んでいます。そのため本書では，2000年以降を「政策化とソーシャル・インクルージョン志向の地域福祉」と呼んでおくことにしましょう。

 ## 地域福祉論を学ぶにあたって

　さて，皆さんは本書で地域福祉論を学んでいくわけですが，大きく「主体」「問題・ニーズ」「政策・制度」「実践・援助方法」という4つの側面に分類して地域福祉をつかんでいきたいと思います。皆さんにとっても暮らしのステージとなる「地域」という空間で問題・ニーズや支援を考えていくことになるのですが，いうまでもなく，地域はその周囲の社会から大きな影響を受け，また地域から社会全体を変えていくことも視野に入れる必要があります。（第2, 3, 15章参照）これらを俯瞰したものが図1.4です。

　「主体」には，公的なものや専門機関・団体に属する援助職者などの「フォーマル」なもの，住民のボランティアなどによる「インフォーマル」なものがあるのですが（第8, 9, 10章参照），福祉分野以外にも，医療・保健，教育，雇用などの諸分野との連携が不可欠ですし，地元の商店街・企業・農業協同組合などのように，一見すると福祉とは無関係に思える組織や人々が，実は大きな役割を果たせることがあります。それらの諸アクターにまんべんなく目を配り，連携の推進を考えていく必要があります。

　「問題・ニーズ」は，地域福祉の援助のターゲットとなるものです（第7章参照）。上述したように，住民の間で共有されている（普遍的な）ものや，障害者などの個人が抱えるものがあります。ともすれば後者は地域から切り離されやすく，行政や専門職に任せればよいと考えられがちですが，これらの人々も地域生活を営む住民としてとらえる視点が重要です。とりわけ住民には，身近で暮らす人々の問題・ニーズに敏感であり，ちょっとした異変にいち早く気づき，「支える側－支えられる側」を超えた温かい関係を築くことのできる存在で

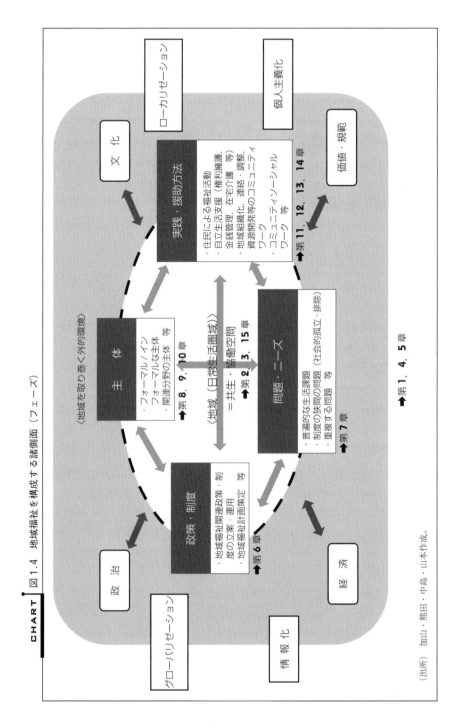

〈地域を取り巻く外的環境〉

**文化**

ローカリゼーション

個人主義化

価値・規範

**実践・援助方法**
・住民による福祉活動
・自立生活支援（権利擁護、
金銭管理、在宅介護 等）
・地域組織化、連絡、調整、
資源開発等のコミュニティ
ワーク
・コミュニティソーシャル
ワーク 等

→第 11, 12, 13, 14章

**主体**
・フォーマル／イン
フォーマルな主体
・関連分野の主体 等

→第 8, 9, 10章

〈地域（日常生活圏域）〉
＝共生・協働空間
→第 2, 3, 15章

**問題・ニーズ**
（社会的孤立・排除）
・普遍的な生活課題
・制度の狭間の問題
・重複する問題 等

第 7章

**政策・制度**
・地域福祉関連政策・制
度の立案・運用
・地域福祉計画策定 等

→第 6章

**政治**

グローバリゼーション

情報化

**経済**

→第 1, 4, 5章

（出所）加山・熊田・中島・山本作成。

あってほしいと思います。

「政策・制度」では，地域福祉関連の政策・制度や計画のことを範疇とします（第6章参照）。近年，地域福祉の政策化・立法化が活発になっていることをすでに述べましたが，いうまでもなく，これらは地域の実情に基づき，地域福祉を推進することを目的としています。実践主体・援助方法の動向を受けて立案されるとともに，それらを規定し，支援する機能があります。地域福祉の援助者は，政策・制度の立案をめざすとともに，その的確な運用を図ります。また，その過程において，地域の住民・当事者とともに地域福祉計画を策定することが求められています。

「実践・援助方法」では，住民が主体となるもの，専門職が行うものがあります（第11～14章参照）。前者では，小地域を単位とするさまざまなボランティア活動があり，後者では自立生活支援を目的とする制度的な在宅福祉サービスのほか，住民などの地域のアクターを支援して活動を促進する「コミュニティワーク」や，制度の狭間に落ち込んだ社会的孤立・排除などの個別的な問題に対する「コミュニティソーシャルワーク」などの援助方法があります。

地域という空間で，これらの各要素が有機的に影響し合いながら地域福祉が推進されていきます。言い換えれば，困りごとを抱えている住民との共生や，自分も何かしたいと活動する住民との協働が，このステージで展開するのです。

私たち人間が周りからの影響を受けながら存在しているのと同じように，地域もまたさまざまな外的要因に規定されながら形づくられています。たとえば，政治，経済，文化の状況変化は，良くも悪くも地域に影響をもたらし続けます。また，価値観や行動規範もその地域を特徴づける要因となります（よく「この地域は祭りが盛大だ」とか，反対に「この地域は住民同士の交わりが少ない」「マナーが悪い」などと，地域の性格が語られます）。

さらには，グローバリゼーション，情報化といった地球規模の社会のうねりは，私たちの地域生活にももちろん影響します。公共の場で外国人をよく見かけるようになったとか，地域情報にもEメールやSNSが導入されたなど，考えてみればいろいろと挙げられることでしょう。このように，住民生活と一緒に，地域も常に変わっています。

携帯電話もなかった時代と現在とでは，同じ町であっても随分違うことは想像に難くありません。人々の価値観やライフスタイルも変化し，関心事や心配

事も変わり，人づきあいも変わっています。昔と変わらず，住民同士の支え合い・互助が暮らしの基盤であり続けている地域もあれば，仕事や公共サービスだけで生活を維持する人が多数を占める地域もあります。

　これからの地域はどんな姿に変化していくのでしょう。その姿は，あなたの住む町とほかの町では違うはずですし，「どうなっていくのか」は，「私たち（住民）がどうしたいのか」にかかっているのかもしれません。

第**2**章

# コミュニティと地域社会

## STORY

今日は1限から授業がある。朝8時すぎに家を出た美咲だったが，歩き出して
すぐ，庭の植木に水をやるお隣の松井さんのおばあちゃんと目が合った。松井さ
んは手を止めて，にこにこしながら美咲のいるほうへ近づいてきた。

「美咲ちゃん，今日は早いわね。これからどこにお出かけ？」

「大学の授業です」

「偉いわね。大学では何を学んでいるの？」

「社会福祉です」

「そうなの。私にはよくわからないけれど，今とっても大事な取組みなのよね。
今度，お話聞かせてね」

「はい」

やはり朝，近所の人としっかり挨拶ができるのは嬉しい。松井さんとは美咲が子どもの頃からの知り合いで，見かけるたびによく声をかけてくれた。夏に外で遊んでいるとアイスキャンディをくれたり，冬には「おもちが焼けたからおいで」と誘ってくれたりもした。美咲が小学生の頃，体調が悪くなって家に帰ってきた際，あいにく家族が不在で困っていたところを，家族が戻ってくるまで面倒を見てくれたこともあった。大好きなおばあちゃんなのだ。

美咲は朝から松井さんと挨拶を交わせたことが嬉しくなって，駅への道すがら，学校に向かう近所の小学生たちに「おはよう」と声をかけた。ところが，小学生たちは少し戸惑いながら，美咲と目を合わせることもなく走り去ってしまった。「おはよう」と声が返ってくることを期待していたのに……。

知らない人だから怖かったのかな，と思いながらも少しさみしい気持ちになって大学に到着すると，同じ授業に向かう友人の彩加の姿を見つけた。「おはよう！」と駆け寄って，2人で教室に向かいながら，小学生に走り去られてしまった話をすると，彩加は「そりゃあ，今どきの小学生は知らない人から声をかけられたら逃げるように，学校からも教えられているから」と笑いながら言った。

もう地域では人との付き合いは求められていないのだろうか。

# 1 地域社会とその変貌

意識するかしないかにかかわらず，私たちは「地域社会」で生活しています。たとえば自己紹介をするときに「私は今，○○に住んでいます」と，そのプロフィールの一部に地名を入れることはよくあるのですが，そのような慣習からも地域社会が私たちのアイデンティティの一部を構成していることの証しであるといえます。

「地域社会」とは，「地域的な広がりにもとづいて構成される社会的まとまり」（蓮見 1999）のこととされますが，とくに「社会的まとまり」といった一定の範域に居住する人々の社会的な人間関係のありようが，この1世紀半の間に大きく変化したといわれています。その変化をここでは「伝統的地域社会」から「都市的地域社会」への変化ととらえておきます。それでは私たちの曽祖父母や祖父母が生活していた地域社会である「伝統的地域社会」と，現在私た

ちが生活する「都市的地域社会」には，どのような特徴があるのでしょうか。

## 伝統的地域社会

「伝統的地域社会」とは，「水田稲作を生業とする農業を営む」地域社会と定義づけることができます。

今から150年ほど前，明治時代の地域社会の状況は，人口の9割が農村に居住し，8割近くが農業従事者でした（倉沢 1998；清水 1967）。当時，生業である農業は経営の基礎としてのイエを構成単位としたムラ（地域社会）によって担われていました。とくに日本における農業は稲作を中心としており，水田を造成し灌漑用水を導入することによって可能となるため，用水はその地域社会に住む住民の共同管理が求められました。「我田引水」という慣用句がありますが，これは「他人のことは考えず，自分の都合の良いように言ったり行動したりすること」を意味する言葉で，その背景には稲作を行うために重要な用水の管理が共同で行われていた事実とともに，その共同行為から逸脱することを戒めていたことを窺い知ることができます。

また水田稲作では，田植えや稲刈り，そして脱穀等の工程が必要となります。現在の農業は機械化が進み，このような一連の工程を一家族，状況によっては一人でも行うことが容易となりましたが，150年前の当時，このような工程を一家族が担うことは困難を極めました。よって田植えや稲刈り，脱穀等の作業をムラ，すなわち地域社会に居住する住民が力を合わせて行うことが求められました。このような生産労働（農業）における住民の共同化が望む／望まないにかかわらず，伝統的地域社会においては要請されたのです。

上記のような生産労働（農業）における共同化は，生活においての共同化をあわせて進めました。冠婚葬祭の実施や家屋の建築・修繕の協力など，生活のさまざまな場面に及び，そのような地域社会の中での助け合いは「ユイ」「モヤイ」と呼ばれ（鳥越 1993），さまざまな共同行為が地域社会で生活する人々の仕事と生活を支えていました。現在でも農業等を主力産業とする地域社会では，近隣とのつながりが強く，たとえば「○○の△△は今，どこの大学に通っている」「××の□□は誰と結婚した」といった住民個々人のプライバシーが緩やかであることが少なくないですが，これは農業等によって結ばれた濃密な人間関係が根底にあるからといえます。

一方で，ある特定の個人を集団的に無視する行為をさす「村八分」という言葉があります。これもかつての地域社会で，「火事」と「葬式」を除く共同行為からの排除が行われていたことが語源であるといわれています。この言葉の真贋については曖昧であるとの指摘もありますが，少なくとも地域社会の濃密な人間関係が，プライバシーの侵害や暴力を生み出す側面もあることは留意しておく必要があります。

## ┃ 都市的地域社会 ┃

ここまで「伝統的地域社会」の特徴について確認をしてきました。実際には住宅が破損したときに近隣の人で助け合って修繕することは皆無といっていいほどですし，「どこの大学に通っているのか」「どのようなアルバイトをしているのか」等を近隣の人が知っているということは多くはありません。そのような意味で私たちの多くは，「伝統的地域社会」で生活しているのではなく，それとは異なる形態の地域社会で生活しているといえます。

伝統的地域社会は，1960年代の高度経済成長から変質し始め，70年代には多くの伝統的地域社会が解体の一途を辿ります。その原因として，①産業構造の変化，すなわち農業などの第一次産業から第二次・第三次産業への移行によって，②人口の流動化，すなわち特定地域に産業が集積しそこへの人口集中が生じる一方で，農村地域では人口が流出し，「過疎化」という状況も現れます。さらには交通・通信技術の発達による③生活圏の拡大，すなわち自動車や電話等によって地理的・空間的な移動が容易になったため（倉沢 1998），端的にいえば「性格の合わない近隣住民」よりも「性格の合う遠い友人」との付き合いを選択することが容易になりました。近年ではSNS等のIT技術の発達によって，さらに空間を超えた付き合いが可能となってきており，地域社会の社会的まとまりのありようは，さらに変化していくことが予想されます。

このように伝統的地域社会の変容によって新たに出現した地域社会が，「都市的地域社会」となります。

都市とは，アメリカの都市社会学者のL.ワースによると，①大量人口，②高密度，③異質性，を要件とする地域社会の一形態です。このような地域社会を「都市的地域社会」と呼ぶとすると，このような条件が揃った地域社会では，直接的な人間関係の減退（都市的な社会関係）や無関心や孤独，合理性（都市的

パーソナリティ）といった（Wirth 1938=1965），端的にいえば「お互いが関わり合わない生き方」が浸透していきます。都市的地域社会における生活スタイルを都市的生活様式（urbanism）と呼びます。

たとえば，東京や大阪では多くの人が住んでいるにもかかわらず，高齢者の孤立死や子どもの虐待死が後を絶ちませんし，近隣の人はそのような事実に気づいていないことも少なくありません。さらには大都市では路上で生活している人の横をあたかもそこに人がいないかのように人々が通り過ぎる光景を目にしますが，これも都市的生活様式の浸透した一つの帰結であるといえます。

このような状況に対しての是非は問われる必要があります。しかしながら，少なくとも都市的地域社会で生活する私たちの一つの生活の「様式」として理解することができ，このような地域社会が日本において一般的になりつつあるといえるのです。

ここまで地域社会の変化を伝統的地域社会から都市的地域社会への変貌という観点から確認してきました。次に「地域」生活問題の解決＝「地域」福祉という観点に沿って，このような地域社会の特徴や課題について，見ていくことにします。

 地域社会における「問題解決方法」の変化

## 地域社会における4つの資源配分形態

伝統的地域社会，都市的地域社会に限らず，地域社会で生活を営む中で，私たちはさまざまな生活課題に直面します。子育てのこと，障害や加齢に伴って生活に不便が生ずること，経済的に困窮状態に陥ること等，これらは誰もが陥る可能性のあるリスクであるといえます。それでは私たちはこのような生活課題に直面する前に問題が生じることを回避したり，また課題が生じた後にその解決・緩和に向けてどのような行動を取っているでしょうか。

そもそも問題が生じる／生じないかにかかわらず，私たちはさまざまな資源を活用して地域生活を営んでいます。生活を営む中では，どこかで買物をして食材・生活資材を入手していますし，それを消費すればゴミが出ます。このよ

うな食材・生活資材の生産やゴミの処理を自ら行う場合もありますが，多くは他者に依存して入手・処分が行われています。

　私たちがさまざまな生活行為を遂行するうえで「資源」の活用が重要となります。その資源をどのように動員するのかを整理したものを「資源配分形態」と呼んでいます。

　資源配分形態は，経済人類学者の K. ポランニーが定式化した「家政」「互酬」「再分配」「交換」の４つに類型化することができます（ポランニー 1980：88-102）。この資源配分形態を地域生活に当てはめて説明をした都市社会学者の町村敬志の議論（町村・西澤 2000：147-71）を参考にして確認していきます。

　「家政」とは，「自助」のことをさします。自助とは文字どおり「自分自身で助けること」であって，具体的には「任意の生活単位（個人・家族）が自立的・自足的な手段で生活に必要な財やサービスを生産する形態」といえます。たとえば前述した食材・生活資材の入手，ゴミの処分であれば，消費した本人や家族自身でそれを行うことです。つまり自助とは「本人や家族で何とかする方法」であるといえますが，自助は人々が自分自身の生活に対して責任をもつといった近代市民社会に誕生した「生活自助原則」（古川 2003：40-41）を体現するもっとも基本的な資源配分形態となっています。

　「互酬」は，「相互扶助」とも呼びますが，「対称的な集団間の点の間の資源の移動」のことであるとされています。「対称的な集団」とは，同じような立場・境遇にある集団のことですので，具体的には隣人や知人等を挙げることができます。そのような立場にある者が「相互」に資源を交換し合うこと，つまり「扶助」を行うことが「相互扶助」であり，町村は「特定の主体間の連帯的社会関係によって支えられた仕組みを通して財やサービスを入手すること」としています。簡潔に表現すると「近隣や知人で何とかする方法」ですが，前述の例を挙げれば近隣の住民同士で所有している食材・生活資材を融通し合ったり，住民が共同してゴミの処理にあたることが相互扶助になります。当然のことながら住民同士が一定の関係性を有していること，つまり集団間に対称性を帯びた社会関係が存在しなければ相互扶助は行われません。また「相互」という言葉が示しているように対称的な集団の中で一方的に「扶助」が行われるものではなく，「お互いさま」といった相互的に資源の配分が行われることが前提となっていることも留意しておく必要があります。

「再分配」とは，「財が一手に集められ，そして慣習，法，中央における臨機の決定によって配分される」ことであるとされています。ここでいう中央とは政府や自治体等の行政組織をさしていて，そこに居住する者から税金を徴収して財源を確保し，慣習や法等のルールに則って必要な人にその財を「再」分配するということを意味しています。たとえば高齢者に対する配食サービスや住民の出したゴミの収集などを挙げることができますが，行政が必要と判断した高齢者に対して食材や生活資材を提供したり，住民から徴収した税金を元手にゴミの収集・処分を引き受けるといったことなどが挙げられます。このように「税金を払って行政サービスを利用する方法」も資源配分形態では重要な方法であるといえます。

　「交換」とは，「市場交換」のことをさします。市場とは需要（買いたいという動機）と供給（売りたいという動機）がやり取りされる場のことで，町村は「民間の商業・サービス施設で貨幣と引き換えに資源を購入する方法」のことであるとしています。たとえば私たちのほとんどが食材・生活資材はお金を払って購入していますし，ゴミの処分も業者にお金を払って回収してもらうことが少なくありません。このような「お金を払ってサービスを購入する方法」は，今日，私たちの地域生活においてもっとも標準的な資源配分形態であるといえます。

　以上，「自助（家政）」「相互扶助（互酬）」「再分配」「市場交換」という地域生活における4つの資源配分方法について確認してきました。次に伝統的地域社会と都市的地域社会の問題解決方法の違いについて，資源配分形態の観点から考えていくことにします。地域社会で生活を営むうえで以下のような課題が生じた際，どのように課題を解決するのでしょうか。

## EPISODE ①

3歳の子どもを育てている夫婦がいます。パートナーが病気を患い床に臥せってしまいました。夫もしくは妻は生計の維持のため仕事をしなければならない状況にあります。夫もしくは妻の就業中，この3歳の子どもの世話はどうすればよいでしょうか。

## 伝統的地域社会／都市的地域社会における問題解決方法

### ① 伝統的地域社会における問題解決方法

　伝統的地域社会において上述のような課題が生じた場合，まず解決のために試みることは，「自助」すなわち「本人や家族で何とかする方法」になります。前述しましたが，近代市民社会成立以降，人々が自分自身の生活に対して責任をもつという「生活自助原則」が私たちの生活において前提となっており，まずは夫もしくは妻が就業中，子どもの世話ができないかどうか模索することになります。伝統的地域社会の場合，農業が生業の中心ですので，職住（職場と住居）が接近しており，仕事をしながら子どもの世話をすることも可能でした。実際，「背中に子どもをおぶいながら，あるいは木陰に寝かせておいて，そして畑仕事をする。その間に乳を飲ませて一休みもする」（横山 1986：186）という記録も残されています。

　また伝統的地域社会では，2世代・3世代の複合家族が一つの母屋で寝起きし，食事はもちろん，日中の農作業も夜なべ仕事もすべて一緒の生活という拡大家族という家族形態が主流であり（河北新報社編集局編 1975：191），夫婦以外の家族が子どもの世話をすることもできました。とくに昔の農家はたくさんの兄弟姉妹がいた関係で上の兄姉が下の弟妹の世話をすることも行われていました。このように伝統的地域社会においては，まず「自助」によって課題の解決が図られます。

　しかしながら伝統的地域社会においてすべて「自助」のみで課題の解決を図ることは不可能です。夫もしくは妻が子どもの世話をするといっても農繁期に世話をすることは難しいですし，拡大家族とはいえ家人が子どもの世話をできる環境が必ずしも整っているわけではありません。自助が十分に機能しない場合，発動する資源配分形態が「相互扶助」となります。相互扶助は端的にいえば「近隣や知人で何とかする方法」ですが，伝統的地域社会では，「稲刈りにしろ水路掃除にしろ，仕事の終わりは賑やかな宴会で締めくくるのが普通であり，労働の場がそのまま付き合いや社交の場」（河北新報社編集局編 1975：153）となっていました。

　「ユイ」「モヤイ」と呼ばれる農業やそれに付随する各種の労働の共同化が「相互扶助」の源泉となっていたので，隣人に子どもの世話をお願いすること

ができ，また隣人からお願いされた場合は，義理を返す（横山 1986：137-38）
ことも相互扶助成立には重要な行為です。

　伝統的地域社会においては，自助と相互扶助という2つの資源配分形態を動員することによって地域生活における課題の解決を図ってきました。とはいえ自助や相互扶助によって問題解決を図ることができない場合はどうしていたのでしょうか。たとえば1930年の昭和恐慌は農村の困窮化に大きな影響を与えていますが，東北のある村では，13〜20歳前後の娘500人のうち70人が，13〜14歳男児10名が身売りされたという記録が残されています（田端1982：9）。また民俗学者の宮本常一は農村の困窮から生まれ出る子どもを処分した（宮本 1987：60-61）という口述記録を残しています。この悲痛な事実は，伝統的地域社会においては自助や相互扶助といった資源配分形態によって課題解決がなされない場合，その課題を地域社会の「外部」に出すしか方法がなかったことを物語っています。

### ② 都市的地域社会における問題解決方法

　都市的地域社会においてEPISODE①のような課題が生じた場合，伝統的地域社会と同様にまず「自助」で問題解決が試みられます。都市的地域社会の場合は，職住の分離が進んでいるため，仕事をしながら子どもの世話をすることが現実的ではなく，多くの夫もしくは妻はそれぞれの両親から就業中の子どもの世話等の支援を確保しています。たとえば社会保障・人口問題研究所が実施した第5回全国家庭動向調査（2013）では，「妻が病気の時の子どもの世話」をするのは，夫51.9％，親37.6％となっており，夫婦の次の資源として親の存在が大きいことが窺えます。

　しかしながら今日，晩婚化が進む中で，夫もしくは妻の親が高齢化する，あるいは亡くなっているケースも少なくありません。その場合，親の支援を頼ることができないため，次の問題解決方法を模索することになりますが，都市的地域社会の場合，伝統的地域社会のような「相互扶助」を期待することは原則的に不可能であるといえます。都市的地域社会では，互いに関わり合わない生活スタイルを作法とする都市的生活様式が進行しており，隣人に子どもの世話をお願いすることは困難です。そのような意味で都市的地域社会においては，伝統的地域社会のような濃密な人間関係が形成されていないため「相互扶助」という資源配分形態は機能しないのです。

このような都市的地域社会に適合的な資源配分形態が，「再分配」と「市場交換」になります。

　「再分配」とは，「税金を払って行政サービスを利用する方法」をさします。都市的地域社会において重要な資源配分形態で，EPISODE①のような生活課題が生じた場合，夫もしくは妻の就業中に「保育所」を利用するという形態になります。現在，保育サービスは，行政が提供・管理を行う認可保育所とそれ以外の認可外保育施設に大別することができます。認可保育所は行政が定めた条例・規則に基づいて設置され，その利用もEPISODE①のように保護者の就労や疾病・障害など「保育の必要性」が自治体に認定されなければ利用することはできません。また保育料も自己負担がありますが，自治体が保護者の収入に応じて自己負担額を設定しており，低額で利用することが可能です。基本的に，同一自治体内であればどの保育施設を利用しても同一負担となっています。

　「市場交換」は，「お金を払ってサービスを購入する方法」ですが，EPISODE①のような生活課題が生じた場合，認可外保育施設やベビーシッター等の保育サービスを購入する方法が挙げられます。認可外保育施設とは，認可保育所以外の保育サービスを提供する施設の総称ですが，認可保育所のように行政が定めた条例・規則に基づいて設置されていませんし，その利用も希望すれば誰もが施設に直接申し込むことができます。理論的には，私たちが店で商品を購入するように保育サービスを購入する形態を取っています。当然，サービスを購入する形を取りますので，施設によって利用料は多様です。東京都を例に取ると，再分配（認可保育所）ですと利用料は3万円程度ですが，市場交換（認可外保育施設）ですと20万円を超える保育料を支払う施設も存在します。

　このように都市的地域社会においては，「自助」を基本としながらも「相互扶助」が機能しない地域特性を有しているため，「再分配」と「市場交換」を高度に発展させてきました。都市的地域社会における「再分配」と「市場交換」の2つの資源配分形態にはどのような利点があるのでしょうか。1つ目として，「再分配」と「市場交換」は，ともに人間関係，すなわち人と人のつながりを一切求めない問題解決手法であるということです。「相互扶助」の場合は当然のことながら濃密な人間関係がその形態の基盤となっていますので，人

間関係がない人はその恩恵にあずかることはできません。一方、「再分配」「市場交換」は、利用のための基準を満たす、サービスを購入する貨幣をもっていれば、身分や地位、国籍などに関係なく財・サービスを入手することができる（町村・西澤 2000：158）ということに利点があるといえます。つまり、人間関係が希薄であるからこそ、この2つの資源配分形態を発展させざるをえなかったともいえるのです。2つ目として、「相互扶助」よりも入手できる資源の専門性が高い点が挙げられます。「相互扶助」はいわば住民同士の支え合いであるため、その交換される資源に高い専門性を期待することは困難です。一方、「再分配」や「市場交換」は、提供する財やサービスについて知識や技術を有する人々によって構成されることが一般的であるため、専門性の高い財やサービスを期待することができます。都市社会学者の倉沢進は、「再分配」や「市場交換」の高い専門性に着目して、専門処理システムへの依存が都市的地域社会の特徴であるとしています（倉沢 1998：41-43）。

#  3 都市的地域社会の限界と新しいコミュニティの形成

## ▍都市的地域社会の限界と「相互扶助」への注目 ▍

　都市的地域社会において再分配と市場は、私たちが地域社会で生活するうえで欠くことのできない資源配分形態であり、また都市的地域社会の特性に適合した多くの利点も認められることを確認してきました。しかしながら、これらの配分形態にはいくつかの難点があることもまた事実です。以下、その内容について確認していくことにします。

　まず再分配は、税金を原資として行政が地域生活に必要なさまざまなサービスを提供するというものです。実際、私たちはさまざまな行政サービスによって地域生活を成り立たせています。しかしながら1点目として、行政の財政悪化という問題があります。総務省がまとめた『地方財政の状況（平成30年版）』によると、現在の自治体の税収は厳しい状況にある（図2.1）一方で、歳出、とくに地域福祉をはじめとする社会保障関係費は、年々増加の一途を辿っています（図2.2）。つまり財源である税収が増加しないのにもかかわらず、財・

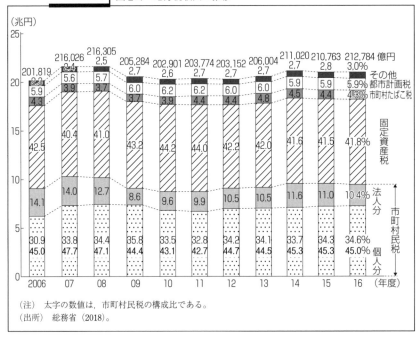

（注） 太字の数値は，市町村民税の構成比である。
（出所） 総務省（2018）。

サービスの充実がますます求められている状況下で，地域社会での生活に必要
な財・サービスを再分配によってすべて満たすことは困難であるといえます。

　2点目として，再分配がもつ構造的な特徴に関しての課題です。前述したよ
うに再分配は，利用基準を満たせば誰もが利用できることが最大の特徴ですが，
逆に考えると利用基準を満たすことができなければサービス・財を利用するこ
とはできません。たとえば自治体によって違いがあるものの保育所利用の場合，
「昼間労働することを常態」という利用基準があるため，この基準を原則満た
していなければ利用することができなくなります。現状の就労の多様性を考え
ても，一律に「昼間労働することを常態」ということを考えにくい一方で，明
確な基準を設定しその基準を満たさなければサービス利用を行えないといった
画一的・公平的対応が再分配の課題であり特質であるといえます。

　市場には，再分配とは異なる点においてさまざまな課題があります。1点目
として，市場は再分配のような財・サービスの画一性や公平性はなく，事業者
が独自のサービス・財を生み出し，利用者（顧客）のニーズに柔軟に対応でき
る利点がある一方で，料金を支払うことができなければ利用することができま

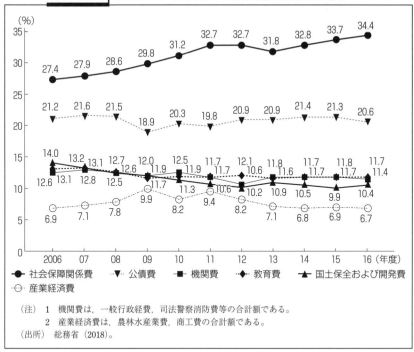

CHART 図2.2 国・地方を通じた目的別歳出額構成比の推移

- ● 社会保障関係費
- ▼ 公債費
- ■ 機関費
- ◆ 教育費
- ▲ 国土保全および開発費
- ○ 産業経済費

(注) 1 機関費は，一般行政経費，司法警察消防費等の合計額である。
　　　2 産業経済費は，農林水産業費，商工費の合計額である。
(出所) 総務省（2018）。

せん。すなわち「金をもっていなければ財・サービスから締め出される」とい
うことが最大の課題です。とくに福祉サービスの利用者は経済的に余裕がある
層は一部であり，経済的に課題を抱える利用者も少なくありません。そのよう
な意味で，市場によって財・サービスを購入するという方法のみの問題解決は
多くの課題を孕んでいるといえます。

　2点目として，「利潤の追求による財・サービスの質の悪化」の問題です。
市場の本質は利益の最大化であり，これは福祉の領域において例外ではありま
せん。つまり利益が出るようにコストの削減を行ったり，状況によっては事業
の撤退を行うことも「市場」を支える代表的な主体である企業では自明のこと
です。近年，問題となっているベビーホテルやベビーシッター利用による乳幼
児死亡の痛ましい事件の背景には，再分配（行政）の保育サービスの画一性か
ら保育ニーズを満たせない利用者が，市場（企業）のサービスを利用する一方
で，経営者が保育者を十分に配置していないため，目が行き届かず十分に保育
を行えないことにあります。つまり保育者を雇用する人件費を削減してできる

だけ利益を極大化するという市場の課題が露呈した問題であるといえます。

　このように都市的地域社会において，再分配・市場交換は，ともにその特質からさまざまな課題があります。とくに近年，大きな課題となっている社会的孤立の問題，たとえば高齢者の孤立死の問題は，再分配でも市場でも解決することのできない深刻な地域生活課題であるといえます。

　たとえば地域社会では，以下のような問題が実際に起こっています。

**EPISODE ②**

> 50歳代の男性，数年前に離婚，仕事仲間が連絡を取れないことから，自宅を見に行ったところ，居間で死亡しているのを発見した。最近は体調不良を理由に仕事をしていなかったようだが，日常の生活状態不明であるという。解剖により，心筋梗塞と診断された。
>
> （出所）　東京都監察医務局（2010：2）。

　このような孤立死の問題ができるかぎり起きないようにするためには，どのような取組みが求められるのでしょうか。斉藤雅茂は孤立死する人の特徴として，サービスを拒否する傾向があること，住民から孤立しているらしいとの情報があることを指摘しています（斉藤 2018：124）。もし行政が提供するサービス（再分配）を拒否していたとしても，相互扶助，すなわち近隣住民とのつながりが何らかの形で担保されていたならば，このような問題の発生を未然に防ぐことができたのではないかと考えられます。

### 新しいコミュニティ形成への胎動

　現在，都市的地域社会において，改めて「相互扶助」，住民同士のつながりに基づく新しい助け合いの形が全国各地で模索され始めています。たとえば地域の子どもに無料か安価で食事を提供する「子ども食堂」という実践が近年，注目を集めています。この実践は東京都大田区の住民が始めたことが契機（東京新聞 2017）とされ，2018年3月時点で，全国2286カ所で取り組まれていることが報告されています（朝日新聞 2018）。このような「子ども食堂」の爆発的な広がりは，子どもの孤食やその背景にある社会的孤立の問題をまさしく「住民の力で何とかする」といった，再分配や市場交換という社会資源による問題解決とはまた別の仕方で，新しい「相互扶助」の再構築を模索する実践と考えることができます。

　地域社会では，障害者の就労やホームレスの生活・就労などさまざまな課題が生じてきています。このような課題の解決に向けて，「市場」を活用し，障害者やホームレス等の社会的包摂を図ることを目的とする新しい主体が台頭してきており，成果を上げつつあります。たとえば本書の第 16 章では「恋する豚研究所」というレストランが紹介されていますが，このレストランでは，質の高い豚肉を用いた料理やソーセージ，ハムなどが製造・販売されており，この商品はレストランの売店だけでなく，有名なデパート等でも買うことができます。このような商品の製造・販売を担っているのが障害者です。また恋する豚研究所をグループ傘下とする社会福祉法人福祉楽団では，森林の保全という社会的課題を障害のある人たちが積極的に担うという取組みも進めています。このように，「市場で流通させることのできる質の高い商品やサービス」を生産・提供し，環境や地域活性化等の社会問題の解決に障害者やホームレスといった福祉当事者が関わることで，仕事や賃金の安定化を図ったり，仕事や社会問題の解決を通して社会と当事者の関係をつなぎなおすことを目的とする事業体を「社会的企業（Social Enterprise）」と呼んでいます。

　また，国でも「地域共生社会」の実現に向けて動き始めています。地域共生社会をはじめて提起した『ニッポン一億総活躍プラン』（2016 年）では，以下のように定義しています。

　　子供・高齢者・障害者など全ての人々が地域，暮らし，生きがいを共に創り，高め合うことのできる「地域共生社会」を実現する。このため，支え手側と受け手側に分かれるのではなく，地域のあらゆる住民が役割を持ち，支え合いながら，自分らしく活躍できる地域コミュニティを育成し，福祉などの地域の公的サービスと協働して助け合いながら暮らすことのできる仕組みを構築する（首相官邸 HP より）。

　つまり「地域のあらゆる住民が役割を持ち，支え合いながら，自分らしく活躍できる」といった，地域社会の中での「相互扶助」への注視と期待が，次世代の地域社会のあり方について明確に出されているといえます。

「地域」福祉とは，端的に表現すれば，「地域」を基盤とした福祉のあり方を考える社会福祉の領域の一つですが，当然，地域社会のありようやそのとらえ方によって「地域」を基盤とした福祉のありようも変化します。地域福祉の泰斗の一人である岡村重夫が，『地域福祉論』（1974）で地域福祉の構成要素としてコミュニティとその下位コミュニティとしての福祉コミュニティという地域社会のあり方を提起（岡村 1974）して以降，地域社会をつくることは，地域福祉の前提となっています。

　本章では，現在，われわれが生活している地域社会が，都市的地域社会という形態の「地域」のありようの中で，とくに「相互扶助」が十全に機能しない地域であることを確認してきました。とはいえ都市的地域社会の重要な問題解決の資源である「再分配」や「市場」では解決できない問題が山積している状況の下，改めて「新しい」相互扶助の再構築が求められているのであり，そのすべてで問題解決を図るものではないことは，改めて確認しておく必要があります。いまだかつて地域社会の中で，自助を基盤としながらも再分配，市場，そして相互扶助が十全に機能する地域社会が存在したことはありません。そのような意味で「地域」福祉を実現するためには，どのような地域社会を実現していく必要があるのか，改めて考え，議論を深め，そして実践していくことが重要であるといえるでしょう。

第**3**章

# 地域福祉の理念

## STORY

　先日，大きな台風が日本列島に到来した。美咲の住む町も台風に襲われたが，幸い大きな被害は出なかった。ただ，各地の市町村では堤防の決壊や河川の氾濫によって，床上浸水などの大きな被害が出たとニュースで報道され，改めて自然の脅威を感じずにはいられない美咲だった。

　数日後，大学のゼミに行くと，メンバーとの話題も台風のことで持ちきりだった。ゼミのメンバーの自宅や実家にも幸いにして大きな被害はなかったようで，美咲はほっとした。ただ，翔吾が「俺，いちばん強風のときに，パトロールがてらコンビニに行ってみたんだけどさぁ」と話していたのには，ちょっと呆れてしまったが……。

　ゼミが始まると山中先生が，資料を1枚ずつメンバーに配った。資料は新聞

記事のコピーで，次のような内容が書かれていた。

＊＊＊

　全国各地で甚大な被害をもたらした台風。各地に避難所や自主避難施設が開設され，多くの人が避難した，そのような中，〇〇市では「ホームレス」と呼ばれる路上で生活する人々が，避難所での受け入れを拒否されることがあった。

　〇〇市では，自宅での避難が不安な市民のための避難所を開設した。避難所では氏名・住所などの避難者カードへの記入を求め，「住民票がない」と答えた路上生活者の受け入れを拒否したという。「避難所に詰めている職員から災害対策本部に対応の問い合わせがあり，災害対策本部の事務局として，市民が対象ということでお断りを決めました」と担当者は話す。

＊＊＊

　衝撃的な内容だった。あの暴風と豪雨の中，路上を放浪しなければならない状況を美咲は想像した。すがる思いで訪れた避難所で「帰ってください」と言われたら，自分はどうするだろう。記事を読み終わると，切ない気持ちになった。

　「みんな，読んだかな」と，静かに山中先生はみんなに語り始めた。

　「この記事を読んでどのように考えるかな」

　ゼミのメンバーたちは，「ひどすぎる」「路上生活だから住民票がないのは当たり前じゃん。そんなこと言ったら誰があの台風の中でホームレスの人を助けられるの」と口を揃えて言った。

　市の対応に批判的な意見が飛び交う中，一人のメンバーが語った言葉が，教室を静まりかえらせた。

　「でも，その人は〇〇市の住民じゃないんだから，住民税は払っていないよね。避難所は税金で運営されているんだから，受け入れを断られても仕方ないんじゃないの」

　そういう理屈もあるかもしれないけれど，何か違う気がする。でも美咲は反論する言葉が見つからなかった。みんなも同じように，困ったような顔をして黙っていた。静かに山中先生が語りかけた。

　「大事な指摘だね。でも，本当にそうだろうか。この人が避難することができずに万が一亡くなったとしたら，『住民税を払っていないから』という理由で仕方がなかったと言えるんだろうか。みんな，この出来事の課題点を感情的にではなく，理論的に説明できるだろうか」

　美咲は頭の中で，このモヤモヤする気持ちをどう説明したらいいのか必死に考えてみた。

# 1 自分がしたい生き方を誰もが追求できる権利

## ┃ 自分の幸せを追求する権利──自由権 ┃

　地域福祉はもとより，社会福祉という名の下に行われている活動や支援の多くは，法律や制度に基づいて実施されています。これは社会福祉のサービスや援助を受けることが「権利」として保障され，国はその責務として法律や制度を整備することが求められているからです。

　戦後の社会福祉の歴史を見ても，1946年の生活保護法の成立を皮切りに福祉三法体制（生活保護法，児童福祉法，身体障害者福祉法）の整備，60年代には60年の精神薄弱者福祉法の成立を端緒として福祉六法体制（福祉三法に加えて精神薄弱者福祉法，老人福祉法，母子福祉法）の成立等，国はこの70年の間にさまざまな法制度を整備してきました。今日でも要介護状態にある高齢者の支援は介護保険法，生活困窮状態にある人の生活や就労支援は生活困窮者自立支援法等，基本的に社会福祉のサービスや支援は法律に則った形で行われています。

　またこのような社会福祉のサービスや支援を受けることは「権利」として位置づけられていますが，それはなぜなのでしょうか。その基底にあるのは，近代市民社会の成立によって「人権」が認められてきたことにあります。近代市民社会は，それをいち早く成立させたイギリスで「権利主体としての個人が，自ら価値があると考える生き方や行為を主体的に選択する」（秋元 2015：8）人間像を誕生させてきました。現在の日本においても日本国憲法の第13条において，以下のように規定されています。

　　　憲法第13条　　すべて国民は，個人として尊重される。生命，自由及び幸福追求に対する国民の権利については，公共の福祉に反しない限り，立法その他の国政の上で，最大の尊重を必要とする。

　憲法第13条には幸福追求権が明記されていると解釈されており，この権利は基本的人権の一つです。そこには個人が自己の判断に基づいて自由に生き方

や暮らしを決め，個人の幸福を追求できる権利とそれを保障する社会であることが規定されています。

このような権利は一般的に「自由権」と呼ばれています。私たちは誰もが幸せになりたいと願っていますし，幸せになるために自分の信念を貫いたり，学びたいことを学んだり，就きたい仕事を選択します。またこのような選択の行為を，国家はもちろんのこと他者から干渉されることはありません。

## ▌人間らしく生きる権利——社会権▐

上述のように私たちは誰もが幸せになることを願っていて，それを追求する「権利」があることを確認してきました。しかしながら現実を踏まえると，今の社会においてその追求には実質的に不平等があり，かつ貧富の差も存在していて，誰もが自分の幸せを追求することができない状況にあることも事実ですし，またこのような事実は現在に始まったことでもありません。

近代市民社会においても当初，自由権を保障することによって自らの幸福を追求することができると考えられてきました。しかしながら近代市民社会を支える資本制システムの構造的必然として，資本の所有／非所有といった社会的不平等が生み出されていくのです。つまり自由権の保障だけでは，自らの幸福追求を成しえないことが明らかとなりました。とりわけ「生存の危機が危ぶまれる現実を前にして従来のように自由や財産さえ権利として保障すれば，自律が維持されるというスタンスを続けることが困難」（秋元 2015：13-14）となってきたのです。こうして「自立のための一定の社会的条件整備を前提にして，それを利用することで自律を維持する」（秋元 2015：14）人間像が新たに生まれてくることになります。日本では憲法第25条において以下のように明文化されています。

憲法第25条　①　すべて国民は，健康で文化的な最低限度の生活を営む権利を有する。
②　国は，すべての生活部面について，社会福祉，社会保障及び公衆衛生の向上及び増進に努めなければならない。

憲法第25条は「生存権」の保障を定めた規定といわれており，このような

権利を一般的に「社会権」と呼んでいます。社会権は，自分の幸せを追求する権利である自由権の希求のための諸条件の整備を，公権力（国・自治体）に要求する権利（竹中 2001：43）であり，病気や障害，高齢や退職，失業などの社会的事故，住宅状況の悪化など現在の貧困状態にある人が，幸福追求を再び行えるような条件を社会権として保障するものであるといえるのです（佐藤 1977：2-3；秋元 2015：23）。

　私たちが福祉サービスや相談援助を利用して生活を営むことは「権利」であり，施しや慈善ではありません。この事実は，福祉サービスや相談支援のあり方が，さまざまな形で変化したとしても普遍的な真理であることは確認しておく必要があります。

 ## 「地域社会」で自分がしたい生き方を追求するために
▶なぜ「地域」で暮らすことが望ましいと考えるのかをめぐって

　このように私たち誰もが幸せを追求する権利（自由権）をもっている一方で，障害や高齢，貧困などさまざまな事情から幸せを追求することが困難な状況もあるため，そのような状況下にあっても幸せを追求することができるようにサービスや支援を求める権利（社会権）があります。そのような権利に基づいて整備されたものが，現在行われているさまざまな福祉サービスや支援ということになります。

　福祉サービスや支援を求めること，それを国家／行政が責任をもって整備すること，このことは先に確認したように私たちの「権利」です。しかしながら「どのように」福祉サービスや支援を整備するのかといったサービスや支援の「あり方」については，時代状況によって変化してきました。具体的には約50年前の1970年代の日本の社会福祉の状況は，現在とはまったく異なる様相を呈していました。その当時の福祉サービスの利用−提供の場の中核は「施設」でした。つまり施設に入所することを条件に福祉サービスを利用することが前提となっていたのです。一方，現在の福祉サービス利用−提供の場の中核は「地域」です。つまり在宅で生活を継続しながらさまざまな福祉サービスを利用するという考え方で，このような考え方は今日，注目を集めている「地域包

括ケアシステム」や「地域共生社会」というコンセプトの前提となっています。

しかしながら現在，地域社会で起こっているケアの問題や貧困・孤立死といった社会的孤立の問題，買物難民などの新たな生活課題等の問題を考えると，「施設」に入所することで解決する問題は少なくありません。また「施設」は介護や家事援助，生活相談などさまざまなサービスを提供するパッケージと呼べるものであり，サービス提供の合理性を考えても，「地域」生活よりも「施設」生活にその優位性を見出すことができることも少なくないのです。それでもなぜ，「地域」で生活すること，すなわち地域福祉という考え方がこれほどまでに社会福祉の中で重要視されているのでしょうか。

理念とは，「援助活動が行われている社会やその時代における『望ましさ』として，一定の社会的な合意形成されているもの」（稲沢 2008b：242）であるとともに「実際の援助活動の方向性を明示するもの」（稲沢 2008b：242）であるとされています。そのように考えると現在，福祉サービス利用−提供の場の中核を，「施設」ではなく「地域」ととらえる社会福祉のあり方は，サービスや援助を受ける「権利」だけではなく「理念」に根拠づけられたものであるといえます。

以下，「地域福祉」という考え方を根拠づける代表的な理念としての「ノーマライゼーション」と「自立生活（運動）」について，その内容を見ていくことにします。

## ノーマライゼーション──地域で「普通」に生活するということ

地域福祉はもとより社会福祉を代表する理念の一つが，ノーマライゼーション（normalization）です。ノーマライゼーションは，デンマークの知的障害者の親の会に端を発した思想的ムーブメントで，当時，社会省の担当官だったN.E. バンク−ミケルセンがその主張に共感・支持し，政府に提出する文書の起草に協力します。そしてその要望書を基に制定された 1959 年のデンマーク法にノーマライゼーション理念がはじめて盛り込まれました（立岩 2002：151）。その後，スウェーデンの B. ニィリエが「ノーマライゼーションの原理」として 8 つの基本的原則に整理し体系化が試みられています（河東田 2007：297）。

ノーマライゼーションとは，「全ての人が当然持っている通常の生活を送る権利をできる限り保障する，という目標をひとことで表したものです。ノーマ

## Column ❸　コミュニタリアニズム（共同体主義）

　私たちには，個人の幸福を追求できる権利である「自由権」と幸福を追求することが困難な状況下にあっても幸せを追求できるように福祉サービスや支援を求める権利である「社会権」という2つの権利があることを確認しました。

　しかしながら個人の幸福の追求といった場合，どこまでが認められるのか，また福祉サービスや支援を求める場合にどこまで保障されるのかを考えてみるとそれは自明なことではありません。19世紀のイギリスにおけるブルジョアジーの台頭と労働者階級の出現は，自由権に関わる「個人的自由」，経済活動に関わる「経済的効率」，そしてそれらの追求から生じる不平等を是正するという意味での社会権に関わる「社会的公正」という理念・価値を生み出してきました。時代や社会状況によって上記の理念や価値の考え方は変化してきています。

　とくにこの個人的自由・経済的効率・社会的公正の3つの統合に重きを置く考え方を「リベラリズム」と呼び，たとえば第二次世界大戦後のイギリスで成立をみた福祉国家体制は，その一つの典型です（金田 2012：68-70）。完全雇用と最低限の生活保障をめざし，国家が積極的に社会的公正を実現する社会のあり方といえます。

　その後，1970年代の福祉国家体制の構造的問題（国家財政の逼迫や官僚組織の肥大化・疲弊化）が露呈するにつれて，リベラリズムに対する批判が出されます。一つが経済的効率を優先し，社会的公正を最小限に留めるといった社会のあり方が80年代以降のイギリス（サッチャリズム）やアメリカ（レーガノミクス）で出現することになります。これらの考え方をネオ・リベラリズムと呼びます。ネオ・リベラリズムでは，個人的自由と経済的効率が優先され，国家が一元的に保障するという社会的公正が縮小（小さな政府）していきます。

　いま一つに福祉国家の再編を唱え，とくにコミュニティを重視する考え方が同じく80年代に誕生しました。今日の地域福祉の考え方にも少なからぬ影響を及ぼしている考え方であり，コミュニタリアニズムと呼んでいます。

　コミュニタリアニズムには，その立場に立つ思想家によってさまざまな理解がありますが，まずコミュニティを「その成員の『共通善（common good）』を前提として形成されるとともに，その成員が『共通善』の実現を目的としていく人間の政治組織体」と定義しています。「共通善」とは，連帯，相互扶助，政治参加，自治をさしていますが（菊池 2007：54），コミュニティが国家や市場とともに機能することで善き社会が実現されるとしています（エツィオーニ 2005：6-7）。事実，このようなコミュニタリアニズムの考え方を基盤として，イギリスのブレア政権下で「第3の道」が標榜され，とくにNPOや社会的企業，ボランティアと行政とのパートナーシップを重視した福祉政策が実施されまし

た。その内容の詳細については第4章を参照して下さい。

　良い社会を実現するためには，コミュニティの役割が重要であるという指摘は良い社会福祉を実現するうえでも重要な論点であり，とくに社会福祉の実現における「地域」の重要性の理念的根拠と考えることができるのです。

　社会福祉を論じるうえでなぜ地域社会が重要となるのか，そして社会福祉の推進において地域社会という存在をどのように位置づけるのか，今後の地域福祉を構想し実践するうえで避けて通ることができない課題です。

ライズするというのは，生活条件のことをいっているのです。障害そのものをノーマルにすることではありません」（バンク－ミケルセン 1998：155）とされています。つまり「障害者であっても，その人を平等な人として受け入れ，同時に，その人たちの生活条件を普通の生活条件と同じものにするよう努める」（バンク－ミケルセン 1998：155）という考え方ですが，ではなぜ，地域福祉にとって「ノーマライゼーション」は重要な理念となりえているのでしょうか。

　ノーマライゼーションという理念の核心は「普通」であることにあります。ここでいう「普通」であることとは，バンク－ミケルセンが言及するように障害を「普通」にすることではなく生活条件等を「普通」にすることをさしています。つまり「普通」に生きるとはどのようなことなのかを追求する理念がノーマライゼーションという理念の核になるといえます。1950年代，デンマークにおいても福祉サービス利用－提供の場の中心は「施設」でした。ただその施設は，都会から離れた場所に建設され，1500人近くを収容することのできる規模のものでした。このような規模の大きい収容施設をつくる目的は，「知的障害者を保護し，収容者全員が同じレベルで活動できるコミュニティを作り，社会を知的障害者から守るため」（バンク－ミケルセン 1998：152）であるとされていました。

　このような1500人との共同生活を強いられることは，いうまでもなく「普通」の生活ではありません。少なくとも私たちの一般的な文化・社会条件の中で，そのような生活は「普通」ではないからです。このような考え方に立脚すると，大規模施設での生活は「普通」ではないため，デンマークにおいても大規模施設の解体が進み，施設での生活を前提としたうえでの小規模化と生活諸条件の改善がめざされます。しかしながら施設をどれだけ縮小したとしても，

「集団で暮らす」という生活そのものはそもそも私たちにとって「普通」のことではありません。「普通」であることを追求していく過程の中で，結果的に脱施設化が進むことになりますが（立岩 2002：153），支援が整っていない単に物理的な居住の場としての「地域」で暮らすということをノーマライゼーションが意味しているわけではありません。利用者の生活が地域の他のメンバーの生活にどれだけ近づいているのかが重要であり（ニィリエ 1998：109），それは一般住宅やアパート，特別なケアが必要な利用者にとっては「グループホーム」といった専門的スタッフが常駐する場で生活することを意味しています。つまり，「普通」であることを追求していくと結果的に「地域」で生活することの優位性を見出し，さらには「地域」での生活が人並みの水準であることと，それを可能にする資源・環境の供給・整備をすること（立岩 2002：157）が，「地域福祉」存立においてのノーマライゼーション理念の核心にあるといえます。

## 自立生活──地域で「自立」して生活するということ

　ノーマライゼーションの理念は，「普通」であることを突き詰めた先に「地域」で生活することの優位性を立証する形を取りますが，ほぼ同時期にノーマライゼーションとはまったく異なる文脈で「地域」で生活することの優位性を説く理念が誕生しています。それが「自立生活運動（independent living movement）」です。

　自立生活運動は，1960 年代のアメリカのカリフォルニア大学バークレイ校の全身性障害がある学生の運動から始まったとされています。その主導者のエド・ロバーツによって始められた自立生活運動は，その後，理念の核心を「自己決定」原則に帰着していきます。すなわち「自立生活とは，可能な選択肢に基づいて自分自身の人生を決めることによって，日々の生活や意思決定に際して他人に頼ることを最小限にするものである。例えば，私生活をもち，地域社会の日常生活に参加し，様々な社会的役割をもつなかで，意思決定を行うことによって自己決定は可能となり，他人に対する身体的精神的依存を最小限にできる」（杉野 2007：256）とされています。ここで「自分のことは自分で決めること」が重要であるという指摘がされていますが，これは「自立」とは何かを問い詰めた帰結として，自立概念そのものの転換を迫る思想的ムーブメントで

あるといえます。

　私たちが一般的に「自立」している状態を考えた場合，職業に就いて他者に経済的に依存せず暮らすこと，すなわち「職業的自立」や「経済的自立」を想定します。また身の回りのことは自分でするといった「日常動作（ADL）的自立」も支配的な「自立」の考え方です。逆にいえば，職業的・経済的・日常動作的自立ができない者，たとえば全身性障害のある人は上記の自立観に立脚するならば「自立」していないことになります。しかしながら「自立」を「自分のことは自分で決めること」，すなわち「自己決定」と考えるならば，彼らは自立していることになるのです。そして「自己決定」という自立観に立脚するならば，「誰と住むのか」「どこに暮らすのか」は自立している本人が決めることであり，その選択肢に「地域」で暮らすことが入るのは当然の帰結です。そのような意味で，「自立」とは何かを追求する過程の中で，「地域」で生活することを一つの選択肢として見出すことになるといえます（立岩 2002：158-64；稲沢 2008a：104-05）。

　この自立生活における「自己決定」としての「地域」生活も，ノーマライゼーション理念と同様，ただ単に物理的な居住の場としての「地域」で暮らすことをさしているわけではありません。「自己決定」が新たな自立概念として重視されていただけではなく，「暮らすための資源が社会的に支出されるべきことを主張し，そしてそれを具体的に獲得する運動」（立岩 2002：162）という側面もあるため，具体的には介護者を障害者自らがコントロールして地域生活を送ることが重視されていました（田垣 2006：40）。このような自立の理念は第三者や社会福祉制度に依存することなしに生活を維持する状態（自助的自立）ではなく，生活の一部を第三者や社会福祉制度に依存していたとしても，生活の目標や思想・信条，生活の場，生活様式，行動などに関して，可能なかぎり生活者自身による自己選択や自己決定が確保される「依存的自立」というあり方をさすものです（古川 2003：253）。

　このような自立を地域生活の実体に即して，①労働的・経済的自立，②精神的・文化的自立，③身体的・健康的自立，④社会関係的・人間関係的自立，⑤生活技術的自立，⑥政治的・契約的自立に整理し，それらの地域生活的自立を保障するものを地域福祉として理解することも今日，中心的な考え方となっています（大橋 1999：30-33）。

つまり自立を自己決定ととらえた場合，その決定の選択肢に「地域」生活は含まれるものであり，地域生活を望む場合，そこで自立的に生活を営むことができるようにさまざまなサービスや支援が整備される必要があることが，「地域福祉」存立における「自立生活」理念の核心にあるといえます。

なお第4章のColumn❺には，アメリカで起こった自立生活運動の歴史についての解説があります。あわせて学んでください。

#  「地域社会」で自分がしたい生き方を支えるために
⬛ どのように「地域」での生活を支援するのかをめぐって

## コミュニティケアから「地域包括ケア」へ

私たちは基本的人権としての自由権と社会権という権利をもっており，自分らしく生きることを追求することができ，かつ貧困・障害等の事由からそれを追求することが困難になった場合，国家にその支援を求めることができること，また近年，「地域」で自分らしく生きることが自明のこととして重要ととらえられている背景には，ノーマライゼーションや自立生活という理念が，「地域」で暮らすことの優位性を理論的に根拠づけているからであることを確認しました。そのように考えると「『地域』で自分らしく生活を続けること」，そして「それを支えるサービスや支援を権利として求めること」は自明のこととして存在しているといえます。

では「『地域』で自分らしく生活を続けること」「それを支えるサービスや支援を権利として求めること」が自明なことであったとして，地域福祉の実現においてどのような「支援」が求められているのでしょうか。これは地域で自分らしく暮らすことやその支援を求めることとはまた別の議論であり，「地域福祉」というものをどのようにとらえるのか，その根幹に関わる問いであるといえます。

地域福祉における「支援」のあり方を，最初に本格的に提起したのが「コミュニティケア（community care）」という理念です。今日，その実現が模索されている「地域包括ケアシステム」もコミュニティケアという理念の今日的展

開と考えることができるのです（小松 2012：130）。

コミュニティケアという考え方は，イギリスにおいて発展した概念ですが，その起源は1957年の「精神病及び知的障害者に関する王立委員会勧告」に遡ります。この勧告の中で「コミュニティケア」という考え方がはじめて示され，精神障害者について「収容施設ケアからコミュニティにおけるケア」への移行が勧告されました。その後，「病院計画」等で病床数の半減の目標設定が行われる等，施設ケアからコミュニティケアへという流れが進められていくことになります（平岡 2003：64）。

そして1968年に取りまとめられた「シーボーム報告」は，コミュニティケアという理念の方向性を示す重要な文書となりますが，これはシーボーム報告以前のコミュニティケアが「コミュニティにおけるケア（care in the community）」に重点があるのに対して，シーボーム報告とそれ以降のコミュニティケアには「コミュニティによるケア（care by the community）」が含意されていて，コミュニティケアに内包されるこの2側面が，地域を基盤とした社会福祉のあり方を考えるうえで重要な示唆と考えることができます（中野 1980：43）。

中野いく子のコミュニティケアに関する整理のベースとなっているのが，知的障害者援助のあり方と地域社会の関係を段階的に示したベイリーの説です。ベイリーの説を整理した渡邉洋一によると援助と地域の関係には5つの段階があるとしています。第1段階が，在宅放置（care at home out of the community），第2段階が入所隔離の段階（care out of the community），第3段階が入所施設中心（care in the community institution），そして第4段階がコミュニティにおけるケア（care in the community），第5段階がコミュニティによるケア（care by the community）です（渡邉 2000：5-8）。第1段階から第3段階まではケアを実施するうえでコミュニティの役割は基本的にはありません。ケアとコミュニティの関係のあり方やコミュニティの役割を示した段階が第4段階と第5段階となるため，ここでは第4段階の「コミュニティにおけるケア」と第5段階の「コミュニティによるケア」のそれぞれの含意について確認していくことにします。

「コミュニティにおけるケア」とは，施設に代わってコミュニティにおいて提供される地方自治体サービスを意味するものであり，コミュニティ自体の資源を活用するというものではありません。つまりあくまでもコミュニティは，

施設に代わるサービスを提供する「場」であり，単にサービスを提供するための運営・管理上の地域という意味しかもっていないということになります（中野 1980：44-49）。一方で「コミュニティによるケア」とは，行政サービスとあらゆる種類の相互扶助やインフォーマルなケアが織り合わされたものであり，コミュニティによって提供される援助という意味を含んでいます。これは親族，友人，隣人など近くに居住している人たちの「社会的ネットワーク」によって与えられる援助であり，この「社会的ネットワーク」はコミュニティの一部を成しているものとしてとらえることができるのです（中野 1980：44-49）。

　つまり「『地域』で自分らしく生活を続けること」「それを支えるサービスや支援を権利として求めること」を考えるうえで，コミュニティケアという理念は，生活の場である「地域」をどのような存在として位置づけるのかをめぐって，地域福祉のあり方そのものに重要な投げかけをしているといえます。

　今日，日本で展開されている「地域包括ケアシステム」は，「ニーズに応じた住宅が提供されることを基本とした上で，生活上の安全・安心・健康を確保するために，医療や介護のみならず，福祉サービスを含めた様々な生活支援サービスが日常生活圏域で適切に提供できる」地域の実現をめざしたものです。この実現については自助・互助・共助・公助の役割分担を検討することが重要であるといわれていますが，提起そのものは1968年のシーボーム報告ですでに言及されていることであるといえます（地域包括ケア研究会 2008：6-7）。そのような意味で，今後の地域福祉のあり方を考えるうえで「地域」をどのように位置づけて支援を考えるのか，コミュニティケア理念が投げかける問いは現在においても重要な論点となっているのです。

## 社会的排除／社会的包摂から「地域共生社会」へ

　「地域包括ケアシステム」と並んで，地域福祉における「支援」を考えるうえで重要な意味をもつキーワードとして「地域共生社会」を挙げることができます。地域共生社会は「子供・高齢者・障害者など全ての人々が地域，暮らし，生きがいを共に創り，高め合うことのできる」社会のこととされています（「ニッポン一億総活躍プラン」2016年閣議決定 首相官邸HP）。その実現には「社会的孤立や社会的排除といった課題を直視していくことが必要」であり，①「我が事」として住民主体の地域づくりが，②「丸ごと」として年齢別，分野別に

縦割りだった支援を当事者中心にした包括的な支援体制の構築が重要であると
しています（地域力強化検討会 2017）。

　この「地域共生社会」も「『地域』で自分らしく生活を続けること」「それを
支えるサービスや支援を権利として求めること」の実際のあり方を示していま
すが，このあり方の背景には社会的排除（social exclusion）と社会的包摂（social
inclusion）という概念の内容が反映されているといえます。社会的排除と社会
的包摂は，1970 年代にフランスで誕生した考え方で，その後，ヨーロッパに
も問題認識の方法が広がりをみせ，この概念に基づいてさまざまな施策が進め
られていくことになりました。日本においても 2000 年の「社会的な援護を必
要とする人々に対する社会福祉のあり方に関する検討会」において本格的に取
り上げられることで定着した概念です。

　この社会的排除とは「関係の不足や複合的不利，排除のプロセス，空間的排
除，そして制度的排除といった多様な問題状況を示した」（岩田 2008：20-23）
概念で，内容の核心は，つながり（関係）からの排除や欠如であるといえます。
近年，課題となっている「８０５０問題」や「ダブルケア問題」などは，課
題がある本人・家族が地域等のつながりから排除されている／つながりの欠如
があるだけではなく，どこからも支援を受けることができないといった支援・
制度とのつながりからの排除や欠如があることが原因にあるとされています。

　このような問題状況を解決するためには，2 つの方向性を考えることができ
ます。一つが「地域」とのつながりの必要性です。課題がある利用者がさまざ
まなつながりから排除された状態にあるのであれば，それをつなぎ直すことが
必要であり，利用者にとってもっとも身近な社会である「地域」とまずはつな
がることが必要です。いま一つが「支援」とのつながりの必要性です。8050
問題であれば，高齢者－中高年者という「世代」「対象」，介護－生活支援－就
労といった「分野」に多様性があることがこの問題を形づくっている特徴とな
ります。現状ではそれに対する支援が，世代・対象・分野によってセパレート
されているため，支援に結びつきにくい状況にあります。このような世代・対
象・分野を横断した支援がなければ，「支援」と「課題がある本人・家族」と
がつながることはできません（熊田 2008：23-52）。

　このような地域を基盤にした対象横断的，主体横断的な関係や支援づくりの
取組みが必要であることを示したものが「社会的包摂」という理念です。現在，

## Column ❹　SDGs

　SDGs（Sustainable Development Goals：持続可能な開発目標）という言葉が現在，注目を集めています。現在の日本を考えても地球温暖化の問題といった気候変動，火力や原子力発電に代わる新しいエネルギーの問題，子どもの貧困や格差社会，男女の不平等や障害者差別，さらには限界集落といった地域の持続可能性といったさまざまな問題が山積しています。このような問題は日本だけではなく世界で生じている問題です。このような問題が解決しなければ，日本はもとより世界そのものの存続が危ぶまれます。世界が「持続可能な発展」を今後も遂げるために解決すべきゴール（目標）を 17 個掲げ，その達成を 2030 年までに実現しようと 2015 年のニューヨークの国連総会で採択されたものが SDGs となります。その目標の実現に向けては政府のみならず，自治体，NPO，そして民間企業がさまざまな取組みを進めることが期待されており，また実際に取組みが進められつつあります。

　SDGs に掲げられているテーマの多くは，社会福祉の領域で取り組んできたテーマでもあります。とくに近年，SDGs との関連を示した地域福祉計画／活動計画も出されてきていて，ますます SDGs は地域福祉の推進に重要となってきています。

（出所）　国際連合広報センター。https://www.unic.or.jp/activities/economic_social_development/ sustainable_development/2030agenda/sdgs_logo/

地域共生社会において強調されている「我が事・丸ごと」というキーワードは，この社会的包摂でいう2つの方向性，すなわち「地域とのつながり」と「支援とのつながり」を基礎に置いた考え方です。社会的排除という問題認識と社会的包摂という新しい支援の理念は，今日の地域福祉のあり方を祖形する重要なものであるといえます。

　地域福祉は，基本的人権を基礎に置きつつ，「地域」で暮らすことが望ましいのか，そしてそれが望ましいとするならば，どのような支援のあり方が望ましいのかを，ノーマライゼーションや自立生活，コミュニティケアや社会的包摂という理念を基礎にしながら現在も模索が続けられているといえます。地域福祉を理解し実践するためには，制度の実際や支援の方法を理解することはもちろんですが，あわせてその基礎には，援助活動が行われている社会やその時代における「望ましさ」として，一定の社会的に合意形成されている「理念」も理解することが重要です。何よりもその基底には，私たちの「生きる権利」があることもまた忘れてはならないのです。

第**4**章

# 地域福祉の歴史(1)

## イギリス・アメリカ・北欧

## STORY

　山中先生の授業で「海外の地域福祉の歴史」を調べて発表することになった，美咲，翔吾，彩加の３人。まずはどのような内容にするのか相談するため，大学の図書館に集まった。関連する書籍を集めてテーブルに積み上げ，しばらくパラパラと見てから作戦会議，スタート！

　美咲　「海外って，どの国を調べたらいいんだろう？　北欧は社会福祉先進国ってよくいわれるよね。でも社会福祉の発祥国はイギリスだって，さっき見た本に書いてあったんだけど」

　彩加　「うーん，イギリスと北欧は外せないよね。アメリカもボランティア大国っていわれているから，入れたほうがいいかも」

翔吾 「ぜーんぶ調べるわけにはいかないから，社会福祉って広くとらえるん
　　　じゃなくて，地域福祉にしぼらないとダメじゃない？」
　ひとまず，イギリス，北欧，アメリカの地域福祉について，分担しながらいろ
いろ調べてみようということになった３人。
　美咲 「そういえばお母さんが言ってたんだけど，海外の地域福祉の歴史は国
　　　家試験に意外と出てくるんだって！ でも英語の名前って覚えにくいよね
　　　……」
　翔吾 「どんな物事でも，そのはじまりを知っておくのが大事ってことなのか
　　　なぁ。世界の事例から日本が学ぶことも多いだろうしね」
　彩加 「ねえ，いいこと思いついちゃった。ついでだからこの際，イギリスと
　　　北欧とアメリカに行って，体験してくるってのはどう？」
　美咲・翔吾 「！！！！！」「バイト代が全部飛んでいく～！」

# ① イギリスにおける地域福祉の歴史

## ▌COS の意義と果たした役割 ▌

　19 世紀後半のイギリスは，世界に多くの植民地をもち，そこからの収益や
貿易などで莫大な利益を上げていました。国としてはたいへん豊かではあった
のですが，資本主義の成立した頃でもあり，富める者とそうでない者の格差が
著しくなっていました。

　こうした貧困者を助けようと数多くの慈善家や慈善団体がありましたが，そ
れらは乱立しており，互いに連携がなく貧困者に対しては濫救・漏救の状態に
ありました。こうした事態を是正しようと，ロンドンで 1869 年に結成された
のが COS 慈善組織協会（Charity Organization Society）でした。COS は，あまた
の慈善団体をコーディネートし，それぞれの団体が救済に対して秩序をもたら
すようにしました。また，貧困者に対しては注意深い実態調査を行い救済を求
める者の登録制度を実施しました。しかし，COS は，貧困を自己責任とみな
し，個人の問題として認識していました。この点は，当時のビクトリア朝の貧

困観を基盤としていたといえます。また，救済の対象についても，「救済に値するもの」と「救済に値しないもの」に分けていた点も特徴です。この区別のために「個別的ケースを調査・分析するケースワークの手法を発達させた」とされています（VCU Libraries HP，松岡 2009）。

## セツルメントの意義

セツルメントについて社会福祉用語辞典を引いてみると，次のような説明となっています。「19 世紀末に失業，疾病，犯罪等と深い関連性を持つ貧困問題が集約された地域であるスラム街に住み込んで，貧困者との隣人関係を通して人格的接触を図り，問題の解決を目指した民間有志の運動」（山縣・柏女 2013：213）。つまり，スラムに住む貧困問題を抱えた人々と，社会運動家や大学生などが交流を通して生活の改善をめざそうとしたのです。

このセツルメント活動を生み出したのがイギリスです。世界ではじめて，1884 年にセツルメントハウスをつくったのが，バーネット夫妻です。彼らは，富裕者と貧困者が隣り合わせに暮らすことで技術や知識を交換し，新しいコミュニティをつくって社会改革を進めようとしました。この運動の拠点となったのがトインビーホールです。運動に参加し活動を精力的に行っていたものの，早世したアーノルド・トインビーを記念して命名しました。この運動には，後に首相になったクレメント・アトリーや，「ベバリッジ報告」として名高いウィリアム・ベバリッジも参加していました。

建物の中には，居住者のための部屋のほか，図書館，講義用ホール，食堂，美術室，教室，コモンルーム（共用ラウンジ），音楽室，科学実験室なども設置されており，多様な教育活動やレクリエーション活動が行われていたことがわかります（トインビーホール HP）。

トインビーホールは過去の遺物ではありません。図4.1 は，「トインビーホール」の HP のトップページの一部です。バーネット夫妻が改革したかった社会問題とは異なる様相の現代の貧困と向き合い，今もさまざまな活動を続けています。どんな活動を行っているか，皆さんも一度，ホームページを見てください。

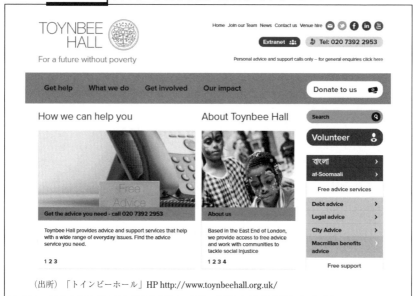

（出所）「トインビーホール」HP http://www.toynbeehall.org.uk/

## コミュティケアの目的

イギリスのコミュニティケアは，知的障害者の領域から始まって，精神障害者や児童・高齢の領域に広がっていきました。1968年の「シーボーム報告」以降，本格的に取り入れられます。

従来の施設中心型の福祉政策から，可能なかぎり地域で暮らせるような態勢にしていくことを政策的にもめざしました。これは，1950年代に北欧で起こったノーマライゼーションの影響を大きく受けています。

1960年代には大規模施設への反発が潮流となりました。この時代は，また患者と市民の権利運動が盛り上がった時期でもありました。70年代を通して，大規模な病院・施設は不適切であるとの評価になっていきました。

1970年には「地方自治体社会サービス法（Local Authority Social Act）」が施行され，サービスを総合的に提供する社会サービス部が設置されました。

このようにコミュニティケアは，障害者や高齢者などの地域での生活をめざして進められていましたが，一方では，施設よりも「安上がり」であるとして政策的に進められた点も見逃せません。

1979年に登場したマーガレット・サッチャーのもと，コミュニティケア政

策が実施されます。サッチャー首相は，自立自助の精神を重視し，公的部門の縮小，民営化を推し進めました。こうした動きは「サッチャリズム」と呼ばれています。サッチャリズムは，「ゆりかごから墓場まで」の福祉国家として世界に名高かったイギリスの評価を大きく変化させました。コミュニティケアとは，"コミュニティによる"ケアとして認識され，政策の目的に合ったものでした。

　1990年の「国民医療サービス（NHS）およびコミュニティケア法」の成立では，大きく改革が進められていきます。コミュニティケアに関しては，地方自治体の社会サービス部（Social Service Department：SSD）が責任をもつようになります。また，ニーズアセスメントが実施された後は，ケアプランの立案，家事援助，訪問介護，配食サービス，デイケア，レスパイトケア（在宅介護をしている家族が一時的に休憩を取るための支援・サービス）などの「ケアパッケージ」が提供されました。この改革の大きな特徴は，サービスの有料化です。また，それまでは保健医療サービスだったものが福祉サービスへと移行しましたが，これも支出を抑えるためといわれています。

　この法律によって，自治体の役割は，従来のサービスを利用者に直接供給する主体から，民間団体がサービスを提供するための条件を整備する主体へと変化しました。さらに，このことによってサービス購入部門と供給部門の分離をする「疑似市場」を取り入れる形にした点が特徴です。つまり，民間団体を活用することで，効率を良くし，さらに利潤の追求も行おうとしたのです。

## ブレア政権下の「第3の道」

　福祉国家として名高かったイギリスの福祉政策に大なたをふるったサッチャーの後を継いだのが，1997年に誕生したブレア政権です。ブレア政権は，A. ギデンズの唱えた「第3の道」を政策の基調とし「社会的公正と経済的繁栄の両立」を掲げていました。ここでは，この政権が行った福祉改革の中心的な改革であったワークフェアについて取り上げてみます。ワークフェアとは，アメリカで生まれた概念です。アメリカにおいて，公的扶助で受給条件を厳格化した福祉改革に由来します。ワークフェアについて，宮本太郎は「社会保障や福祉を給付する条件として就労を求めたり，あるいは給付の目的を就労の実現に置く考え方や政策」（宮本 2013：27）としています。

その後，ワークフェアはサッチャー政権の時にイギリスに取り入れられました。ワークフェアの考え方は，単純に「福祉から就労へ」というだけでなく，「働かないのなら罰を与える」という懲罰的なものも含まれていました。ブレア政権においては，1998 年には「ニューディール政策」を実施しましたが，これは機会の平等と権利を責任の観点から「働くための福祉」としていました。このプログラムの対象となったのは，若者，長期失業者，ひとり親，6 カ月以上失業中で求職者手当を申請している者のパートナー，障害者，50 歳以上の者です。彼らが就労できるようにパーソナルアドバイザーをつけて，対象によっては面談を強制としていました。とにかく就労できるように支援することが政策のポイントでした（大山 2005）。

## 行政と NPO・ボランティア活動との協働──「コンパクト」の意味

ブレア政権時代においてのコミュニティに関する動向で忘れてはならないものに「コンパクト」があります。これは，日本語では「協約」または「合意文書」と訳されています。内容は「政府とボランタリー・コミュニティセクターが，市民社会の発展のために協働し，ボランティア・コミュニティ活動の育成と支援を行うために，両者の責任ある関与を示したもの」です。つまり，社会問題に対して，行政だけがサービスを提供するのではなく，市民でつくるNPO やボランティア団体もともにそうした問題に対して関与していくことを取り決めたものです。このコンパクトは 1998 年に合意され取り交わされました。この中には，①資金について，②政策に関する協議について，③協働に関する実践について，④政策がボランティア活動に与える影響を調査すること，の 4 点が盛り込まれました。ともすれば，ボランティアや NPO は，政府の下請けのような仕事をさせられてしまうことにもなりかねません。そこを，政府もボランティアも対等であり，ともに手を携えて協働するということを約束したのです。

イギリスのコンパクトで重要な点は，コンパクトの作成レベルが中央から地方自治体に権限移譲されていることです。行政とボランティアがともに同じテーブルにつき，それぞれの役割を明確にしながら，対等のパートナーシップに基づいて協働していく──この一連の過程を，地方自治体レベルで行っていくことにこそ意義があるのです（東京ボランティア・市民活動センター 2003）。

## ┃「ソーシャル・エクスクルージョン」と闘う┃

　ソーシャル・エクスクルージョンとは，「社会的排除」と訳されています。この言葉は，もともとフランスで生まれたといわれています。イギリスのブレア首相が立ち上げた社会的排除と闘う特別機関「ソーシャル・エクスクルージョン・ユニット」による定義では，「社会的排除は，たとえば失業，低いスキル，低所得，差別，みすぼらしい住宅，犯罪，不健康，そして家族崩壊などの複合的不利に苦しめられている人々や地域に生じている何かを，手っ取り早く表現した言葉である」（岩田 2008：21）。つまり社会的排除とは，何らかの不利な条件があるために，みんなと同じような「ふつう」の生活を送れなかったり，権利をもてなかったりするなど，社会からはじかれてしまっている状態にあることをさします。こうした状態は，日本でいえば憲法第25条1項の生存権「すべて国民は，健康で文化的な最低限度の生活を営む権利を有する」や第14条1項の「すべて国民は，法の下に平等であつて，人種，信条，性別，社会的身分又は門地により，政治的，経済的又は社会的関係において，差別されない」に反することになります。社会的排除を追い払い，どのように社会的包摂＝ソーシャル・インクルージョンをめざしていくのか。非寛容が広がっている社会だからこそ，社会的包摂に向けて闘わなければならないのです。

　イギリスに住んでいるブレイディみかこさんは，現地で保育士をしながらイギリス社会の光と影を世界に向けて発信しています。彼女の本やブログは，自身の体験や見聞に基づいており，ブレイディさん自身の本のタイトルにもなっているように，まさに「地べたからのポリティカルレポート」となっています。

　イギリスは，日本よりも階級社会が明確であるといわれますが，現在では，ほとんど階級間の移動がなくなり固定化されてしまったといいます。イギリスのワーキングクラスやアンダークラスは，そのクラスに生まれてしまったら生涯，そこから脱することができないという，きわめて息苦しい社会になってきていることが指摘されています。とくに彼女が挙げているのが，「ファーザー・エデュケーション（Further Education）」（以下，FEとする）というイギリスならではの成人教育システムが，2020年までに廃止になるという点です。この「FE」は，非常に安い学費で大学進学準備コースや専門学校コースが受講できるシステムで，「いくつになっても人生をやり直せる」ことが可能でし

| 年　次 | 報　告　名 | 内　　　容 |
|---|---|---|
| 1942 | ベバリッジ報告 | 「社会保険および関連サービス」と題された。戦後の社会保障計画の柱として，①最低生活費の均一給付，②保険料の均一拠出，③リスクと適用人口の普遍化，④行政の一元化などが盛り込まれた。イギリスの「ゆりかごから墓場まで」という社会保障制度を決定づけた。 |
| 1959 | ヤングハズバンド報告 | 正式名称は，「地方当局の保健医療サービスにおけるソーシャルワーカーに関する専門調査委員会報告」。1959 年に出されたレポートである。地方自治体において，ソーシャルワーカーの現状を調査し，専門職としての人材養成が重要であることを提唱した。 |
| 1968 | シーボーム報告 | 対人福祉サービスを検討し，体系化を図り，行政運営の再編を提言した。①児童，福祉，保健の3部局を一体化。自治体内に「社会サービス委員会」と「社会サービス部」を創設した。②人口5万から10万を単位として，行政のエリアオフィスを設置し，権限を移譲した。③ソーシャルワーカーの専門性を高める養成訓練課程を再検討した。また，コミュニティによるサービス提供を重視した。 |
| 1978 | ウルフェンデン報告 | 対人福祉サービスのマンパワーとしてボランティア活動を位置づける方向性が示された。 |
| 1988 | グリフィス報告 | 「コミュニティケア──行動のための指針」の通称。コミュニティケアの目的は，施設や病院ではなく，在宅においてケアしていくことであるとした。家族や友人，近隣の役割にも言及した。 |
| 1992 | バークレイ報告 | コミュニティソーシャルワークの概念を示した。ソーシャルワーカーによる直接的援助だけでなく，フォーマル・インフォーマルな地域資源を強化および動員することによる，社会問題の防止や解決を行う専門職としての役割と任務を提唱した。 |

た。こうした教育システムがなくなると，高等教育を受けさせることができない家庭に生まれると，大学以上の高い教育を受ける機会が一生なく，賃金の低い仕事にしかつけなくなります。これでは階級は生まれた時点で固定化されてしまいます。ブレイディさんは，「そうした階級的な観点だけでなく，FE の消失は，英国のすべての業界において大きな損失をもたらすだろう。前述の保育業界の例を見てもわかるように，人生の仕切り直しをして大人になってから勉強して新たなキャリアに進んだ人々は，業界の人材に重厚さと幅を与えてきたからだ。人材が画一的でない場には，広範な分野での知識や経験というリソースがある」と，この政策変更の課題を指摘しています（ブレイディみかこ 2016：106）。

また，イギリスは，2016 年 6 月に国民投票を行い EU からの脱退を決めました。これは，「BRITAIN（ブリテン）が EU から EXIT（脱退）した」ということで言葉を掛け合わせて BREXIT（ブレグジット）と呼ばれるようになりました。EU から脱退することで，これ以上の移民や難民をイギリス本土に入れないようにしたいという思惑や，EU 運営のための負担から逃れたいという意図などがあったとされています。一般的に，若者は EU 残留希望，高齢者が EU 脱退希望だったともいわれています。イギリスの経済的好況は，多くの移民などによるところも大きいのですが，"生粋"のイギリス人は，移民をこれ以上受け入れることに拒否感を示したといえます。

　2017 年 6 月にロンドンにある公営住宅が火事で焼失し，多くの人が犠牲になりました。このマンションには移民が多く住んでいましたが，建物が老朽化していたことや，消火装置などがなく，早くからその危険性が指摘されていたといいます。しかし，居住者の大部分が移民で貧困な人だったため，放置されていたのでしょう。

　アメリカをはじめイギリスでも自国を第一とするナショナリズムが台頭していますが，ソーシャル・インクルージョンを掲げてきた国々のこのような変貌はどうして出てきたのか，外国籍の人が増加している日本は何を学ぶべきなのかを考える必要があります。

 # アメリカにおける地域福祉の歴史

### COS の活動とメアリー・リッチモンドの功績

　アメリカにおいても 19 世紀後半は「長期不況」の時代で経済は破綻しており，多くの失業者，貧困者，病気を抱えた者，高齢者などがあふれ，公的な支援を受けなければ生活できない者が多くいました。都市化は進み，コミュニティも失われていました。こうした社会情勢を背景に，イギリスの COS 運動を取り入れてアメリカでも COS 運動が起こっていきます。最初の COS 運動が起こったのがニューヨーク州のバッファローといわれています。

　COS は貧困者などの救済において，彼らのアセスメント・登録・スーパー

ビジョンといった科学的アプローチを行うことを重視していました。

　このCOS活動の中でもメアリー・リッチモンドは，貧困者を救済することにおいてソーシャルワークを専門援助技術として高めた人として知られています。リッチモンドは，『社会診断』や『ソーシャル・ケースワークとは何か』を著作として著しています。彼女は，個人と環境との相互作用の中で，貧困や社会的排除の原因がどこにあるのかを模索しました。

　また，「慈善ワーカーが協同するかもしれない諸力（力＝force）の図」を示し，6つの力があるとしています。もっとも内側から，「家族の力」，次いで「個人の力」「近隣の力」「移民の力」「私的慈善の力」「（コミュニティの）公的救済の力」があるとしました。「慈善間の協同として，コミュニティの慈善には調和が必要であり，慈善ワーカーにはこの調和のある関係をもたらすことが課題」と指摘した点は，今日の地域を基盤としたソーシャルワーカーにも通ずる点です（平塚 2013）。

## ┃ セツルメントがめざしたこと

　イギリスのトインビーホールの活動に影響を受けてアメリカでセツルメントハウスを立ち上げた人に，スタントン・コイトとジェーン・アダムズがいます。

　コイトは，1886年，ニューヨーク・ローワーイースト地区にアメリカで最初のセツルメントハウスである「ネイバーフッド・ギルド」を創設しました。当時のニューヨーク・ローワーイースト地区はユダヤ人移民と極貧の人々の住むスラム街でした。コイトとアダムズは，スラムに住む人々が，講義や演劇，クラブ，その他レクリエーション活動に参加するようにしました。日々の教育的・レクリエーション的な活動を通して，社会改革を行おうとしたのです。

　ハルハウスは，1889年にジェーン・アダムズらによって設置されました。コイトと同様に，トインビーホールを訪問したことに影響を受けたのです。当時，シカゴには，ヨーロッパからの移民が多く彼らは貧しい生活をしていました。とくに母親らは子どもたちの教育に悩みを抱えていたことから，アダムズらは，子どもたちのための幼稚園や保育園をつくり，母親たちが話せる居場所を設置することにしたのです。その後，活動の範囲を広げ，学校や社会クラブ，店舗，子どものための家，遊び場などを設置していきました。

　セツルメント運動は，日本では隣保館活動として展開されていきました。そ

フードバンク　市民や企業から寄附された品物の仕分けをするボランティア

して現在でも，その精神は引き継がれ地域福祉活動や公民館活動として行われ
ています。

## アメリカ社会の根幹を支えるボランティア活動

　アメリカがボランティア大国であることはよく知られています。多くの人々
がボランティア活動をするのは当然と思い，日々活動に携わっています。アメ
リカは「小さな政府」を標榜しており，いわゆる福祉国家ではありませんが，
その分をボランティアがカバーしています。ボランティア活動を行うことにい
まだに心理的なハードルがある日本とは，様相が大きく異なっています。

　アメリカ合衆国労働省労働統計局の調査によると，2014年9月〜2015年9
月にアメリカ国内でボランティアを行った人（団体で，あるいは団体を通して少
なくとも1回）は約6260万人でした。これはアメリカ人の約20％，5人に1人
がボランティア活動を行ったことになります。性別で見ると，男性は21.8％，
女性は27.8％と，女性のほうがボランティアを行う率が高くなっています。年
代別では，35〜44歳がもっとも高く28.9％，次いで45〜54歳が28.0％と
なっており，働き盛りの年齢がもっとも高いのは日本とは異なる傾向です。

　これは，子どもたちと行う活動や，スポーツのコーチ，審判，勉強を教える，
若者へのメンター（助言）などの活動が含まれていることも，こうした子育て
世代のボランティア活動率が高いことと関係しているのでしょう。人種別では，

| 表 4.2　ボランティア活動に興味がある理由

（複数回答，%）

| | 日本<br>（n=413） | 韓国<br>（n=584） | アメリカ<br>（n=633） | イギリス<br>（n=546） | ドイツ<br>（n=521） | フランス<br>（n=429） | スウェーデン<br>（n=461） |
|---|---|---|---|---|---|---|---|
| 地域や社会をよりよくしたい | 48.4 | 35.4 | 62.9 | 48.5 | 38.6 | 38.2 | 51.0 |
| 困っている人の手助けをしたい | 65.4 | 70.9 | 75.8 | 66.3 | 50.3 | 70.6 | 60.5 |
| 新しい技術や能力を身につけたり経験を積んだりしたい | 37.3 | 31.8 | 48.0 | 51.5 | 56.6 | 52.4 | 64.6 |
| 自分のやりたいことを発見したい | 34.6 | 31.2 | 34.6 | 31.3 | 31.3 | 15.4 | 38.0 |
| いろいろな人と出会いたい | 49.6 | 38.2 | 40.9 | 39.2 | 37.2 | 34.3 | 44.0 |
| 進学，就職などで有利になるようにしたい | 14.8 | 21.4 | 31.9 | 36.6 | 28.6 | 14.9 | 42.3 |
| 自由時間を有効に使いたいから | 12.6 | 25.9 | 39.3 | 34.6 | 35.7 | 40.1 | 34.7 |
| 周りの人がやっているから | 2.7 | 3.8 | 4.9 | 4.8 | 8.1 | 7.0 | 2.4 |
| その他 | 2.2 | 2.4 | 3.0 | 1.5 | 3.3 | 1.4 | 5.0 |
| 分からない | 1.7 | 1.9 | 1.6 | 2.0 | 1.3 | 1.9 | 4.1 |

（出所）　内閣府市民活動促進担当「ボランティア関係参考資料」2014 年 6 月 20 日。

白人 26.4％，黒人 19.3％，アジア系 17.9％，ヒスパニック系 15.5％となってい
て，人種によっても実施率に差が見られます。

　日本の場合はどうでしょうか。参加人数は，国の調査と全国社会福祉協議会
（以下，全社協とする）が実施した調査では数に大きな差があります。国の調査
では，約 3000 万人（25 〜 35％）がボランティア経験があるとなっていますが，
全社協調査では，約 900 万人（7％）となっています（内閣府 2014）。

　日本と諸外国（韓国，アメリカ，イギリス，ドイツ，フランス，スウェーデン）の
若者（満 13 〜 29 歳までの男女）を対象として実施したボランティアに関する興
味を尋ねた結果を見てみましょう（表 4.2）。

　アメリカは，関心がある理由でもっとも高いのは「困っている人の手助けを
したい」（75.8％）で，他の国と比較しても一番高い理由となっています。また
「地域や社会をよりよくしたい」（62.9％）も他国と比較すると断トツに高く

　障害者の自立生活運動（Inde-
pendent living movement）を始め
たのは，重度身体障害のあったエ
ド・ロバーツというカリフォルニ
ア大学バークレイ校の学生でした。
彼は，重度の障害があっても，自
分自身で意思決定し，地域で自立
した生活を送っていけるよう運動
を起こしました。「自立」という
と，身体的自立，経済的自立など
が浮かびますが，彼は，「自己決

エド・ロバーツ・キャンパス内に掲示された
「自立生活運動」の一コマ（toymbeehall 所蔵）

定できること」をもっとも重視したのです。この運動はアメリカだけでなく世
界に広がり，日本の障害者運動にも大きな影響を与えました。
　現在もバークレイ校のすぐ近くに「エド・ロバーツ・キャンパス」と名づけ
られた建物があり，障害がある人々のための支援や啓発活動，自助グループ活
動が行われています。自立生活運動については第3章も参照してください。

なっており，アメリカの若者がボランティアをする理由が利他的なものである
ことがわかります。
　また，ボランティア活動に興味がある理由を見ると（表4.2参照），他国と比
較して，日本は，「いろいろな人と出会いたい」が49.6％と高いのですが，「自
由時間を有効に使いたいから」は12.6％ともっとも低くなっています。「地域
や社会をよりよくしたい」や「困っている人の手助けをしたい」もそれほど低
い数値ではないので，社会改善や社会正義の目的をもっている若者も少なくな
いものの，他国と比較した場合，ボランティア活動を行うのはどちらかという
と自分自身の成長をめざしていることが多いといえるでしょう。

# 3 北欧における地域福祉の歴史

## スウェーデン

　スウェーデンは福祉大国として知られています。G. エスピン-アンデルセンが「福祉レジーム論」（その国において福祉をどう位置づけているか）を提示しましたが，その中でスウェーデンは，「社会民主主義レジーム」に属するとされました（エスピン-アンデルセン　2001：30）。国家の役割が大きく，所得再分配機能が高い，つまり高い税金をとって福祉サービスを必要とする人々に多く配分するというやり方です。北欧の国々はこのレジームに属します。

　この福祉国家スウェーデンにおいて特筆すべきは 1992 年に行われた「エーデル改革」です。この改革によってスウェーデンでは，中央集権的な福祉行政から，基礎自治体である「コミューン」（日本の市町村にあたる）に権限移譲しました。

　これによって，高齢者や障害者への福祉サービスや保健医療のサービスをコミューンが行えることになったのです。このことは，地域特性に応じて住民の意向やニーズが反映されやすくなったといえます。

　エーデル改革がめざしたことは，①在宅医療と在宅福祉，②地方分権の徹底，③看護師・ホームヘルパーの権限拡大，でした。

　また，高齢者は施設ではなく住宅で最期まで暮らしていくことが目標とされ，「特別住宅」が整備されました。「特別住宅」ができたことによって，それまで老人ホーム，ナーシングホーム，グループホームなどいろいろな形態があったのですが，すべて「特別住宅」の範疇になりました。「特別住宅」はコミューンによって設置計画が立てられるようになったため，高齢者は病院からの円滑な退院と地域移行が可能となりました。また，施設ではなく住宅という範疇になったことで，個室化が進みました。

　日本も「エーデル改革」の考え方を取り入れて，1990 年以降は高齢者や障害者の福祉サービスを市町村単位で実施するようになっています。また地域で支援を受けながら暮らすことや，施設ではなく住宅で生活するという考え方も

取り入れられてきました。しかし，日本の場合は地方自治体への財源移譲が進んでおらず，市町村における地方分権は徹底されているとはいえない状況にあります。また住宅については，日本の場合，公的に整備するというよりも民間事業者の建設に依存しているところなど，大きな違いがあるのです。

## ┃ デンマーク ┃

ここでは，デンマークの高齢者福祉について中心に見ていきたいと思います。「エイジング・イン・プレイス（ageing in place）」という言葉を聞いたことがありますか。「住み慣れた地域で，最後まで暮らす」ということを表す言葉です。

デンマークでは，すべての人に対する社会サービスは，1998年に制定された「社会サービス法」に一元化されています。一般成人，高齢者，障害者が利用する在宅ケア，ショートステイ，リハビリテーション，住宅等は，この社会サービス法に基づいて提供されているのです（松岡 2009：225）。

ノーマライゼーション理念を生み出した国デンマークでは，高齢者ケアにおいて，すでに施設中心から在宅ケアへと移行して久しく，施設の新規建築を廃止するなどの方策がとられてきました（第3章参照）。高齢者は要介護状態になっても「住宅」に住み，最期まで「自分で決定する」生活を続けることを支援する体勢がとられているのです。

現在のデンマークでの高齢者福祉3原則は，「人生の継続性の尊重」「自己決定の尊重」「残存能力・自己資源の活用」です。日本とデンマークでは社会制度の違いは大きいのですが，こうした高齢者の主体性の重視については見習う点が大きいでしょう。

# 第5章

# 地域福祉の歴史(2)

## 日　本

## STORY

　「海外の地域福祉の歴史」の発表はうまくいき，世界ではさまざまな地域福祉への取組みがあることを知った美咲。でも，なかなか身近に感じられないモヤモヤもちょっぴり感じていた。

　そんなある朝，アルバイトへ向かう途中の駅のホームで，おばあさんを見かけた。重たそうな荷物を両手に持って，階段の下で立ち止まっている。改札口に出るには階段を上るか，ホームの端まで歩いてエスカレーターに乗るかだ。「あちらにエスカレーターがありますよ」と声をかけたほうがいいのかなぁ……と思ったその瞬間，大学生くらいの男性がおばあさんに駆け寄った。その若い男性は，おばあさんに何か声をかけ，両手の荷物をひょいと受け取っていた。

美咲はその階段を上りながら何かとてもいい光景を見てしまったようで嬉しくなり，アルバイト先の保育園に向かった。保育園に到着すると，彩加と翔吾が先に来ていた。先月から，彩加・翔吾と一緒に，大学が紹介するこのアルバイトを始めたのだ。

　「おはよう。さっきね，駅でおばあさんの荷物を持ってあげている人を見たんだ。なんかそういうの見ると，朝から気持ちいいよね」

　「へえ，どんな人だったの？」

　「私たちと同じくらい。大学生だと思うよ」

　「えー，エライ。それだけでイケメン（笑）。けっこう素通りしていく人が多いもんね。翔吾とは大違い（笑）」

　「ちょっと，俺だって見かけたらやるよ！　……でも，声をかけるのが恥ずかしくて，見て見ぬ振りをしてしまうこともあるかも」

　翔吾が小声になると，美咲もちょっと自信がなくなった。

　「私も声をかけようと思ったけど，実はちょっとためらっちゃったんだよね。すぐに行動に移せなかった。昔は，支え合いの活動がもっとあったって授業でも先生が話してたよね。今ってなかなか見かけないから，気が引けちゃうっていうか……。なんで昔と今とで変わっちゃったんだろう？」

　「そりゃあ，昔は地域のつながりが濃かったからじゃね？」

　その翔吾の言葉に，やっぱり「地域」って何だろうと美咲の中でモヤモヤが膨らんできてしまった。

　「でも，今は地域のつながりってないよね。地域って何だろうってことさえ，普段考えもしないし……」

　「私もわかんない……」

　「別に俺たちの生活には，地域って関係ないからじゃない？」

　「なんでそうなっちゃったのかな？」

　３人は少し沈黙してしまった。そこに，彩加が懐かしそうな顔で口を開いた。

　「そういえば，小さい頃は近所の盆踊りによく行ったなぁ。でも，いつの間にかやらなくなっちゃったんだよね」

　「ああ，そういえば盆踊りってあるね。俺の家の近所ではまだやってるよ」

　そういえば，美咲の家の近所では盆踊り大会をやっていない。昔はやっていたのかな……。そういう近所の人が集まるお祭りがあれば，「地域」をもっと身近に感じられるのかも。そんなことを思っていると，彩加がサラリとこう言う。

　「でもさ，地域で助け合わなくても，今はお金で必要な物をいつでも買えるしね。ネットもあるし」

　「彩加って現実的だな……」

「ボランティアをする人も減ってるみたいだし。今は福祉サービスだってあるしね。自分のお金や，税金でいろんなことができるようになったから」

うーん，でもそれだけでいいのかなぁと美咲が思っていると，翔吾がこんな疑問を口にした。

「ここのバイト，保育園も福祉サービスかな」

「じゃない？」

そっか，保育園も福祉サービスなんだ。でも，いつから始まったんだろう。どうして必要になったんだろう。

「俺たちがやってるような福祉サービスが増えて，お金で買えるようになったから，地域の支え合い活動はいらなくなったってことなのかな」

「そうそう，保育園があれば地域での子育て支援は必要なし！」

そう言い切る彩加の言葉に，美咲はちょっと反論したくなった。

「本当かな。だったらどうして保育園で地域清掃とか，フリーマーケットとかをやるんだろう。私たちのバイトの一部も，地域とのつながりづくりでしょ？最初の説明のときに，園長先生がそう言ってたよ」

「そうだっけ，俺あんまり聞いてなかった……」

3人は，バイトが終わったら園長先生に，保育園の成り立ちと園が行っている地域の子育て支援について，詳しく聞いてみることにした。

# 1 戦前の日本

　農業が日本社会の基礎的な産業だったのが明治・大正の時代です。その頃は，家族や親族で支え合うことが基本でした。家族で支え合うことだけでは解決できない場合は，住民総出で助け合う「結い」や「講」などによって相互扶助が行われていました。社会福祉の制度やサービスが，十分に整備されていない時代は，家族で解決するか隣近所で支え合うしか方法がなかったのです。つまり，相互扶助による地域住民同士の支え合い活動が，地域福祉の源流となります。

　また，地域では同じ農作物をつくっていましたから，飢饉や自然災害の影響をその地域全体で受けることが多く，その意味では，共通の課題があるという点で地域の絆やつながりは築きやすかったかもしれません。田植えや稲刈りな

どの時期にのみ季節保育所が隣保館につくられるということなどは，このような共通の課題を意味していました。また，資本主義社会が日本にも浸透してくると，工場などで働く低賃金労働者が生活をする貧困地域が生まれ始めます。その貧困地域に入って活動する大学生や隣保館の活動も生まれました。このような活動をセツルメント活動といいました。現在のボランティア活動にもつながる取組みです。

　ここからは，戦前の地域福祉の源流を見ていくことにしましょう。

　日本の地域福祉の源流について，井岡勉は5つに整理しています。第1は，天皇からの救済だった1874（明治7）年恤救規則の前文にうたう「人民相互ノ情誼」としての隣保相扶で，血縁とともに地縁による相互扶助が公的救済を受ける前の厳しい条件とされました。第2に，1897（明治30）年の片山潜による神田のキングスレー館に始まるセツルメント運動です。大正から昭和にかけて，キリスト教・仏教者，大学生などによる運動が展開されます。また，社会館・隣保館の設置も広がっていきます。隣保館の中には，現在保育園を運営している地域福祉施設もあります。第3に，1908（明治41）年の中央慈善協会（初代会長：渋沢栄一）の創設による「日本版COS」です。現在の社会福祉協議会の前身にもなるものです。第4に，1917（大正6）年岡山県笠井信一知事による済世顧問制度，1918（大正7）年大阪府林市蔵知事・顧問小河滋次郎による方面委員制度です。現在の民生委員制度の源です。2017年には，民生委員制度100周年を迎えました。第5は，1929（昭和4）年の世界大恐慌に対応した農村社会事業です。貧困状態にあった農村における自力更生の運動は，多くの問題の解決につながりました（井岡 2006）。

　これらの活動の中で，とくに学んでおくべきことは，セツルメント運動です。日本で最初のセツルメント活動としては，アリス・ペティ・アダムスの岡山博愛会が有名です。民間のセツルメント活動は，戦後，ミード社会館や横須賀キリスト教社会館などの活動につながっていきます。そのほかにも，大阪市民館，金沢善隣館，東京の興望館などの実践があります。

　また，東京帝国大学（現，東京大学）のセツルメント活動は，現在のボランティア活動にもつながる実践です。大学生が貧困地域に入っていき，勉強を教えるなどの支援を行っていました。

　また，現在の地域における支え合いの活動に欠かせない存在であり，日本固

有の重要な制度である民生委員制度の源が，1917（大正6）年の済世顧問制度と1918（大正7）年方面委員制度で，全国的には方面委員制度が広がっていくこととなります。当時の全国の地方自治体には，現在の福祉事務所や福祉課のような部署はありませんでした。そのため，当時は方面委員が生活に困難を抱えている人の支援を行っていたのです。

このほかにも，現在の社会福祉協議会の前身でもある中央慈善協会は，その後日本社会事業協会となり，戦後1951（昭和26）年に日本社会事業協会，同胞援護会，全日本民生委員連盟の3団体が合併し，中央社会福祉協議会（現在の全国社会福祉協議会）が創設されることとなります。

このように，戦前は，家族や地域による相互扶助を前提として地域福祉が展開され，公的な福祉サービスは，明治時代の恤救規則や昭和初期の救護法などに限られ未整備な時代でした。そのため，イギリスやアメリカの民間のCOSを参考にしたセツルメント活動が展開されました。その流れの中で，社会館や隣保館の創設，各道府県ごとに民生委員の前身である方面委員制度が創設され，世界大恐慌の時代には厳しい生活状況にあった農村地域で農村社会事業が展開されるなど，各地域で支援活動が行われていったのです。

 # 戦後の日本

## 地域福祉の時代区分

戦後の日本の地域福祉を考えると，その時代の変化を7つに整理することができます。

第1に，終戦直後から1960年代までの福祉六法（生活保護法，児童福祉法，身体障害者福祉法，老人福祉法，精神薄弱者福祉法〔現，知的障害者福祉法〕，母子及び寡婦福祉法〔現，母子及び父子並びに寡婦福祉法〕）や国民皆保険・皆年金など社会福祉制度を中央集権的に構築した時代。第2に，1971年の厚生省「社会福祉施設緊急整備5か年計画」で社会福祉施設を創設して施設によって福祉課題に対応しようとした時代。第3に，1980年代に在宅福祉が注目される中で，制度が未整備であったため，在宅福祉に取り組む主婦層を中心としたボランティ

ア活動が活性化し，社会福祉協議会などにボランティアコーナーやボランティアセンターが創設されていった時代。第4に，1990年の社会福祉関係八法改正で在宅福祉サービスが法制化され，市区町村単位に老人保健福祉計画などの福祉計画がつくられるようになる時代。第5に，阪神・淡路大震災をきっかけにボランティア活動が注目され，NPO（Nonprofit Organization）が台頭した1995年が「ボランティア元年」といわれた時代。第6に，2000年，社会福祉基礎構造改革により措置制度から契約制度に移行することとなり介護保険制度が創設され，地域福祉の推進が社会福祉法第4条に規定され，地方分権化と相まって地域福祉計画が法定化された時代。そして，第7として，2017年，地域共生社会の実現をめざし，複合的な課題に対応した地域生活課題が規定され，包括的な支援体制の整備と高齢・障害・児童分野の共通事項を盛り込んだ上位計画としての地域福祉計画の見直しが行われた現在の時代です。

　このように見ると，中央集権化で行政に地域福祉の考え方がない時代においては，社会福祉協議会が地域福祉を担ってきた時代。そして，その流れと同時並行的に施設福祉の時代，ボランティア萌芽期を経て，地域福祉は1990年以降に実態化し，この約30年という平成の時代に社会の求めに応じて急速に変化してきたことがわかります。

　その間，阪神・淡路大震災や東日本大震災などいくつかの大規模災害を経て，行政などの公的なセクターだけでは支援が行き届かないことが明らかとなってきました。地域包括ケアシステムの構築においても，保健，医療，福祉といった専門職の支援のみでは利用者の地域生活を支えることは難しく，地域住民の早期発見や住まいの確保，多様な担い手の誕生，地域における社会参加の場の必要性が重視され，新たな介護予防・生活支援サービスとして，生活支援コーディネーターを配置した生活支援体制整備事業が展開されています。ひきこもりや孤立死の防止，買物弱者や移動問題など，公的な支援だけでは課題解決することができず，民間企業や商工会，NPOなどの多様な主体が民生委員や自治会，老人クラブなどの地縁組織と協力しながら支援を展開していくことが求められています。また，認知症高齢者や知的障害者，精神障害者など判断能力が不十分な人への権利擁護の観点から福祉サービス利用援助事業や成年後見制度の整備が求められていますが，専門職だけではその担い手を確保することは難しく，市民後見人の養成など地域住民が参加した地域連携ネットワークを構

築していかないと支援の仕組みを構築できないことが多くのシステムの中で認識されるようになってきているのです。

## ▍社会問題と地域福祉

「地域共生社会の実現」が今日的なめざすべき大きな社会づくりのテーマとなっています。その中では，地域包括ケアシステムの構築や障害者の地域生活支援，地域における子育て支援などを具体的に進めていくことが必要であり，まさに地域福祉の推進が求められています。

では，なぜ地域福祉が求められるようになったのでしょうか。筆者は，「地域福祉とは，地域住民が自らの住み慣れた地域で暮らし続けていくために，専門職と地域住民が共に生活のしづらさを抱えている人々のニーズを発見し，その地域で暮らす人々のニーズに基づいて，多様な機関・組織や人々が連携・協働して必要な支援やサービスを他分野とも結びつきながら包括的・総合的に提供し，不足している社会資源を開発し，その地域やその地域で暮らす人々が抱えている課題を地域住民や社会福祉関係者が気づき・共有できるような福祉教育・学習の機会を設け，地域福祉計画づくりなどを通じて共にまちづくりをデザインし，共にその課題を解決していくコミュニティソーシャルワークを展開していく取組みをいう」と定義したいと考えています。

多くの人々が住み慣れた自分の家で暮らし続けたいと考えていたにもかかわらず，戦後の日本の社会福祉は施設において展開を続けてきました。その支援のあり方は，地域福祉や地域包括ケアシステムの構築によって，少しずつ，自宅で暮らし続けることを可能とする社会へと進展しています。誰もが自ら自由に，自ら望む場所で暮らしていくことが保障されることは，日本国憲法第14条の「法の下の平等」として規定される自由権をすべての人々に認めるということです。「都外施設」など障害者が暮らしたこともない地域の施設に措置入所させられたのが2000年以前の措置時代の障害者でした。彼らには，多くの日本国民に認められていたはずの「精神の自由，身体の自由，経済活動の自由」が十分に守られておらず，居所の自由や職業選択の自由などが障害者に確保されてきたのかという反省に私たちは立たなければならないのです。

これらは，1981年の国際障害者年に多くの外国の障害者が日本にやってくることによって，住み慣れた家で暮らし続けるという普通の暮らしを，障害者

やその家族も求めてよいことが理解され，地域に障害者が働く場をつくる「共同作業所運動」として展開されていくこととなりました。また，近年の障害者の地域移行の政策は，重度障害者の地域生活がグループホームなどにおいて可能であることを明らかにしました。つまり，これからの社会福祉施設は，地域との連続性の中で存在する施設へと大きく転換することが求められているのです。短期入所（ショートステイ）や通所サービス，拠点施設からグループホームへの職員派遣等の支援などは，社会福祉施設が地域の拠点施設へと大きく生まれ変わることを意味しているのです。このような地域福祉がなぜ求められたのかいくつかの事件を取り上げて考えてみましょう。

2009年3月19日に群馬県渋川市にあるNPO法人が運営する未届の有料老人ホーム「静養ホームたまゆら」で火災が発生し，10名の高齢者が焼死する事件となりました。いわゆる「静養ホームたまゆら火災事件」です。生活保護を受給している方，あるいは低所得者で行き場のない高齢者が，届出施設の基準を満たしていない未届の有料老人ホームで多くの人々が焼死してしまう高齢者福祉史上まれに見る大惨事でした。この事件は，居住地域以外に高齢者を送り出した自治体の責任や特別養護老人ホームやグループホームの未整備の実態などが批判されました。この事件から見えてきたのは，「制度からもれている人々が多く存在する」ということでした。また，高齢者の「住まい」の問題も改めて注目されました。

また，孤立死の事件が2012年1月の「札幌姉妹孤立死事件」など数多く発生しました。札幌市の事件では，世話をしていた姉が先に病気で亡くなり，その後電気・ガス・水道料金が未払いで止められていたため，重度知的障害者であった妹が凍死をしたということで札幌市の生活保護の対応などがマスコミによって批判されました。この事件は，行政だけで孤立死を発見するのは困難であるということと，民間事業者や地域と連携した取組みが必要であることを再認識する事件となりました。札幌市は，事件後に知的障害者世帯の全数調査を行い状況把握に努める取組みを行っています。この事件は，支援を必要とする人々を地域でどのように把握し，支援していくのかについて考えさせる事件となりました。

また，2016年7月に神奈川県相模原市の津久井やまゆり園で「相模原障害者殺傷事件」が起きました。元施設職員が19名の障害者を殺害するという，

きわめて凶悪な事件ですが，その容疑者が精神病院への措置入院を受けていたため，精神障害者の地域生活支援のあり方が問われました。また，大規模施設のあり方も問われることとなりました。何よりも犯人の「障害者がいなくなればいい」という言葉が衝撃を呼び，さらにネット上で犯人に賛同する人が多かったことに福祉関係者はショックを受けることとなったのです。

　また，2019年5月にひきこもりを続けていた51歳の男性が，川崎市登戸においてスクールバスで通学しようとしていた小学生とその親を殺傷する「川崎市登戸児童連続殺傷事件」がありました。その4日後には，東京都在住の元政府高官（当時76歳）がかつてひきこもりをしていた息子（44歳）を刺し殺す事件が発生しました。この一連のひきこもり者に関する事件は，ひきこもり支援について大きな関心を呼ぶこととなりました。これらの事件は，内閣府が中高年ひきこもり者を調べた，内閣府「生活状況に関する調査」（2018年12月実施。調査対象40～64歳の5000人を対象）において，40～64歳のひきこもり者が61万3000人いるという推計が，2019年3月29日に公表されて2カ月後のことでした。この調査結果によって，従来の調査における15～39歳の54万1000人と合わせて，115万4000人のひきこもり者がいるという推計が発表されました。

　相模原障害者殺傷事件や川崎市登戸児童連続殺傷事件を受けて，直ちに，精神障害者やひきこもり者がすべて罪を犯すかのような考えを抱かないように注意しなければなりません。かつて，1964年にライシャワー事件が発生し，アメリカ駐日大使の大腿部を刺した精神障害者の事件を受けて，当時の大手新聞各紙は，一斉に精神障害者を野放しにせず精神病院へ入院させるための論調を展開しました。この事件は精神科医療政策にも影響し，精神病院は数万床から20万床ほどへ大幅に増床され，多くの精神障害者が入院させられるとともに，今日の精神障害者の入院の長期化を引き起こし，その支援を大きく遅らせる要因となったのです。

　これらの事件は，いずれも「制度の狭間」の問題であり，制度だけでは対応が難しい問題があることを私たちに問いかけるものとなりました。そして，私たちは，地域で暮らしていくことをどのように支援していくかを改めて考えさせられ，その仕組を整備していく必要性を関係者に再認識させることとなったのです。

また，経済的に困窮しており住むところや生活費が不安定な中で暮らさざるをえない高齢者がおり，その高齢者は地域から切り離されて存在していることが明らかとなりました。そして，福祉サービスを購入することができない者や利用できるはずの福祉サービスや支援を知らない人々の存在も明らかとなったのです。

　相談窓口につながっておらず悩みや困難を抱えている本人や家族をどのように支援に結びつければいいのでしょうか。窓口にたどり着いたにもかかわらず，制度の対象ではないと言われて支援を受けることができなかった人々はどうなるのでしょうか。この問題について，地域共生社会政策では，「相談支援」（市町村による断らない相談支援体制）として政策化が検討されています。

　そのためには，支援が必要な人を孤立させずに地域で支え，必要な支援につないでいく「地域づくり」が政策の大きなテーマとして各分野で取り上げられています。

　そして，孤立死の防止や制度につながらない人々の支援を考えれば，「社会的孤立」の防止や支援が重要になります。その解決策として，地域共生社会政策では「参加支援」が検討されているのです。たとえば，ひきこもり者支援に経済的支援が必要であったとしても，いきなり一般就労を想定した就労支援は適切な支援とはいえません。まず，社会とつながるための「社会参加支援」が重要な支援方法となるのです。

　このように，現在の社会福祉においては，地域福祉が求められるようになってきました。それは，地域で暮らし続けるための支援であり，地域に安心できる居場所を見つけていく支援であり，地域社会においてすべての人に役割と出番がある地域づくりが求められているのです。

## ▌地域福祉を支えてきた人々や機関・団体

　ここまで社会的な支援が必要な人々の立場から地域福祉を見てきました。地域共生社会政策では，支え手と受け手を分けず，双方向型の福祉社会をめざしています。ここでは，その前提に立ちながらも，地域福祉を支えてきたボランティアや社会福祉協議会の立場から考えてみましょう。

　社会福祉協議会は，1951年に日本社会事業協会，全日本民生委員連盟，同胞援護会の3団体が合併をして，中央社会福祉協議会（現，全国社会福祉協議

会）が誕生しました。都道府県社会福祉協議会も，それぞれの都道府県の3団体が合併し，各都道府県社会福祉協議会が誕生したのです。同年に成立した社会福祉事業法第74条に社会福祉協議会は規定されることとなりました。同年，社会福祉施設を運営する「社会福祉法人」も誕生し，社会福祉事業法に規定されました。社会福祉協議会は，これら社会福祉事業又は更生保護事業を経営する者の過半数が参加する，地域福祉を推進する団体（社会福祉法人）として規定されています。

　また，日本のボランティア活動は，福祉活動を中心に発展してきました。1962年，社会福祉協議会は「社会福祉協議会基本要項」を発表して「住民主体の原則」を打ち出します。徳島県では，「善意銀行」が設立されました。木谷宜弘氏が中心となって取り組んだ実践ですが，地域の中にある「助けたい」という思いを形にしていきました。それが，社協ボランティアセンターとして全国に広がっていったのです。1987年には，日本地域福祉学会が設立されました。

　1990年に社会福祉関係八法改正が行われました。その一つの「社会福祉事業法」第3条2項では，「国，地方公共団体，社会福祉法人その他社会福祉事業を経営する者は，……地域に即した創意と工夫を行い，及び地域住民等の理解と協力を得るよう努めなければならない」としました。さらに，同法第70条2項では，「厚生大臣は，……国民の社会福祉に関する活動への参加の促進を図るための措置に関する基本的な指針（以下「基本指針」という）を定めなければならない」としました。そこで国は1993年4月に「基本指針」を公示し，ボランティア活動の促進を施策としました。

　全国社会福祉協議会（以下，全社協という）はこれを受けて，「ボランティア活動推進7カ年プラン」を1993年5月に発表しました。それに先立って1992年には，全国ボランティアフェスティバル第1回大会が神戸市で開催されました。1994年には，「広がれボランティアの輪」連絡会議も結成されました。ボランティアセンターの設立が全国にさらに進んでいくこととなったのです。

　1995年には，阪神・淡路大震災が発生し，多くのボランティアが活動しました。そのため，この年は「ボランティア元年」と呼ばれています。この活動が契機となって，任意団体が活動をしやすくするための基盤整備として，1998年，「特定非営利活動促進法（いわゆる「NPO法」）が成立しました。

## Column ❻  福祉サービスの有料化と無料化の論争

　現在は介護保険制度などで提供されているホームヘルパーが，かつては無料だったことを皆さんは知っているでしょうか。筆者が大学生の頃は，ゼミ討論で「在宅福祉サービスは有料か無料か」を議論したものでした。ここで，ホームヘルプサービスの成り立ちを見てみることにしましょう。地域福祉の歴史を学ぶうえで，ホームヘルプサービスの成立過程を学ぶことは，ボランティアの変化やサービスの制度化を学ぶうえでとても重要だからです。

　ホームヘルプサービスは，1955年に長野県上田市社会福祉協議会が，市民のある女性が病気の子どもを抱える母親への支援や孤独な高齢者の話し相手をしていることに注目し，家庭を援助するボランティアを育成する予算をつくりました。また，長野県がこの上田市の動きを広げようと県事業として制度化し，上田市など5市5町12村が応じて，1956年から「家庭養護婦派遣事業」が始まりました。これが日本のホームヘルプ事業の始まりとされています。つまり，生活に困難を抱えていた人を支援するボランティア活動が制度化されたということになります。

　1958年には，大阪市で民生委員連盟委託による「臨時家政婦派遣事業」が始まります。これに従事していた人たちが「家庭奉仕員」という名称で採用され，翌1959年から「家庭奉仕員派遣制度」に名称変更されています。この「家庭奉仕員」という言葉が，全国的にも使われるようになっていきます。1960年には，名古屋市で伊勢湾台風被害の地域で「家庭奉仕員制度」が開始され，同年神戸市では「ホームヘルパー派遣制度」が誕生しています。1961年には，東京都が社会福祉協議会の委託で実施し，全国に広がる契機となりました。

　国の動きとしては，厚生省（当時）が1962年に国庫補助事業として家庭奉仕員活動費を予算化し，老人家庭奉仕事業運営要綱（昭和37年4月20日社発第157号事務次官通知）で，派遣対象を「要保護老人世帯」としました（1965年に老人の低所得者まで拡大します）。そして，1963年老人福祉法成立により，同法第12条に「老人家庭奉仕員による世話」が規定され，同法第26条第2項で国庫補助が定められました。また，1967年に身体障害者家庭奉仕員（身体障害者福祉法第21条），1970年に心身障害児家庭奉仕員派遣事業（昭和45年8月次官通知，児第103号，児第448号）がつくられ，ホームヘルプは，老人，障害児・者の3事業となりました。つまり，ホームヘルプサービスは，生活に困難を抱えているさまざまな人々を支える仕組みとして始まりましたが，国の制度化のプロセスの中で，対象が生活保護を受給している高齢者など低所得者に限定されていくこととなるのです。それは，サービスの無料化として広がっていくこととなりました。

一方，1970年代に医療ヘルパーが求められ，リハビリテーションの普及などにより，医療職と協力してホームヘルパーが活動することが求められました。特別養護老人ホームの寮母（現．介護職）と合わせて，ホームヘルパーの質の向上や人間関係を調整する力量が重視されます。1979年に全国社会福祉協議会は『在宅福祉サービスの戦略』を刊行します。また，1980年代は，行政の在宅福祉サービスの不足から住民参加型サービスへの関心が高まり，81年には武蔵野福祉公社が事業を開始します。同年には，東京で暮らしのお手伝い協会が，1982年には神戸市ライフケア協会が有料のホームヘルプサービスを始めます。1983年には世田谷ふれあいサービス事業，84年には（財）横浜市ホームヘルプ協会が設立されます。このように全国に住民参加型のホームヘルプがつくられていきました。また，1981年には在宅老人福祉対策として中央社会福祉審議会の意見具申としてホームヘルパーの専門性が論議され，82年にホームヘルパー有料化の改訂が行われました。これらがホームヘルプの有料化と多様化の動きです。

　ホームヘルプサービスは，1980年代以降に物やお金を提供する支援とは異なる重要な福祉サービスとして位置づけられていきます。その過程では，無料で提供すべきか有料で提供すべきかが議論されることとなりました。そして，三浦文夫の「貨幣的ニーズから非貨幣的ニーズへ」という言葉に象徴されるように，福祉課題がお金で解決できる貧困問題から，お金では解決できない多様な課題へと変化していることが社会福祉問題として浸透していきます。それは，ホームヘルプの対象が生活保護世帯や低所得者に限定されているものでは不十分なことを意味しました。生活に困難を抱えている人は，誰もがホームヘルパーを利用できる仕組みになることが求められたのです。そして，いくつかの制度改正を経て，現在は，介護保険制度などの有料の仕組みとして提供されることとなったのです。

　また，1995年に日本福祉教育・ボランティア学習学会，98年には日本ボランティア学会が結成され，学術的にも研究が進められるようになりました。

　さらに，1997年に第52回国連総会において，日本政府が「ボランティア国際年」に関する提案を行い採択され，2001年は「ボランティア国際年」となり世界各地で取組みが行われました。

　2000年には「社会福祉事業法」が「社会福祉法」へと改称・改正されました。第4条（地域福祉の推進）では，「地域住民，社会福祉を目的とする事業を経営する者及び社会福祉に関する活動を行う者は，相互に協力し，福祉サービスを必要とする地域住民が地域社会を構成する一員として日常生活を営み，社

会，経済，文化その他あらゆる分野の活動に参加する機会が与えられるように，地域福祉の推進に努めなければならない」と地域福祉の推進が位置づけられました。

　また，2018年には，社会福祉法第4条2項が新設され，個人のみならず世帯全体を支援の対象としてとらえ，孤立やあらゆる人々の参加を促進していく「地域生活課題」が新たに地域福祉の課題として規定されました。「地域住民等は，地域福祉の推進に当たつては，福祉サービスを必要とする地域住民及びその世帯が抱える福祉，介護，介護予防（要介護状態若しくは要支援状態となることの予防又は要介護状態若しくは要支援状態の軽減若しくは悪化の防止をいう。），保健医療，住まい，就労及び教育に関する課題，福祉サービスを必要とする地域住民の地域社会からの孤立その他の福祉サービスを必要とする地域住民が日常生活を営み，あらゆる分野の活動に参加する機会が確保される上での各般の課題（以下「地域生活課題」という。）を把握し，地域生活課題の解決に資する支援を行う関係機関（以下「支援関係機関」という。）との連携等によりその解決を図るよう特に留意するものとする」とされました。

　このように，「地域生活課題」が，「世帯全体」「孤立」「参加」に取り組む課題であることが規定されたことによって，これまでの制度・分野を超えた支援が行われることとなったのです。

　2011年に発生した東日本大震災では，延べ154万5667人が岩手県，宮城県，福島県の3県で活動をしています（2018年3月現在，全国社会福祉協議会全国ボランティア・市民活動振興センター 2018）。約155万人のボランティア活動者が被災地で活躍をしているのです。一方，東日本大震災は，死者1万5899人，行方不明者2529人，建物全壊12万1991棟（2020年3月10日現在，警察庁調べ），震災関連死者数3739人（2019年12月公表），避難者数（最大）47万人，避難者数（現在）約4万8000人で全国47都道府県975市区町村と全国に所在しており（2020年2月10日現在，復興庁調べ），多くの人が被災しました。

　とくに，「震災関連死」について，東日本大震災を契機にはじめて明確な定義が示されました。復興庁は，「震災関連死の死者」とは，「東日本大震災による負傷の悪化等により亡くなられた方で，災害弔慰金の支給等に関する法律に基づき，当該災害弔慰金の支給対象となった方」と定義（実際には支給されていない方も含む）しています（復興庁 2012）。2017年9月10日（発災から6年半以

内）以降にも7名の方が震災関連死しています（2019年9月30日現在）。つまり，震災直後のみでなく，長期にわたる被災者支援が必要なことを，震災関連死は教えてくれます。厚生労働省は，2018年5月31日に「災害時の福祉支援体制の整備に向けたガイドライン」を策定しました（厚生労働省 2018c）。DWAT（Disaster Welfare Assistance Team，災害派遣福祉チーム）が組織され，熊本地震や西日本豪雨災害でも活躍しました。災害支援も地域福祉の重要なテーマなのです。

　隣近所の相互扶助が地域福祉の源流とすれば，今日の地域福祉は新たな地域づくりに取り組むことが求められているといえます。昔ながらの地域のつながりを再構築するのではなく，その地域が抱える課題や取り組むべきテーマに基づいて人々がつながり，双方向型の支援が展開されていくことが必要です。しかし，その課題は「社会的孤立」に象徴されるように，見えにくく，誰もが支援の必要性を認識できるものばかりではありません。今後は，社会的支援が必要な単身生活者支援が必要となります。そのための権利擁護支援も課題となっています。地域福祉の歴史は，その支援の価値観を地域の中に根づかせ，広げていく実践の積み重ねでした。これからも「ふ（ふだんの），く（くらしの），し（しあわせ）」としての「ふくし」として，すべての人の中にある福祉を浸透させ，深めていくことが大切なのです。

# CHAPTER

第 **6** 章

# 地域福祉の法・制度

## STORY

　大学も夏休みに突入。美咲は，例年どおり父方の祖父母の家に行き，家族で数日間のんびり過ごすことになった。久しぶりの祖父母との夕食を楽しんでいると，「そういえば，体はどうなんですか？」と母の博子が切り出し，話題は祖父・熊三と祖母・清子の体調に移った。最近，2人とも病院に行くことが多くなっただけでなく，熊三は介護保険を利用するようになり，ホームヘルパーが家に来ているという。

　「2人とも病院に行く機会が増えているようだけど，年金だけで大丈夫なの？」
と父の修一は心配そうな顔をした。

　「お父さんは後期高齢者医療制度で負担が少なくなっているから大丈夫よ。私

も73歳で医療保険が2割負担だから，何とかなっているわ」

だから安心して，という清子の話に，美咲は興味をもった。

「後期高齢者医療って，高齢者のための医療制度があるんだ」

社会福祉協議会に勤める博子が答える。

「そうよ。今は，高齢者に優しい医療制度があるの。お父さん，介護保険の利用も始められたんですね」

「そうなんだ，3カ月前だったかな，道で転んでしまってね。足の骨を折ってしまってからは，歩くのがしんどくて。清子に全部世話をしてもらうのも大変だから，介護保険でヘルパーさんに来てもらうことにしたんだよ。ケアマネジャーさんもついてくれて，いつも相談にのってくれるんだ。ケアプランも作成してくれたから，どんなことをやってくれるのかわかりやすくて助かっているよ」

「そうそう，とても親切な人たちなのよ」

清子が続けると，博子も修一もほっとした表情になった。美咲はもう少し詳しく知りたくなって，博子に話しかけた。

「医療や介護には，いろいろな制度があるんだね」

「そうよ。介護保険というのもあるし，私が働いている社会福祉協議会も社会福祉法という法律に書かれているのよ」

「大学で福祉の勉強をしていても，制度や法律は難しそうであまり勉強したくないんだよね……」

すると修一も話に入ってきた。

「どんな分野でも，制度や法律によって物事が動いているんだ。お父さんは福祉のことはよくわからないが，きっと同じだ。とくに自分が専門とする分野なら，知っておくことは大切なことだと思うよ」

「そうよ。おじいちゃん，おばあちゃんが制度を利用しているように，美咲もソーシャルワーカーになるなら，基本的な制度や法律は知っておかないと相談や支援ができないわよ」

両親にそう言われて，美咲は夏休みから少しずつ勉強してみようかなと思い始めた。

「でも，ここにいる間は勉強を忘れてゆっくりしていってね」

清子にそう言われて，美咲の顔はほころんだ。

# 1　地域福祉における法と制度の必要性

## なぜ福祉には，法と制度が必要なのか

　なぜ福祉には法と制度が必要なのでしょうか。難しそうな法と制度がなくても，優しい心と熱い意志があれば，福祉は取り組んでいけるのでしょうか。

　確かに，ボランティアとして活動している人は，みな優しい心と熱い意志をもって活動していますね。それで，素晴らしい活動ができているかもしれません。

---

**EPISODE ③**

　寝たきりの高齢者の介護をボランティアで行っています。その高齢者は，自分で寝返りを打つことができません。同じ状態で寝続けていると褥瘡ができてしまうので，時々，体位交換をしなければなりません。

---

　このような介護をボランティアで続けているのですが，この活動を 10 年，20 年と続けていくとしたら，どうでしょうか。給料ももらわず，一定の質が保たれた介護を続けていくことができるでしょうか。ふつうはできませんね。そこで，支援を安定的に継続していくためには制度が必要になります。それが，現在の「介護保険制度」の「訪問介護」というホームヘルパーを派遣する制度です。

## もし法がなかったら

　もし，法で決められていなかったら，皆さんが暮らしている市区町村は，本当に福祉に取り組むでしょうか。A 市は，「予算がないのでホームヘルパーの派遣は，80 歳以上の人にします」と言い，B 町は，「わが町は，障害者数が少ないので，障害者のサービスはつくらないことにします」と言い出すかもしれません。法で決められていなければ，そのサービスを市区町村が行う義務はないからです。法律がなければ，その支援を行う根拠や理由がないため，予算の確保も難しくなり，「予算がないからできません」ということにもなってしま

うのです。

　日本は，憲法第25条で「生存権」を規定し，国の責任で福祉を進めていくこととしました。しかし，具体的な法律がなければ，その福祉を進めていくことはできません。そこで，まず福祉三法（生活保護法，児童福祉法，身体障害者福祉法）をつくり，取り組むこととしました。また，このような法律に基づいて，行政が責任をもって福祉の仕事をしていくために，「福祉に関する事務所（福祉事務所）」が1950年に創設され，1951年の社会福祉事業法の成立によって，法律に位置づけられました。それまでは，皆さんの暮らしている市役所や区役所には，福祉を専門の仕事にして働く公務員はいなかったのです。信じられないかもしれませんが，これが真実です。つまり，法律によって規定されたので，現在は，すべての都道府県と市区には，福祉事務所が設置されています（設置義務）。町村部には，福祉事務所を設置できることとされています。

## ▌地域福祉の視点の法と制度への位置づけ▐

　福祉三法に続いて，1960年代以降に老人福祉法，精神薄弱者福祉法（現，知的障害者福祉法），母子及び寡婦福祉法（現，母子及び父子並びに寡婦福祉法）が成立し，福祉六法となりました。しかし，この頃の日本は，施設を中心に福祉を進めていたために，日本のどの場所に施設をつくっても，施設の中では同じサービスや仕組みでよいと考えられていました。そのため，北海道から沖縄まで，高齢者の多い地域と少ない地域，子どもの多い地域と少ない地域など，地域の特徴が違いますが，そのようなことは意識されず，地域福祉という考え方は，行政では十分考えられていませんでした。

　しかし，1970年代に有吉佐和子の『恍惚の人』という小説により，日本には自宅で介護していくためのホームヘルパーも十分にいなければ，介護の必要な高齢者の居場所もないことが明らかとなりました。日本中が驚く中で，神奈川県など一部の先進自治体が独自に在宅サービスを始めるようになりました。ホームヘルプサービス，デイサービス，ショートスティという，当時は在宅福祉三本柱と呼ばれたサービスが，全国どこでも創設され，サービスが受けられるように制度ができるのは，1990年の社会福祉関係八法改正まで待たなければならなかったのです。この8つの法律（老人福祉法，老人保健法，児童福祉法，身体障害者福祉法，精神薄弱者福祉法，母子及び寡婦福祉法，社会福祉事業法，社会福

社・医療事業団法）改正の一つが，老人福祉法の改正で，在宅福祉サービスの法定化が行われたのです。しかし，この段階では，法律に「地域福祉」という言葉は，まだ出てこないのです。

## 社会福祉基礎構造改革と地域福祉

　ここまで，福祉の支援を安定的，継続的に行っていくために，法と制度が必要であることを述べてきました。全国どこで暮らしていても共通に福祉の支援が受けられるよう法律や制度がつくられてきたわけです。「東京都から埼玉県に引っ越しをしたら，ホームヘルパーの支援が受けられなくなった」なんてことがあったら大変ですよね。そんなことがないよう，法や制度があるのです。

　しかし，必要な支援内容は共通のものもありますが，異なる場合もあります。たとえば，地方で暮らしている人々は，一人に1台というほど自家用車を使用しています。車は，生活に欠かせないものとなっているのです。しかし，東京23区での生活を考えると，多くの電車が走っており，都営バス等の本数も多いことから，自家用車をもたない人も多く暮らしています。「もし，高齢者になって車を手放すことになったら大変」と地方の人々は考えていて，地方では「移動問題」は大きな課題ですが，都市部では問題にはなっていますが地方ほどではないのです。

　このように，法律で全国統一した仕組みで考えるほうがよいことと，地域によって課題が異なることがあります。それを，みな同じように国だけで行うことはできないですし，また国だけで行うことは適切ではないのです。このような地域福祉につながる考え方は，社会福祉関係八法改正で，市町村老人保健福祉計画の策定が義務化され，地域特性が明らかとなったことによる影響も大きいとされています。この計画策定による地域特性や課題の違いは，障害者福祉，児童福祉にも広がっていきます。

　そして，1998年以降の社会福祉基礎構造改革では，具体的な改革の方向として，「(1)個人の自立を基本とし，その選択を尊重した制度の確立，(2)質の高い福祉サービスの拡充，(3)地域での生活を総合的に支援するための地域福祉の充実」（社会福祉事業法等改正法案大綱骨子）が示されました。ここで，ようやく地域福祉という言葉が法律に明文化されることとなったのです。

# 2 制度の創設と地域福祉の推進

## 介護保険法の成立と地域福祉

　社会福祉基礎構造改革を経て，従来の行政や社会福祉協議会，社会福祉法人など限られた主体が担う措置制度の社会福祉から，多様な主体がサービス提供主体として参入し利用者と事業者が契約する契約制度へと移行することとなり，介護保険法が 2000 年 4 月 1 日から施行されました。実際には，その半年前である 1999 年 10 月から要介護認定が始まりました。介護支援専門員という専門職が創設され，要介護認定を受けて要介護 1 から要介護 5 までの人で介護保険を利用する人は，居宅介護支援事業によって利用者負担なくケアプランを作成することとなりました。要介護高齢者一人ひとりのケアプランが作成されるとともに，要介護高齢者一人ひとりに介護支援専門員がついて，寄り添いながらその人の人生を共に歩んでいく仕組みができたことは，地域福祉においても意味があるものでした。この点について改めて整理してみましょう。

　第 1 に，介護保険制度の導入により，これまで家族介護や家政婦による介護での利用者自己負担，有償ボランティアによる住民参加型在宅福祉サービス等によって補われてきた介護でしたが，ホームヘルパー（訪問介護）などが必要に応じて 365 日安定的に利用者 1 割負担という低負担で提供されることとなったこと。第 2 に，基本サービスについては全国一律にどの地域においても同様のサービスが安定的に提供されるようになったこと。第 3 に，日本人の多くが望んできた在宅での介護による生活の継続が一定程度可能となったこと。第 4 に，高齢者本人や家族がサービス提供者と対等な関係でサービスを選択できるようになったこと。第 5 に，そのサービスの選択やケアプランの作成をともに行ってくれる介護支援専門員が創設・配置され無料で支援を行うようになったこと。第 6 に，介護サービスの市場原理の導入によるサービス提供主体の多様化と，在宅介護支援センターと居宅介護支援事業所が 2 枚看板となって高齢者介護相談が身近なものとなり，高齢者介護が国民に理解され，国民生活に浸透したこと。そして，第 7 に，介護保険制度創設後，2003 年に厚生労働省高齢

者介護研究会「2015年の高齢者介護」（堀田力座長）によって地域包括ケアシステムの構築が国の方向性として示され，2006年に地域包括支援センターが創設され，保健，医療，福祉の連携のみならず，住宅支援や介護予防を含めた総合的な高齢者相談・支援が可能となったこと，などが指摘できます。

しかし，地域福祉の観点からは課題も指摘しなければなりません。第1に，地域における支え合い機能が弱くなってしまったことです。介護保険制度ができるまでは，隣近所で支え合いながら暮らしていた地域が，訪問介護によってホームヘルパーが来るようになったことやデイサービス（通所介護）の利用によって，要介護高齢者が日中地域から離れてしまうことなどにより，地域住民が介護保険サービスを頼って安心してしまい，地域におけるつながりや支え合い機能が弱くなってしまうこととなったのです。

第2に，介護保険制度で高齢者介護問題が解決するという幻想が制度創設当初は広がり，制度の足りない点を指摘し，補う活動をしてきたボランティア活動や非営利活動の担い手の多くが介護保険事業者になることで，ボランティア活動や非営利活動などの制度外活動が一時的に弱くなったことです。住民参加型在宅福祉サービスの担い手だった多くの福祉NPOが，介護保険事業者として介護保険事業に参入し介護保険事業者の裾野が広がったことはよかったのですが，一方，ボランティア・市民活動の観点からは，介護保険制度だけで高齢者介護のすべてを支えることが難しいことがわかり始めると，地域福祉関係者からその問題性が指摘されるようになったのです。地域福祉は，制度だけでは成立しません。どんなに制度が整備されても地域住民の生活は多様であり，その生活を継続していくためにはボランティア活動や地域住民同士の支え合いによる活動が必要不可欠なのです。

たとえば，認知症高齢者が住み慣れた地域で安心して暮らしていくためには，地域住民や商店など地域の人々が認知症を理解し，認知症高齢者やその家族がその人らしく暮らしていくことに共感していく「地域共生社会の実現」が必要です。つまり，介護保険制度によるサービス提供だけでは，このような「地域づくり」は進んでいかないのです。

この点については，厚生労働省による「これからの地域づくり戦略」（2019年3月）において「地域コミュニティの再生」や「住民の元気力アップ」がその柱として指摘されていることに象徴されるでしょう。厚生労働省は，「生活

支援体制整備事業」を 2014 年度から導入し，2017 年度までに全市町村で生活
支援コーディネーターを配置して，各市町村独自の介護予防・生活支援サービ
スの構築と地域づくりの体制整備を行うこととしました。地域包括ケアシステ
ムの構築が地域社会に浸透していく中で，地域づくりが不可欠であることが認
識され，改めて地域福祉の必要性が再確認されてきているのです。

## 生活困窮者自立支援法の成立と地域福祉の制度化

　2013 年 12 月，生活困窮者自立支援法と生活保護法一部改正が一体的に成立
しました。近年，社会保障・税の一体改革の必要性が指摘される中で，現在の
日本の社会保障制度が稼働年齢層の格差問題や不安定就労の問題へ十分に対応
できていないことが取り上げられるようになってきました。また，それらは経
済的困窮を生ずるだけでなく，社会的孤立をも生み出していることが国の政策
的にも議論されるようになったのです。「国民の誰もが社会的に包摂される社
会」をめざしていく中で，このような法律の成立がめざされたといえます。そ
れは，これまで安心のシステムとして機能してきた，家族や企業における「支
え合い」が，核家族化の進行，単身世帯の増加，終身雇用慣行の変化，若年層
の雇用情勢の悪化などにより，期待できないものとなってきていることが背景
にあります。また，少子高齢化が進む中で，公的サービスだけで要援護者への
支援をカバーすることは困難な状況にあることなどを考えなければならないた
めです。ここでは，この生活困窮者自立支援法創設の背景を整理し，社会的孤
立の解消など地域で支えてきた機能を制度化していく地域福祉の制度化につい
て考えていくこととします。生活困窮者支援のための新たな制度がなぜ必要と
なったのでしょうか。それが地域福祉との関係でなぜ論じられているのでしょ
うか。さらに，今後の地域福祉にどのような影響を与えていくのかについて述
べていくこととします。

　生活困窮者自立支援法が成立した背景には，わが国が社会的包摂を必要とす
る政策的・社会的背景を有する状況にあったことを考えなければなりません。
社会的包摂は，経済社会の構造変化の中で，地域や職場，家庭での「つなが
り」が薄れる中，さまざまな社会的リスクが連鎖・複合し，人々を社会の周縁
に追いやる社会的排除の危険性が増大しているとの認識によって取り上げられ
るようになった考え方です。国民一人ひとりが社会のメンバーとして「居場所

と出番」をもって社会に参加し，それぞれのもつ潜在的な能力をできるかぎり発揮する環境を整備することが不可欠であると考えられました。そのために社会的排除の構造と要因を克服する一連の政策的対応が「社会的包摂」とされたのです。

　そこで，まず福祉と雇用を結びつけて考える視点が求められました。その大きな課題は，若年層の雇用でした。2013年当時，非労働力人口は直近では約4500万人であり，この10年間で約400万人増加していました。2008年のリーマンショック以降，完全失業率は4％前後に高止まり，15～24歳の若年層に限ると7％を超え全体と比べてきわめて高い水準となっていました。パート・アルバイト等の非正規労働者は増加傾向にあり，2013年では全雇用者約5000万人の3割超を占めていましたが，若年層に限ると雇用者約500万人の約5割が非正規労働者でした。

　日本では，バブル崩壊以降「失われた10年」と呼ばれる1990年代前半以降の就職難，リストラによる失業増加と長期化，非正規雇用の増大など雇用の不安定化が進行しましたが，社会的排除や社会的包摂の考え方は十分に広がりませんでした。2000年代に入り，社会的排除や社会的包摂の考え方への関心が高まります。厚生労働省は，2000年に「『社会的な援護を要する人々に対する社会福祉のあり方に関する検討会』報告書」を公表しました。社会的排除や孤立の問題が提起され，ソーシャル・インクルージョンの考え方として「つながりの再構築」が重要視されたのです。2002年にホームレス自立支援法（ホームレスの自立の支援等に関する特別措置法）が10年の時限立法として成立します。しかし，求職者支援制度のような制度の恒久化は，2008年の〝リーマンショック〟以降にようやく取り組まれていくこととなるのです。

　2009年に生活福祉資金（低所得者向けの貸付制度として社会福祉協議会が実施）の中に総合支援資金が創設され，ハローワークと福祉事務所が連携したワンストップサービスが自治体で実施される中，2011年10月の求職者支援制度の施行，2012年のホームレス自立支援法の5年間期限延長と対策は行われてきました。これらの抜本的な対策として，2012年4月に社会保障審議会生活困窮者の生活支援の在り方に関する特別部会が創設され，その「報告書」が公表されます。この報告書の内容に基づき，生活困窮者自立支援法がつくられていくこととなったのです。その制度策定過程では，地域福祉の制度化が指摘されま

　介護の現場では，外国人労働者が求められています。このような外国人労働者が日本で働きやすくするための「改正出入国管理法」（通称：入管法）が 2018 年に成立し，翌 2019 年 4 月からこの法律が施行されました。その法案が成立した際，「主要な項目は省令で定める」という言葉が新聞やテレビで報道されました。

　では，この「省令」とは何でしょうか。法律はわかりますが，「省令」や「通知」の重要性はわかりにくいですね。実際の福祉現場で働くようになると，この「省令」や「通知」に触れる機会が増えてきます。「政令」は，政府（内閣）の命令です。「省令」は，厚生労働省などの府省庁が定めた命令のことを言います。それぞれ実際には，施行令と施行規則という名称にされています。『福祉小六法』などの本を読むと，「社会福祉法」の後に，「社会福祉法施行令」と「社会福祉法施行規則」が続けて書いてあります。

　これらの意味を簡単にまとめると，法律に細かな具体的なことまで書くことは難しい場合が多いので，その内容を規定することが目的となります。たとえば，特別養護老人ホームの居室の広さは，「入居者一人当たりの床面積は，10.65 平方メートル以上とすること」という決まりがあるのですが，このような施設の細かな決まり事を老人福祉法（法律）に書こうとすると，たいへん膨大で長文な法律になってしまいます。そこで，老人福祉法（法律）には基本的で重要な内容のみを規定し，その詳細は「特別養護老人ホームの設備及び運営に関する基準」という厚生労働省令で定めることとしているのです。

　次に，福祉現場へ制度化されていく流れを説明します。2006 年に地域包括支援センターが創設される際，社会福祉士，保健師（または地域ケアの経験のある看護師），主任介護支援専門員の三職種が配置されることになったのですが，これは介護保険法には書かれていません。介護保険法には，地域包括支援センターの設置を規定し，介護保険法施行規則という厚生労働省令でこの三職種を置かなければならないことを定めました。そして，具体的には「地域包括支援センターの設置運営について」という「厚生労働省老健局計画課長・振興課長・老人保健課長通知」という「通知」で，その三職種の内容がより具体的に示されているのです。福祉現場では，この「通知」を読むことになります。

　では，「政令」や「省令」と「通知」とは何が違うのでしょうか。それは，「政令」（介護保険施行令）と「省令」（介護保険法施行規則）には法的拘束力があり，「通知」には法的拘束力はなく，あくまで国から地方自治体への「技術的助言」ということになります。「技術的助言」とは，国から地方自治体に対して，こうした方がいいですよという「助言」をし，それを決めるのは地方自治体と

いうことになるのです。つまり，福祉制度は，国（厚生労働省）が全部決めているわけではなく，地方の判断が重視されているのです。

　学生の皆さんには馴染みのないことかもしれませんが，社会福祉の法と制度は，法律だけではなく，このような「省令」や「通知」によって福祉行政が動いているのです。この「省令」や「通知」は，社会福祉協議会や社会福祉施設にも大きな影響を与えています。

した。社会的孤立を生み出している生活困窮者問題を解決していくためには，「地域づくり」を行っていかなければならないことが多くの関係者によって共有され，生活困窮者自立支援法の理念に位置づけられました。「自立相談支援機関」という総合相談窓口を創設しても，生活困窮者が地域生活において孤立していれば，その支援は効果を発揮することはできず十分ではないという認識が共有化されたのです。

　地域づくりをどのように制度化していくのかについては，いまだ道半ばという状況ではありますが，地域福祉を制度化することで，地域福祉の重要な部分の一部が安定的・継続的に展開することが可能となります。その一方で，ボランティア活動や地域の支え合い活動といった住民主体の活動があることによって地域福祉は成立します。地域福祉の制度化は重要ですが，制度だけでは地域福祉は成立しないことを忘れてはならないのです。法や制度は，私たちに必要な福祉の支援を安定的・継続的に提供できるようにしていくものです。そして，地域づくりに象徴される「自分たちの地域を地域住民が主体的に良い町にしていく」ことこそが地域福祉にとって必要であり，法や制度はその活動と車の両輪のように活用されていくものなのです。

# 第7章

# 地域福祉の対象

## 地域のみんなで助け合うとは？

### STORY

　地域福祉の勉強を進めてきた美咲だが，まだまだピンとこないことも多い。夏休みに祖父母と会って高齢者福祉にも興味をもったけれど，祖父母の話からは地域福祉というイメージにはいまいち結びつかなかった。授業の後，美咲は山中先生に話しかけてみた。

　「先生，地域福祉って難しいですよね。いったい，誰が誰を助けるのかがはっきりしなくて……。高齢者福祉だと助けられるのは高齢者だし，障害者福祉だと障害者が対象になりますよね。でも，地域福祉の場合は，対象者がはっきりしていないのが難しいなって」

　「確かにそうですね。まあ，対象というのなら地域福祉の場合は，"みんながお互いに助け合う"というのがキーポイントかな。実は高齢者福祉とか障害者福祉

という切り口は，社会福祉制度に基づくものだから，かえってその制度からこぼれる人をつくってしまうこともあるんだよ。そういう制度からこぼれ落ちた人をどうするかと考えたときに，地域福祉はとても重要な役割を果たすんだ」

「そういえば，この間母からこんな話を聞きました。自分の家をゴミ屋敷にしてしまっている人がいて，その人はまだ50代で，何か福祉サービスを受けているわけでもないらしいんです。だから接点がなくて，どうやって近づけばいいか，とても困っているらしくて……。この人を "みんなで助け合う" って考えたときに，どうすればいいんですか？」

「もちろん簡単なことじゃないね。でも，きっとその人自身も何か問題を抱えて困っているんじゃないかと思うんだ。もしそうなら，困っている人の問題を少しずつ解きほぐしながら，解決していくことしか道はないんじゃないかな」

教室の隅でそんな話をしていると，一緒にランチをしようと待ってくれていたミンも，会話に入ってきた。

「僕の知り合いの娘さんも，日本語がちゃんとできなくて学校の勉強についていけないって言ってるんです。これも地域福祉の問題なんですか？」

「そうだね。同じ地域で暮らす住民の問題としてとらえられるよね」

美咲は，何か困ったときに制度では助けられず，近くに頼れる人もいなかったら……と想像してみた。

「これからの社会で生き抜いていくことを考えると，自分だっていつ，どんなことで困ったことになるかわからないですよね。そんなとき，誰も助けてくれない社会って！ 考えたくないです！」

美咲がそう言うと，山中先生は優しく笑いながら2人にこう語りかけた。

「だからこそ，自分たちで何かできることはないかを考えて，地域のためにちょっとでもいいことをやっていこう。まずは挨拶からでもね」

# 1 地域福祉の対象は何なのか？

地域福祉の対象とは何かを考えてみたいと思います。

地域福祉について，牧里毎治は，「地域福祉の固有とすべき援助・支援の対象を仮に『住民であること』『住民で在り続けたい』ニーズとするならば，まさしく地域福祉の課題は，貧困者であれ高齢者・児童・障害者であれ，地域社

会に暮らす住民であることへの保障である」としています。続けて，「連帯や信頼，つながりや支え合いという社会関係資本（ソーシャル・キャピタル）を喪失させた現象としての社会的排除こそ，地域福祉が真正面から向き合わなければならない課題ではないだろうか」とも述べています（市川・大橋・牧里編 2014：12）。

　上野谷加代子は，「地域福祉の関心は，社会福祉と同じく，超歴史的に存在する人間や問題にあるのではなく，地域社会で今，ここで，24時間，現実的に暮らしている個人および家族が遭遇する生活上の困難を軽減・除去することにある。そして，その方法を住民として仲間にも伝達し，地域社会の問題解決力を高めていくことにある」とし，地域福祉の対象は，地域社会そのものとしています（『社会福祉学習双書』編集委員会 2012：132）。

　これらの考え方を合わせてみると，経済的に困っていたり，高齢や障害などさまざまな問題を抱えている人であっても，「ふつうに地域で暮らす住民」であることをめざすのが地域福祉の目標だということです。地域で「ふつう」に暮らしていくためには，政策や制度などがあれば十分なわけではありません。何かの問題を抱えている人々には，もっときめ細かく，困り事や悩み事にも対応していかなければならないのです。

　また，地域と一言でいっても，大都市なのか地方都市なのか，中山間地なのか，人口が増えているのか，減少しているのか，地域のつながりが強いのか，弱いのか，財政基盤は強いか弱いか，といったいろいろな要素によって，地域の様子が異なります。問題を抱えた人が住んでいる地域そのものも大きく異なっているのです。

　ここでは，地域においてどんな問題・課題が現れているかを見ていくことにしましょう。

##  「バルネラブルな人」とは，どんな人なのか

　英語の「バルネラブル（Vulnerable）」や「バルネラビリティ（Vulnerability）」という言葉を聞いたことがありますか。日本語に訳すと「傷つきやすいこと・弱みがあること」となります。

社会福祉学においては，どのようにとらえられているでしょうか。

古川孝順は，「社会的にバルネラブルな人」とは，「判断能力の低位性，身体的，精神的，あるいは社会的，経済的な脆弱性，情報の非対称性などのために不利益や差別を被りやすい人々」を挙げています（古川 2007：7）。

秋元美世は，「その弱さゆえに不利益や虐待を受け，その権利の擁護や社会的な保護を必要としている人びとのこと」をさすこともあるとしています（秋元 2010：55）。

これらの考え方からすると，「バルネラブル」な人とは，「何らかの不利な条件をもつが故に，社会から支援を必要としている人」ということができます。彼らを地域福祉の対象とみて，支援していくことが求められるでしょう。

本章では，「社会的孤立・孤独状態にある人」および，「社会的排除の状態にある人」について考えてみたいと思います。

# 3 「社会的孤立・孤独状態にある人」
## Ⅲ▶ セルフネグレクト状態の人と自殺に追い込まれていく人

『平成28年版高齢社会白書』（内閣府）の調査結果を見ると，「親しい友人の有無」についての設問に対して，日本は，25.9％が「いずれもいない」としており，4カ国の中でもっとも高くなっています（図7.1）。一人暮らしの高齢者が増加する中で，友人もいない人の割合が4分の1いるという状況は，孤立化が顕著な状況といえます。

近隣住民との付き合いはどうでしょうか。

『高齢社会白書』の「現在の地域での付き合いの程度」を見ると，「よく付き合っている」「ある程度付き合っている」を合わせると67.0％と，「あまり付き合っていない」「全く付き合っていない」の2倍になっています。この数値だけ見ると近所付き合いはすたれていないように思えますが，「60～69歳」では「あまり付き合っていない」と「全く付き合っていない」が約24％，「70歳以上」では，約20％います。これは全国的な調査ですので，大都市だけを取り出した場合，付き合っていないとする人の割合はもっと高くなると思われます。

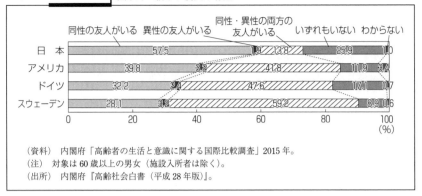

**CHART** 図7.1 親しい友人の有無

（同性の友人がいる 異性の友人がいる／同性・異性の両方の友人がいる／いずれもいない／わからない）

| | 同性の友人がいる | 異性の友人がいる | 同性・異性の両方の友人がいる | いずれもいない | わからない |
|---|---|---|---|---|---|
| 日 本 | 57.5 | 1.9 | 13.8 | 25.9 | 1.0 |
| アメリカ | 39.8 | 3.2 | 41.8 | 11.9 | 3.4 |
| ドイツ | 32.2 | 2.4 | 47.6 | 17.1 | 0.7 |
| スウェーデン | 28.1 | 3.2 | 59.2 | 8.9 | 0.6 |

（資料）　内閣府「高齢者の生活と意識に関する国際比較調査」2015 年。
（注）　対象は 60 歳以上の男女（施設入所者は除く）。
（出所）　内閣府『高齢社会白書（平成 28 年版）』。

　介護保険法に基づく「介護予防・日常生活支援総合事業」が始まって，各地で地域住民による支え合いの事業が行われています。サロン活動や体操などが展開され，自治体によっては多くの高齢者の健康度が上がったことで介護保険の保険料を下げることが可能になったところもあります。これは，評価すべきことですが，住民のみならずそれを後方支援する専門職や専門機関の努力もあったことでしょう。しかし，こうした皆で何かを行う場所や機会に参加しない，またはできない人々もいます。

## セルフネグレクト状態にある人の特性

　こうした人の中には，「セルフネグレクト（自己放任）」といわれる人たちがいます。昨今，社会問題としてよく取り上げられるごみ屋敷の問題も，このセルフネグレクトの人が多いといわれています。セルフネグレクトとは，「在宅で，高齢者が，通常一人の人として生活において当然行うべき行為を行わない，或いは，行う能力がないことから，自己の心身の安全や健康が脅かされる状態に陥ること」と定義されています（内閣府 2011）。上記の調査によると，セルフネグレクト状態にある高齢者は推計では全国に 7000 人程度いることがわかりました。高齢者の支援に関わる人々がもっとも対応に苦慮しているのが，セルフネグレクト状態にある人々なのです。

　この調査から，セルフネグレクト状態にある人の平均的な特性は，次のようにまとめられます。「80 〜 84 歳」「女性」「独居」「日常生活はある程度自立」「認知症自立度は周囲の注意，介護が必要」「介護保険の認定は要支援1・2」「世話をするのは，地域包括支援センターや民生委員」「家族・親族との親密度

は全く希薄」「セルフネグレクトになったきっかけは，疾病・入院」。ここから
は，高齢独居の女性で，日常生活はある程度，自立しているものの認知度は衰
えている。子どもや親族に頼れず，第三者の地域包括支援センターや民生委員
が，相談に乗ったりしているという姿がうかがえます。

## 自殺者を出さないための取組み

　自殺者は一時3万人を超え〝非常事態〟となったことがあります。その後，
国や地方自治体，NPOなどの民間団体，個人的な活動などが功を奏して減少
する傾向にはあります。しかし，いまだに毎年約2万人が自殺で亡くなってい
るのです。また，若年層に絞ってみると，かえって増加傾向にあるという現実
があります。

　自殺は個人的な問題であり，地域福祉とは関係ないと思われるでしょうか。
実は，自殺は孤立との関係が大きいといわれています。厚生労働省「自殺総合
対策大綱」には，基本理念として「自殺対策は，社会における『生きることの
阻害要因』を減らし，『生きることの促進要因』を増やすことを通じて，社会
全体の自殺リスクを低下させる」とあります。その阻害要因とは，「過労，生
活困窮，育児や介護疲れ，いじめや孤立等」となっており，社会からの孤立も
自殺の要因となっていると認識されています。

　また，自殺対策としては，一次予防・二次予防・三次予防とする段階的な対
策があります。一次予防では，「社会全体で自殺を予防する＝事前予防」，二次
予防では，「自殺の兆しを早期に発見する＝危機対応」，三次予防では，「自殺
企図を二度と繰り返させない＝事後対応」となっています。すなわち，自殺を
防止するために地域や職場，学校などにおいて環境整備を行うことが求められ
ているのです（東京都 2013）。

　地域の中で，人々が集まるコミュニティカフェを開催し，悩みをもった人も
気軽に集まって，話ができるという居場所があることで一次予防ができるので
す。

　東京都足立区では，自殺予防対策として，ゲートキーパー研修を行っていま
す。区民，職員を対象として早く自殺のサインに気づき，相談に乗れるような
態勢をつくっています。「ゲートキーパーはそうした相談者の隠れた悩みに気
づいたときに，相談者の了解を得て，区の生活保護や企業融資の担当，保健セ

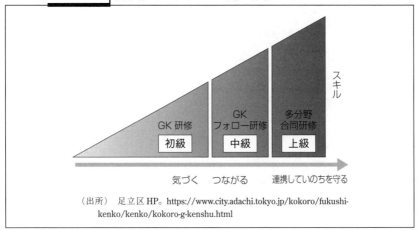

**CHART** 図7.2　ゲートキーパー研修の体系

スキル

GK 研修
**初級**

GK
フォロー研修
**中級**

多分野
合同研修
**上級**

気づく　　つながる　　連携していのちを守る

（出所）　足立区 HP。https://www.city.adachi.tokyo.jp/kokoro/fukushi-kenko/kenko/kokoro-g-kenshu.html

ンター，ハローワーク，病院など適切な関係機関につなぎます。悩みを総合的に解決していくために道案内の役割を果たそうというものです」（足立区 HP）。自殺のサインを早期発見し，適切な機関につなげていくことは，少数の専門家や支援団体だけでは限界があります。区民の協力を得ることで地域社会全体で支えていくことが必要なのです。

# 4 「社会的排除の状態にある人」
### ▶ ホームレスの人々と外国籍住民

社会的排除とは何かについては，すでに第4章で触れました。この社会的排除の状態にある人々のうち，ここではホームレスの人々と外国籍住民について取り上げます。

## 喪失の結果としてのホームレス

ホームレスの人というと，路上や河川敷で暮らす人のことでしょうか。日本では，「ホームレス」の定義はこうしたいわゆる屋根がなく外で生活している人々をさしていますが，このとらえ方は他国と比較すると狭いといわれています。ネットカフェやサウナなどに寝泊まりする人，無料低額宿泊所などを生涯の居住場所としている人など，住まいとはいえない場所に暮らす人も「ホーム

ホームレスの人と子どもたちとの交流を描い
た本（生田武志著・下平けーすけ絵「おっ
ちゃん、なんで外で寝なあかんの？」あかね
書房、2012年）

レス」とし，住まいの問題，生活支援の問題としてとらえていく必要があります。

図7.3は，ホームレスや生活困窮者になっていくプロセスを表したものです。失業から，収入，住まいを喪失し，その結果，社会関係，自信，社会的信用を失っていきます。次から次へと社会から排除されていくことになります。また，このことは，ホームレス状態になるのは特別な条件をもつ人ではなく，誰もがちょっとしたことでホームレスになってしまうということを表しています。

こうした状態にある人を支援するには，このプロセスを逆行する支援を行っていくことが回復につながっていくのではないでしょうか。すなわち，住まいを回復し，収入を安定させ，そして可能であれば就労に復帰する。ともかくも住まいの回復をまず最優先としていく。ホームレスの人々に，どのようにして住まいを提供するのか，また，再び住まいを喪失しないようにするためにはどんな支援が必要なのか，過剰な自己責任論を唱えるのではなく社会の中で支えられることは何かを考えることが求められているのです。

## 外国籍住民との共生をどう図るか

法務省の発表によると，2017年6月末の在留外国人の数は約247万人で，前の年と比較して約8万8000人（3.7％）増加しています。国籍別では，中国がもっとも多く約71万人（構成比28.8％），次いで韓国約45万人（同18.3％），フィリピン約25万人（同10.2％）となっています（法務省 2017）。

都道府県では，東京都，愛知県，大阪府などが上位3つを占めていますので，多くが都市部に居住していることになります。グローバル社会の進展に伴い，これからもこうした外国人の数は増加していくものと思われますが，共にどのように地域で暮らしていくかが，社会的な課題にもなっています。たとえば，

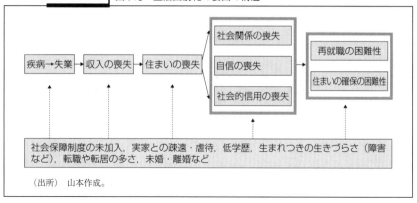

CHART 図7.3 生活困窮化の要因の構造

疾病→失業 → 収入の喪失 → 住まいの喪失 → 社会関係の喪失 / 自信の喪失 / 社会的信用の喪失 → 再就職の困難性 / 住まいの確保の困難性

社会保障制度の未加入，実家との疎遠・虐待，低学歴，生まれつきの生きづらさ（障害など），転職や転居の多さ，未婚・離婚など

（出所）　山本作成。

　よく見聞きすることに「外国人はゴミ出しルールを知らないから困る」「友達を多く呼んで，夜中でも騒ぐ」といったことがあります。ゴミ出しや騒音というきわめて日常的な，それだからこそ「近隣トラブル」にもなりがちな問題です。しかし，これも相手をよく知らないということから生じている問題なのではないでしょうか。「郷に入っては郷に従え」という押しつけだけではなく，相手の文化や価値観・考え方を知ることもこれからは必要なことになるでしょう。さらに，「外国人児童生徒」の教育についても課題となっています。文部科学省の調査によると，公立学校における日本語指導が必要な「外国人児童生徒」は約3万人で10年間で1.5倍増，同様に，日本語指導が必要な「日本国籍児童生徒」は約8000人で10年間で2倍増となっています。言語は生活の基本であり，これができないと進学も就労もできなくなります（文部科学省 2014）。未来を担う子どもへの教育は喫緊の課題です。

# ⑤　過疎地域が抱える問題

　ここまでは，どちらかというと都市的な問題について取り上げてきました。しかし，地方都市には，それぞれ固有の問題があります。ここでは，「限界集落」と呼ばれる過疎地域での「買物弱者」問題について考えてみましょう。

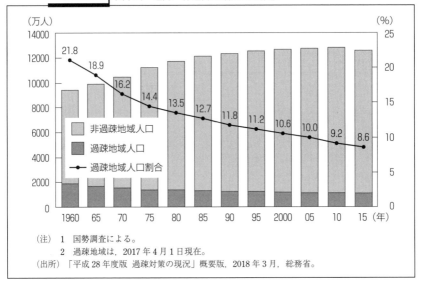

（注）　1　国勢調査による。
　　　　2　過疎地域は，2017年4月1日現在。
（出所）「平成28年度版 過疎対策の現況」概要版，2018年3月，総務省。

## 「限界集落」という問題

　「限界集落」という言葉は，皆さんも耳にしたことがあるでしょう。「限界集落」について，高野は，「これまで存続してきた集落の中から，後継世代の流出やこれに伴う高齢化率の上昇などによって準限界集落に移行する集落が現れ，さらに事態が進行し限界集落となり，ついには消滅集落へと移行するといった集落変動の一段階」（高野 2014：568）としています。しかし，高野は続けて，「限界集落」という用語を，そうした過疎地域の状況に無関心な都市住民が無批判に受け入れて流布したことで，過疎地域の人々に不安をもたらしたことを批判しています。

　ここでは「限界集落」とは，過疎地域の一形態としてとらえて，話を進めていきます。

　2015年の時点では，過疎市町村は817で，割合は47.5％です。実に，日本の半数の市町村が過疎地域となっているのです（過疎地域の定義は，「過疎地域自立促進特別措置法」に詳細に記述されています。人口減少率や財政力指数などが，その指標となっています）（総務省 2018）。

　もちろん過疎地域は，地域の結束力が都市部に比べて高く，自治会・町内会，老人クラブといった地縁団体も機能しているところが多いと考えられます。さ

　2009年3月19日，群馬県の施設「静養ホームたまゆら」で火災があり，高齢者10人が亡くなるという痛ましい事故がありました。亡くなった10人のうち6人が東京都墨田区からここに入居した人々で，都内の社会福祉施設に入居できず遠方の施設に入らざるをえなかったのです。入居者の多くは生活保護受給者で，施設内は環境も劣悪，介護のための人手も不足していたといいます。そのため夜間の徘徊を防ぐ目的で施錠されており，火災が発生した際も逃げられなかったのです。

　また2017年8月には秋田県で古いアパートが全焼し，5人が死亡，10人が重軽傷を負いました。入居者の多くが精神障害があり，生活保護を受給していました。アパートの所有者は，精神障害者が住まいを借りるのが非常に難しいことから，このアパートを提供していたといいます。焼け出された人たちは，次の住まいを見つけるあてがないということです。

　この2つの事故に共通しているのは，安心して住める質の高い住まいがなかったということです。誰でもが安心して住める住まいの確保は，地域福祉の根幹としても大きな課題です。

らに農業などに従事している人は，現役で働いている人もおり，過疎地域だから問題が多いと一概にいうことはできません。ただ，やはり買物のアクセスが困難な「買物弱者」や，豪雪地帯では「雪かき」などが難しく，社会問題となっています。

## 「買物弱者」の現状と取組み

　経済産業省によると，全国の「買物弱者」は約700万人と推計されています。総務省の調査によると，「買物弱者」に対しては，「配食型」「移動販売型」「アクセスの保障」「コミュニティ形成型」など，さまざまな種類の対策が行われています（総務省 2017）。行政のみならず，住民による相互扶助，ソーシャルビジネス（企業などが営利を目的とせず，ビジネスの手法で行う事業）などによって買物支援が行われています。こうした問題以外にも，過疎地域には，医療が受けられないといった「医療過疎」問題も挙げられています。

　しかし，「買物弱者」や「医療過疎」問題，雪かきの問題などは，人口の少

ない過疎地だけではなく，都心部でも見られるようになってきました。過疎地が抱えてきた問題とそれへの対応策は，先達として学ぶべきものとなってきているのです。

第**8**章

# 地域福祉の推進主体(1)

## フォーマルな機関・団体

## STORY

　美咲たちが出席する「地域福祉論」では，「地域福祉の推進主体」の講義が始まった。この日から 3 週連続のシリーズらしい。

　公的なものから市民活動まで，さまざまな主体が地域福祉を支えていると知った美咲は，実際に現場に行ってみたくなった。

　将来は社会福祉士になりたいという気持ちが徐々にふくらんできている美咲だったが，それを叶えるために今年の夏には約 1 カ月の現場実習を受けることになる。いきなり現場に出て，何か役に立つことができるのだろうか……美咲はそんな不安も感じていた。今のうちに，現場のイメージをもっておいたほうがいいのではないか。現場を知ることで，モチベーションももっと高まるかもしれな

い。そんなふうに思ったのだ。でも，どういうところに行くのがいいんだろう？

　大学から帰ると，美咲は早速母に相談した。あさひ市社会福祉協議会でコミュニティソーシャルワーカー（CSW）をしている母の博子は，「じゃあ，お母さんの社協に一度いらっしゃい」と誘ってくれた。「施設にもいろいろあるし，そうね，今のうちにいくつか見ておくといいわ。社協に来てから，案内してもらえるようにしましょう」。そう言って，明日にでも各所に手配をしてくれるという。「だったら，学部の友達も誘っていい？」「もちろん」。母は頼もしい。美咲は翔吾と彩加も誘って，3人で見学に行くことにした。

　約束の日，午前10時に社協を訪れるために，美咲たちは15分前に最寄りの駅で待ち合わせた。それなのに……翔吾だけいない。彩加と待っていると，「ごめん，寝坊した(T_T)」と翔吾からのLINE着信。「嘘でしょ？ どうしたらいいのよ」「もういいや，先に行こう！」。2人は慌てて社協に向かった。「3人で行くって言ってあるのに，どうしよう」美咲は不安な気持ちになってきた。

　到着すると，社協の建物はまるで会社のオフィスのよう。さらに緊張と不安が増してしまった美咲だったが，博子が同僚の若いCSWの大牧さんと一緒に笑顔で迎えてくれたので，少し安心した。

　2人で社協の中のいろいろな部署を案内してもらっているうちに，翔吾が到着し，「すみませんっ！」と大声を出した。気まずい……。博子と大牧さんの顔を見られずにいると，博子が「ここは大丈夫よ。でも，誰かが遅刻をすることで困る人がたくさん出てくる現場もあるから，今日はそんなことも考えながら見てみてね」と優しく言ってくれた。翔吾，ホントに肝に銘じてよね！

　ひととおり説明を受けると，今度は大牧さんが運転する社協専用の車でデイサービスセンターと障害者の就労支援事業所に向かった。楽しそうに過ごす高齢者や，真剣に作業に打ち込む障害者の方々，そして忙しくしながらも温かいまなざしで利用者を見守るスタッフたちを見ていると，美咲の中で「私も自分にできることをやってみたい」という気持ちがますます募ってきた。

　昼食は，大牧さんがこの事業所にあるコミュニティ・レストランへ案内してくれた。美咲たち3人は，大牧さんが「抜群においしいよ」と勧めるカレーライスを注文した。待っている間，白を基調とした明るくておしゃれな店内を見渡す美咲。その中で障害者の方々がいきいきと働いている姿に目を向けながら，美咲は「こうやって，みんなが活躍できる世界っていいなぁ」と思った。

# 1 地域福祉の主体

## ┃ フォーマル，インフォーマルで推進する地域福祉 ┃

　地域福祉の主役は，そこに暮らす住民です。住民は，さまざまな社会的サービスを利用しながら安心して生活したいというニーズをもつ存在ですが，それだけでなく，その多くが「地域をよくしたい」「ボランティア活動に参加したい」などという，担い手としてのニーズをもった存在でもあります。住民が取り組む草の根のボランティア活動は地域福祉の土台となるもので，インフォーマルな主体による活動ととらえることができます。

　一方，公的主体や専門機関・団体などのフォーマルな主体による取組みも不可欠であることはいうまでもありません。法・制度に基づいて提供されるサービスもあれば，住民の活動をバックアップするような支援も提供されています。

　第8，9，10章では，地域福祉を推進するさまざまな主体のうち，主だったものを取り上げます。本章でフォーマルな機関・団体，次章でインフォーマルな団体，第10章では専門職など〝人〟に焦点を当てて見てみましょう。

## ┃ 多様な主体間の連携・総合化の促進 ┃

　近年は地域福祉の仕組みや考え方に基づいた法律や政策が次々と打ち出されています。介護保険制度では，住民やNPOなどによる生活支援が高齢者の健康維持に欠かせないものとなり，生活困窮者自立支援制度では，経済的に困窮している稼働年齢層の就労支援，子どもの学習支援といった取組みとともに，それを受け入れる地域の価値観や実践力を形成しようとしています。また，社会福祉法人による公益事業が法制化されたことにより，これまで以上に地域ニーズにも目を向け，地域住民などと共にそれを充足する機運が社会福祉施設などでは強まっています。

　今日の生活問題は複雑かつ多様で，さらには地域に埋もれてしまいやすいため，公的機関だけでは発見・支援が難しくなっています。また，問題の性質上，医療，住まい，就労，教育など多分野にまたがっており，福祉サービスだけで

カバーしきれないのも特徴です。こうしたことから，分野の違いや専門・非専門の壁を超えた横断的な連携体制が重要になっており，国もそれを政策的に後押ししています。地域包括ケアシステムや「『我が事・丸ごと』地域共生社会」の実現はその集大成といえるものです。

このように，地域福祉には幅広い主体が関わっています。行政，各種専門機関や住民だけでなく，地元の企業や商店街も，地域の福祉を支える戦力になります。地元意識が薄れているといわれる現代でも，善意の〝芽〟はどこにでもあって，ちょっとしたきっかけがあれば色々な〝花〟を咲かせ，その地域ならではの彩りをつくれるのです。

大事なのは，多岐にわたる主体が個々バラバラに活動するのでなく，足並みをそろえることです。今の生活問題の複雑さから，包括的な連携が不可欠だということもすでに述べましたが，そもそもどのような主体にも（個人であれ組織やグループであれ）得手・不得手があるもので，つながりあうことで互いの良さを引き出し合い，苦手分野は補い合う（相互補完的な関係を築く）ことが可能になることでしょう。そうすれば，支援主体が「点」から「線」でつながることができ，さらには「面」となって地域の問題を広くカバーできるようになります。公私の主体が連携し，網の目のように張り巡らされた支援の体制を，「ソーシャルサポートネットワーク」といい，地域福祉がめざすゴールだといえます。

## 推進主体の全体イメージ

さて，さまざまな主体の整理の仕方として，2つの考え方に触れておきましょう。一つは，これまでも使ってきた言葉ですが，「フォーマル」と「インフォーマル」という対概念でとらえるものです。これらは主体や社会資源をさす場合や支援・サービスなどをさす場合がありますので，前者を「フォーマル資源」や，それが提供する「フォーマルサービス」と，後者を「インフォーマル資源」や，前者のカバーしないニーズを補う「インフォーマルサービス（サポート）」などといいます。

フォーマルサービスの特徴は，概していえば専門的かつ制度的・公的なものということになるでしょう。奥西栄介による整理では，制度化され，一定の基準や手続きに基づく計画的なものだとされます（奥西 2000）。行政や許認可を

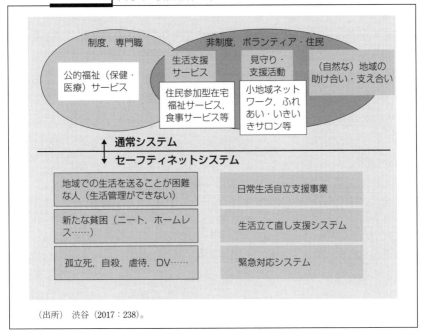

制度，専門職　　　　　　　非制度，ボランティア・住民

公的福祉（保健・医療）サービス

生活支援サービス

見守り・支援活動

（自然な）地域の助け合い・支え合い

住民参加型在宅福祉サービス，食事サービス等

小地域ネットワーク，ふれあい・いきいきサロン等

↕ 通常システム
↕ セーフティネットシステム

地域での生活を送ることが困難な人（生活管理ができない）

新たな貧困（ニート，ホームレス……）

孤立死，自殺，虐待，DV……

日常生活自立支援事業

生活立て直し支援システム

緊急対応システム

（出所）渋谷（2017：238）。

受けた主体（社会福祉法人，医療法人など）による公的サービスであり，高い専門性や継続性をもつ半面，利用料や実践方法などは制度の枠内での提供となるため，柔軟性を欠くとも指摘されます。行政的な前例主義や平等主義が仇となり，まだ問題だと社会から認知されていないニーズや個人・家族がもつ個別的なニーズに対応しがたいこととか，事業化・予算化するまでに数カ月かかってしまうことなども，柔軟性の不足に含められるでしょう。

　反対に，インフォーマルサービスは，民間の自発性に基づいて非制度（制度外）領域で生じるニーズに即応できるものといえます。具体的な提供主体は，家族・親戚，友人・知人，近隣の人，ボランティア，当事者組織などをさします。よい意味での非専門性や温かさがあり，前例・予算・権限はなくても，問題意識を共有する人の「思い」を結集し，知恵と工夫でニーズを充足していけるよさがあります。奥西は，利害関係がなく愛情・善意によること，柔軟なサービスやサポートができるといった長所があるものの，継続性・安定性や信頼性，専門性が欠けると述べています。

　図8.1は要援助者に対するサービス・支援を俯瞰したものです。いざとい

うときの「セーフティネットシステム」（図の下半分）は，緊急性や高度な専門性を要する場面において提供されるフォーマルな主体による制度的サービス中心となります。「通常システム」（上半分）では，制度や専門職による保健・医療などによる公的福祉サービスと，非制度やボランティア・住民による生活支援サービス，見守り・支援活動などのように，公的主体からの支援をある程度受けながら住民主体で取り組めるようなものや，自然発生的な住民同士の助け合い・支え合い活動など，平常時のサポートが位置づけられます。本図では左側がフォーマル，右側がインフォーマルによるものと理解できます。

　もう一つの整理の仕方は，「自助」「共助」「公助」というものです（ほかに「自助」「互助」「共助」「公助」という4分類もありますが，ここではこの3分類を使います）。「自助」は，自分の力で健康を維持したり，生計を立てたりすることです。個人の自立が基本ですが，家族・親戚や近しい間柄での相互援助も含まれます。それに対し，「共助」は，地域を基盤としたインフォーマルな相互扶助のことです（4分類の場合は，「互助」といいます）。近隣の助け合いやボランティアなどを主にさします。元々知り合いでなくても，ボランティア活動を通じて顔を合わせているうちに，「支える側」「支えられる側」という関係を超えて密につながれるのが住民同士ならではであり，契約に基づく援助関係には見られない特長です。「公助」は，自助・共助では対応できない問題に対し，所得や生活水準・家庭状況などの受給の要件にしたがって必要な生活保障を行うもので，公的な主体が担う社会福祉です。

　さて，このような整理を頭に入れつつ，地域福祉を推進する機関・団体にはどのようなものがあるか，また社会福祉法ではどのように規定されているか，包括的な体制とはどのようなものなのかを順に見ていきましょう。

#  地方自治体

　皆さんは地元の自治体（市区町村の役所や都道府県庁など）に行ったことがあるでしょうか。おそらく多くの人にとっては，住民票や証明書を取りに行くところ，あるいは子育てや介護など，生活上の必要が生じたときに申請に行くところというイメージがあるかと思います。地方自治体は，私たちの普段の暮ら

しや安全・安心のためのもっとも基本的なサービスを提供してくれる機関で，法律用語としては「地方公共団体」といいますし，一般的には「行政」「役所」などとも呼ばれます。

社会福祉法（第6条）では，国と地方公共団体（自治体）が福祉サービスの提供体制の確保などに関わる施策などの措置を講じる責務が規定されており（後述），高齢者・障害者・子どもの福祉や生活保護などの施策・サービスを提供しています。また，地域包括支援センターの事業や生活困窮者自立支援事業などに（行政の直営，あるいは民間法人への委託によって）取り組んでいます。

2000年の社会福祉法改正で「地域福祉の推進」が明記されました。それまでの福祉行政は，措置制度を基本としていたのですが，社会福祉基礎構造改革を経て，契約制度によるものへと大きく転換しました。また，1999年の「地方分権の推進を図るための関係法律の整備等に関する法律」（地方分権一括法）の制定により，従来の「機関委任事務」「団体委任事務」を廃止し，「法定受託事務」（地方自治体が国の事務を代行するもの）と「自治事務」（地方自治体固有の事務）という事務区分が規定されたことで，国と自治体の関係も対等なものになりました。

現在，地域福祉推進のために地方自治体の果たすべき大きな役割として，地域福祉計画の策定があります。地域の福祉のありようを住民や関係者と共に話し合い，デザインする重要な計画です。また，日常生活圏域（概ね中学校区など）を単位とする「地域包括ケアシステム」の構築，「『我が事・丸ごと』地域共生社会」の実現に向け，住民の暮らしに近いエリアでの総合相談の体制づくりや，多職種が協議・連携できるような包括的な支援体制づくりが進められています。さらに，こうした体制を支える人材育成，見守りや生活支援の条件整備，個人情報共有のための条例などのルールづくりなども求められています（第6章参照）。

# ③ 社会福祉協議会

## 全国ネットワークをもつ社協

　社会福祉協議会（社協）は，社会福祉法第109条1項・第110条1項で「地域福祉の推進を図ることを目的とする団体」と記された公共性・公益性の高い民間非営利組織です。皆さんもすでに，近くの「〇〇市社会福祉協議会」などを通じてボランティア活動の紹介や斡旋をしてもらったことや，高校までの授業の一環で，社協のスタッフによる福祉教育のプログラム（たとえば，高齢者や障害者の疑似体験など）を経験したことがあるかもしれません。ぜひ地元の社協のホームページを覗いてみてください。

　社協は，市町村ごとに1つ，政令指定都市や特別区だと区ごとに1つずつあり，さらには各都道府県の「都道府県社会福祉協議会」，全国団体としての「全国社会福祉協議会」（全社協）があり，すべての都道府県，市町村に設置されています（**表8.1**）。それぞれが独立した組織（ほとんどが社会福祉法人として法人化されています）ですが，ネットワークとしてのつながりをもっています。

## 社協の基本的性格

　社協は，団体名に「協議会」と付くぐらいなので，関係者・団体が集まって話し合う場，つまり協議体であるのが大前提です。そのため，区域内の社会福祉事業者や更生保護事業者の過半数が参加すること（都道府県社協の場合，それに加えて区域内の社協の過半数の参加）や，行政職員は役員総数の5分の1まで社協の役員になれることなどが規定されています。

　福祉施設を経営している社会福祉法人などと違って，特定の分野でサービス提供を行うことを第1の目的としていないこと，また1市区町村に1団体のみであって，その地域の福祉に関係する組織・団体の連携や協働をつくる機能をもつところは，社協の独自性といえます。

　では，社協ではどういう仕事をするのでしょうか。地域によって住民の年齢構成，生活課題・ニーズ，新旧の住民組織・活動，その他の社会資源が違うう

（2014 年 9 月 1 日現在）

| | 行政区域 | 社協数 | 法人社協数 | 法人化率 |
|---|---|---|---|---|
| 市町村社協（東京 23 区含む） | 1,721 | 1,721 | 1,715 | 99.7% |
| 区社協（指定都市） | 175 | 130 | 118 | 90.8% |
| 政令指定都市社協 | 20 | 20 | 20 | 100.0% |
| 都道府県社協 | 47 | 47 | 47 | 100.0% |
| 全国社協 | 1 | 1 | 1 | 100.0% |

（出所）　和田・渋谷編（2015：6）。全社協調べ。

えに，産業構造（特徴ある企業の存在，平均所得，転勤族の多さなど），歴史・伝統なども異なるので，それぞれに合ったやり方で地域福祉を進めていくことが基本です。

　とはいえ，やはり全国の社協で共通する事業の考え方はあって，社会福祉法上は次のように列挙されています。市町村社協の事業（第 109 条 1 項）は，「一　社会福祉を目的とする事業の企画及び実施」「二　社会福祉に関する活動への住民の参加のための援助」「三　社会福祉を目的とする事業に関する調査，普及，宣伝，連絡，調整及び助成」そのほか「四　社会福祉を目的とする事業の健全な発達を図るために必要な事業」とされています。都道府県社協の場合（第 110 条 1 項）は，「一　（上の市町村社協の各事業で）各市町村を通ずる広域的な見地から行うことが適切なもの」「二　社会福祉を目的とする事業に従事する者の養成及び研修」「三　社会福祉を目的とする事業の経営に関する指導及び助言」「四　市町村社会福祉協議会の相互の連絡及び事業の調整」という事業を行うものと規定されています。

　2003 年に全社協が刊行した『市区町村社協経営指針』では，社会福祉事業経営者と活動者が参加する民間団体として，「制度の谷間にある地域の福祉課題の発見・解決に努め，社会的援護を要する人々や低所得者への対応を重視する」こと，「地域の広範な団体と協働し，徹底した住民参加により事業を展開するとともに，情報公開の徹底など地域に開かれた組織として運営する」こと，そして「効果的・効率的な自立した経営を行う」という方針が示されました。

　また，2005 年の『市区町村社協経営指針（改訂）』では，市区町村社協の使命は「地域福祉を推進する中核的な団体として，誰もが安心して暮らすことができる福祉のまちづくりを推進すること」だとされています。さらに，経営理

念として，①住民参加・協働による福祉社会の実現，②地域における利用者本位の福祉サービスの実現，③地域に根ざした総合的な支援体制の実現，④地域の福祉ニーズに基づく先駆的な取組みへのたゆみない挑戦，が挙げられています。

　社協は設立当初から今にいたるまで地域の課題に向き合い，志のある人々や団体と一緒に解決に取り組んできたのですが，上のような考えが芯となる点はどの社協にも共通していますので，いわば「社協らしさ（アイデンティティ）」だといってよいでしょう。

## 社協の組織と専門職

　市区町村社協の事業部門は，2005 年の『市区町村社協経営指針（改訂）』では，以下のように整理されています。

**法人運営部門**　社協の運営や経営を担うマネジメント部門で，全体の企画・調整，ビジョン・計画の立案などを行う。

**地域福祉活動推進部門**　住民参加や地域の多様な主体の協働による福祉活動を支援し，福祉のまちづくり，福祉コミュニティづくりを進める。「ボランティア・市民活動センター」も含める。

**福祉サービス利用支援部門**　日常生活自立支援事業，生活福祉資金貸付事業など，サービス利用や自立生活支援のための相談・支援，情報提供，連絡調整などを行う。

**在宅福祉サービス部門**　介護サービスなどの在宅福祉サービスを提供する。

　地域のために何かしたいと思っている人や企業・団体は多いものの，いきなり何か始めようとしてもハードルは高いことでしょう。社協の中核ともいえる「地域福祉活動推進部門」では，学習会やボランティア養成研修などを開いて人材を発掘・育成したり，小地域単位の見守りや生活支援に携わるボランティア・グループの結成・成長をバックアップしたり，企業や商店などの社会貢献活動（CSR）をネットワーク化する支援などを行います。これらは総じて「コミュニティワーク」といい，社協が発足時から基盤としてきた専門技術です。

　これを担う援助職者のことなどを「コミュニティワーカー」というのですが，ケースワーカーなどのような直接的・対面的な援助者と異なり，住民を支援・組織化し，その住民が身近な問題・ニーズを発見・充足するための活動ができ

住民による話し合い（小地域ネットワーク活動）　　　学校での福祉教育の様子

（写真提供）葛飾区社会福祉協議会。

るよう促す「間接援助」の専門家ということになります（第10章参照）。

## ┃ 社協による組織化の手法 ┃

　社協では，住民主体・当事者主体の活動の芽を見逃さず，大きく育つよう
バックアップします。そして，あちこちの地区で行われている新しい取組みを
自治体全域へと広げ，多くの取組みが生まれる後押しもします。代表的な取組
みには以下のようなものがあります。

　まずは，「小地域ネットワーク活動」と呼ばれるものです。見守り・声かけ
訪問（住民のチームをつくり，高齢者や障害者などの個々に対して1人から数人で支え
る），家事援助，介護援助，外出援助，配食サービス，サロンづくりなど多彩
な内容です。対象は高齢者，子育て世帯，障害者，震災被災者などさまざまで
すが，サロンの場合，8割以上が高齢者向けの「ふれあい・いきいきサロン」
だといわれています。週1回から月1回程度開催されるものが多く，利用者と
ボランティアが同じ住民同士として一緒に企画・運営する温かさがあります。

　また，「地区社協」の設置があります。同じ市区町村域内といっても，地区
によって（たとえば住宅地区と農村地区では）生活課題も違います。きめ細やか
に課題に取り組むために，町内会・自治会を基盤にして，住民が活動しやすい
生活圏域に近い地区ごとに組織化するのです。法的根拠や設置義務はないので，
すべての社協で設置しているわけではなく，名称も「地区社協」「校区社協」
「校区福祉委員会」などとさまざまです。地区単位で福祉課題解決に取り組む

ため，サロンなどさまざまな小地域の活動を進めたり，市区町村社協で策定する「地域福祉活動計画」の地区版計画を立てることなども行われます。

さらに，当事者ならではの主体性を喚起する取組みとして，セルフヘルプグループのような「当事者組織化」の手法もよく用いられます。共通の生活課題をもつ人同士は「ピア」といい，互いの痛み・苦しみを理解し合える「当事者性」という強みがあります。一人でいると孤独でパワーレスな（力をなくした）状態に陥りやすいですが，仲間との分かち合いや励まし合いによってエンパワーされることはよくあります（第11章の③を参照）。（中途）障害者，依存症患者，刑余者のような「本人」に対するものや，家族介護者や障害をもつ子の親など，孤立しがちな「本人を支える人」に対するものなど，当事者組織化は高い実効性をもっています。

● 動　画：氷見市社会福祉協議会の森脇俊二さんへのインタビュー ──────
　氷見市社会福祉協議会では，市内で4つの圏域を設定し，さらには21の地区社協を置いて，きめ細かな活動をしやすくしています。また，社協に「エリア担当制」を敷いていて，各職員が担当地区をもち，地区社協活動や「ケアネット活動」（小地域単位で見守り・支援などを行う県内独自の活動）などの住民主体の活動をあと押ししています。近年では「コミュニティソーシャルワーカー」を置き，生活困窮や社会的孤立などの問題にいち早く気がつき，公私さまざまな主体で対応できる体制を築いています。

## ┃事業型社協の目的と意義┃

総じて，それらは「地域組織化」とも呼ばれ，社協は1950年代の発足時から，中心的に進めてきました。しかし，1970年代から80年代にかけて，人口高齢化への対応として在宅福祉の体制整備を国が進めるのに合わせ，福祉サービスを自ら供給する社協が多くなりました。これらは「事業型社協」と呼ばれ，今日では介護保険サービスなども提供しています。しかし，これは単に物理的なサービス量の確保を社協が引き受けるという意味でなく，住民とともに地域のニーズを発見・充足し，地域づくりを進めるからこそ，社協が担う意味があるといえます。全社協は94年に『「事業型社協推進事業」推進の指針』により，①総合的な福祉相談活動・ケアマネジメント，②公的福祉サービスの積極的受託，③新たな住民参加サービスの開発・推進，④小地域生活支援等を通して住民参加を促進するといったことを，事業型社協のあり方として示しています。

他方，全社協は『全社協福祉ビジョン2011（第2次行動方針）』（2015）におい

て，社協が制度内サービスや自治体からの委託事業などに力点を置きすぎているという指摘があることにも触れています。そのうえで，他の社会福祉法人以上に制度外のニーズに対応することや，「日常生活自立支援事業」や「生活福祉資金貸付事業」など独自の取組みを活かした総合的な相談支援機能を社協が発揮すべきであると言及しています。

# 4 地域包括支援センター

　地域包括支援センターは，高齢者の暮らしを地域で支えるための相談機関で，いわば，よろず相談所です。介護保険法で定められています。高齢者への包括的支援を行うために，権利擁護，総合相談，介護予防ケアマネジメント，包括的・継続的マネジメントを柱としています。要介護状態にある高齢者に限らず，すべての高齢者の相談全般をカバーし，心身の健康保持，介護予防，虐待防止，家族への支援などに取り組んでいます。

　高齢者の地域生活を支えるには，介護・介護予防のニーズに応えるだけでなく，医療，住まい，生活支援など，幅広いニーズを包括的に満たしていく必要があります。そのためには，地域包括支援センターは，社会福祉や医療の専門機関だけでなく，ボランティア（個人・団体），地元の企業・商店・学校など多様な主体と連携していくことが求められます。近年では，虐待，ごみ屋敷などの社会的孤立・排除の問題も増え，また周囲が心配して声をかけても支援を受け入れない人も増えています。そのような支援困難なケースに対応するために，行政や関係者・団体などとともに「地域ケア会議」を開くなど，地域の連携体制の要としての役割を強めています。概ね「日常生活圏域」といわれる範囲（中学校区程度）ごとにセンターが設置されていますので，包括的支援体制の中核的拠点として，さまざまな主体によるネットワークの調整役としての役割が期待されているのです。

　地域包括支援センターの運営は，市町村が直営で担うほか，社会福祉法人，社協，医療法人，民間企業，NPO 法人などへの委託もできます。各センターには，いわゆる「三職種」として保健師，社会福祉士，主任介護支援専門員が配置され，それぞれの専門性を発揮しながら連携して支援しています。なお，

社会福祉士は「名称独占資格」(当該資格をもっている人だけがそれを名乗ることができる)であり,「業務独占資格」(当該資格をもっている人だけがその仕事を行うことができる)ではありません。しかし,地域包括支援センターに三職種が配置されたことは,社会福祉士として業務独占への第一歩になったという意味があります。

# ⑤ 社会福祉法人・施設などの主体

　皆さんの中でも,近くにある社会福祉施設をいくつか知っているという人は多いと思いますし,実習や見学で行ったことがあるという人も少なくないでしょう。特別養護老人ホームや児童養護施設のように利用者が入所するタイプや,デイサービスセンターや就労支援施設のように日中通所するタイプがあることは,イメージしやすいのではないでしょうか。

　社会福祉施設(以下,「施設」)の多くは,社会福祉法人によって運営されています。それぞれが各法に則って対象別にサービスを提供するのが第一義的なあり方といえます。しかしそれと同時に,社会福祉法人は社会福祉法(第22条以下)に規定される地域福祉の推進主体でもあるのです。

　戦後,全国規模で施設整備が進められたのですが,措置費や補助金を受けるという構造上,施設の予算の使途は行政からの制約が大きく,主として利用者へのサービス提供に限定されてきました。しかしながら,1970年代から80年代には,それまでの入所施設建設から在宅福祉の拡充へと政策の重点がシフトし,住宅地などに建つ施設が増え,地域と施設の接点が増えていきました。身近に施設ができることを良しとしない住民との間では「コンフリクト(葛藤,対立)」が生じました。この時期に強調された「施設社会化」では,専門知識や技術を地域に提供すること(たとえば,学童や実習生受け入れ,家族介護者向けの入門介護講座などの福祉教育),多目的室やグラウンドなどの施設の設備を地域住民が使えるようにしたり,地域の組織・行事などの運営に施設から協力したり,また逆に,施設運営や行事にボランティアを受け入れたりもして,施設側も地域にとってなくてはならない存在であろうと努力してきました。こうした蓄積を受け,全国社会福祉法人経営者協議会(以下,「経営協」)では,「1法人

本章で触れたように，社会福祉法人による地域における公益的な取組みが全国で広がっています。福祉施設の空間や設備を活かし，空いている時間にサロンや子ども食堂の場所として提供したり，デイサービスセンターなどの送迎バスを活用して買物支援を行ったりするなど，地域生活課題を受け止める多彩な事例が広がっています。

また，社会福祉法人はもともとソーシャルワーク機能や介護などの専門サービスの機能をもっていますので，それを活かして，制度の狭間に落ち込んだ問題を抱えるような人々を見つけ出し，支援につなげるコミュニティソーシャルワークのほか，家族介護者向けに講座を開くなど，専門のノウハウを地域に開くような取組みも多様化しています。つまり，有形無形の経営資源をもつ社会福祉法人が，地域福祉の有力な推進主体として従来以上に期待されるようになっているのです。

その実践体制を大別すると，〈単独の法人・施設で取り組む形態〉と，県レベル，基礎自治体レベルで〈複数法人が連携して取り組む形態〉が見られます。後者の場合，「○○ネットワーク」「○○法人連絡会」といった名称がつけられ，社会福祉協議会（県社協，市区町村社協など）に事務局を置くなどして協力体制を構築する例がよく見られます。大規模なものでは，加入団体の会費で基金をつくり，コミュニティソーシャルワーカーを施設に配置したり，生活困窮者の生活必需品などの購入費用にしたりしています。

視点を変えれば，町内会などの担い手が高年齢化している地域が多い中，施設職員が活動することで，現役世代が地域活動を支えることにもつながります。地元の企業の社会貢献活動，大学のボランティア活動などでも同じことがいえます。多様な世代，多様な立場の人々が多様な関わり方をすることで，持続可能な地域に近づけていくことができるのではないでしょうか。

（施設）1実践」活動を2003年頃に掲げ，社会福祉法人・施設による社会貢献活動を促進してきました。

また，近年は社会福祉法人をめぐり，競争条件の同一化が要請されるようになるなど（営利企業などの他のサービス主体と比べ，社会福祉法人は補助金や税制上の優遇措置などがあるため），組織のガバナンス（自律性），経営の透明性，活動の公益性などの向上が社会から求められるようになりました。政府でも，これを受けて2015年に「社会福祉法等の一部を改正する法律案」を提出（翌年成

公益性・非営利性を確保する観点から制度を見直し，国民に対する説明責任を果たし，地域社会に貢献する法人の在り方を徹底する。

**1. 経営組織のガバナンスの強化**
  ・ 理事・理事長に対する牽制機能の発揮
  ・ 財務会計に係るチェック体制の整備

・ 議決機関としての評議員会を必置
  ＊理事等の選任・解任や役員報酬の決定など重要事項を決議
  （注）小規模法人について評議員定数に係る経過措置を設ける。
・ 役員・理事会・評議員会の権限・責任に係る規定の整備
・ 親族等特殊関係者の理事等への選任の制限に係る規定の整備
・ 一定規模以上の法人への会計監査人の導入　等

**2. 事業運営の透明性の向上**
  ・ 財務諸表の公表等について法律上明記

・ 閲覧対象書類の拡大と閲覧請求者の国民一般への拡大
・ 財務諸表，現況報告書（役員報酬総額，役員等関係者との取引内容を含む。），役員報酬基準の公表に係る規定の整備　等

**3. 財務規律の強化**
  ① 適正かつ公正な支出管理の確保
  ② いわゆる内部留保の明確化
  ③ 社会福祉事業等への計画的な再投資

① 役員報酬基準の作成と公表，役員等関係者への特別の利益供与を禁止　等
② 純資産から事業継続に必要な財産（＊＊）の額を控除し，福祉サービスに再投下可能な財産額（「社会福祉充実残額」）を明確化
  ＊＊①事業に活用する土地，建物等 ②建物の建替，修繕に必要な資金 ③必要な運転資金 ④基本金，国庫補助等特別積立金
③ 再投下可能な財産額がある社会福祉法人に対して，社会福祉事業または公益事業の新規実施・拡充に係る計画の作成を義務づけ（①社会福祉事業，②地域公益事業，③その他公益事業の順に検討）　等

**4. 地域における公益的な取組を実施する責務**
  ・ 社会福祉法人の本旨に従い他の主体では困難な福祉ニーズへの対応を求める

・ 社会福祉事業または公益事業を行うに当たり，日常生活または社会生活上支援を要する者に対する無料または低額の料金で福祉サービスを提供することを責務として規定　＊
  ＊＊利用者負担の軽減，無料または低額による高齢者の生活支援　等

**5. 行政の関与の在り方**
  ・ 所轄庁による指導監督の機能強化
  ・ 国・都道府県・市の連携を推進

・ 都道府県の役割として，市による指導監督の支援を位置づけ
・ 経営改善や法令遵守について，柔軟に指導監督する仕組み（勧告等）に関する規定を整備
・ 都道府県による財務諸表等の収集・分析・活用，国による全国的なデータベースの整備　等

（出所）　厚生労働省「社会福祉法人制度改革について」。

立）しました（図8.2）。社会福祉法上，社会福祉法人の「公益事業」が盛り込まれました（後述）。

　経営協は，2016年に「社会福祉法人アクションプラン2020」を刊行し，「社会福祉法人は，地域の重要な社会資源として，利用者をはじめ地域住民に寄り添い，福祉課題の解決に積極的に取り組むことによって，社会から信頼と支持を得ること」を課題とする行動計画を示しています。地域との関係を大事にし，専門性を活かして地域の課題に取り組んできた法人・施設は従前から数多くありましたが，今後はさらなる進展が期待できそうです。また，複数の法人・施設が連携して公益的な取組みを推進する取組みも増えており，制度の狭間の問題を把握し受け止める相談体制，それを支える財源や人材配置などが開発されています。大阪府の「生活困窮者レスキュー事業」や滋賀県の「滋賀の縁（えにし）創造実践センター」などが先駆的実践としてよく知られています。

　その他，生活協同組合（生協）や農業協同組合（農協）も大きな役割を果たしています。生協は，もともと共同購入の仕組みによって組合員の消費生活を支えようとするものでしたが，近年では福祉活動にも力を入れています。子育て世帯や高齢者のための有償の助け合い活動では，家事・子育ての助け合いや食事会，配食なども行っていて，介護保険サービスを提供するものもあります。農協でも，介護保険事業や有償の助け合い活動などを行い，介護保険事業も広がっています。生協や農協は，それぞれの法律に基づき，組合員の互助を基本としていますが，地域住民の課題もカバーするものとなっています。

#  社会福祉法における位置づけ

　2000年に「社会福祉事業法」が「社会福祉法」に改称・改正され，はじめて法律用語としての「地域福祉」の語が登場しました。第1条（目的）では，「地域における社会福祉（地域福祉）の推進を図る」と掲げられ，第4条（地域福祉の推進）では，「地域住民，社会福祉を目的とする事業を経営する者及び社会福祉に関する活動を行う者（地域住民等）は，相互に協力し，福祉サービスを必要とする地域住民が地域社会を構成する一員として日常生活を営み，社会，経済，文化その他あらゆる分野の活動に参加する機会が確保されるように，地

域福祉の推進に努めなければならない」（第 1 項）と規定されています。公私の主体による長年におよぶ地域福祉実践の蓄積のうえで，参加型地域福祉システムの構築に法的根拠が与えられたことは，大きな意味をもっています。

このように第 4 条では，「地域住民」「社会福祉を目的とする事業を経営する者」「社会福祉に関する活動を行う者」の三者が出てきます。そのうち，「地域住民」は，地域生活上のニーズをもち，参加機会を与えられるべき存在としての側面をもつと同時に，他の主体と協力して地域福祉を推進すること，つまりボランティア活動や見守り・支援などの主体としての活躍が期待されています。

また，第 6 条では，国と地方公共団体（行政）の責務として，「社会福祉を目的とする事業を経営する者」との協力のうえ，「福祉サービスを提供する体制の確保に関する施策」等の措置をしなければならないこととされています。

これらをまとめると，「地域住民」「経営者・活動者」「国・行政」の三者は相互に協力・協働し，地域の福祉向上に取り組むべきことが，同法では示されています。

なお，地域共生社会の実現に向けて法整備が進む中，2017 年の改正では「地域生活課題」（地域住民が抱える福祉，介護，介護予防，保健医療，住まい，就労，教育，孤立など）が規定されました。第 4 条 2 項では，地域住民等が地域生活課題の解決のために支援関係機関と連携等をすること，第 6 条 2 項では国と地方公共団体がそれを促進する施策などの措置を講ずるよう努めることが定められています。

それ以外にも，さまざまな地域福祉の推進主体が社会福祉法で規定されています。詳述は避けますが，主なものとしては以下のようなものがあります。社会福祉法人の「公益事業」に関して，第 24 条 2 項において，「日常生活又は社会生活上の支援を必要とする者に対して，無料又は低額な料金で，福祉サービスを積極的に提供するよう努めなければならない」とされています。市町村社会福祉協議会は第 109 条 1 項，都道府県社会福祉協議会は第 110 条 1 項において，「地域福祉の推進を図ることを目的とする団体」と記されています。また，共同募金について第 112 ～ 124 条で定められており，「地域福祉の推進を図る」ことを目的とするものであり，社会福祉法人の共同募金会についても規定されています。

CHART 図 8.3 ふくし相談サポートセンターの全体像

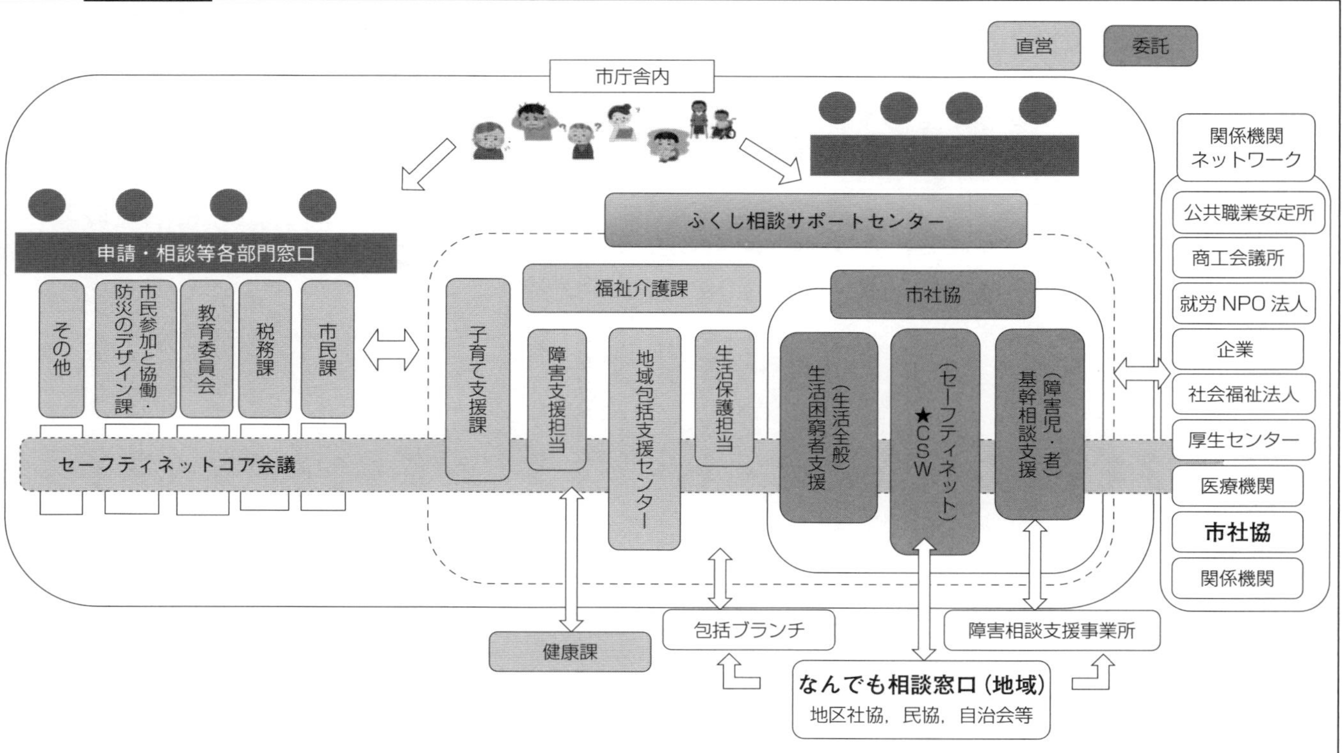


（出所） 氷見市資料。

**7 包括的な支援体制の構築をめざして**

　近年では，地域で起きる問題を対象によって区別せずに受け止めるための総合相談支援体制や，多様な主体が横断的に支援する体制づくりが重要になっています。官と民，フォーマルとインフォーマル，そして専門性の垣根を超えた連携・協働の場や仕組みがますます必要になっているということです。国（厚生労働省など）も，住民やNPO・ボランティア団体などによる見守りや生活支援の活動にも期待を強め，小地域単位で幅広い主体がつながれるよう，政策的に後押ししています。

　「『我が事・丸ごと』地域共生社会」の実現に向けた推進策は，そうした政策の集大成というべきものです。社会福祉法上は，2017年の改正において「包括的な支援体制の整備」（第106条の2・3）として規定されました。

　富山県氷見市では，自治体の高齢者・障害者・子育て・生活保護などの従来型のサービス部門と生活困窮者自立支援事業（社協が受託）が横につながれる「ふくし相談サポートセンター」という仕組みをつくり，一つの窓口で受けつけたニーズに包括的に対応できる体制を整備しています。さらに，役所内の関係部門や地域の関係機関（公共職業安定所，商工会議所，企業，NPO，社会福祉法人など）と「センター」を横につなぐ「セーフティネットコア会議」という仕組みをつくるとともに，地域には「なんでも相談窓口」を設置し，地区社協などで対応しています。住民の身近な生活圏に，いわばアンテナを張り巡らせることで見守りや情報把握をしやすくし，キャッチしたニーズを多機関で横断的に受け止める仕組みができています（図8.3）。

　現代社会において，福祉コミュニティ（第1章参照）は，このような仕組みを担保として成立するのかもしれません。世界規模で経済・政治・社会は変容を続けており，地域もそのうねりの中で常に影響を受けています。子どもの貧困，若年・中高年のひきこもり，外国籍住民との共生など，多様化するニーズを柔軟にとらえつつ，地域ごとの実情に合った多様な生体による連携体制を築くことが，生活課題の予防や早期解決には不可欠です。

第**9**章

# 地域福祉の推進主体⑵

## インフォーマルな団体

## STORY

　２限が終わり，美咲は一緒に講義を受けていたミンと学食へ向かった。すでに食堂内は大混雑。いつもみんなで集まる席も今日は取られてしまっていた。何とか２人分の席を確保して，「もうお腹ぺこぺこ！」と食券コーナーに行く２人。学食では，２種類のパスタを選べる「ハーフ＆ハーフ・セット」が人気だ。２人ともそれにして，席に戻った。

　互いのバイトの話なんかをしながら食べていると，すぐ横を美咲のサークル仲間のトモエが通りかかった。トレイを持っているけれど，座る席がないようだ。ちょうどそのとき隣の席が空いたので，「トモエ，こっち空いてるよ！」と声をかけると，「助かった〜」とトモエはすぐに座った。

ミンとトモエは初対面だったので，美咲は互いを軽く紹介した。「ミンは，大学の近くのボランティア団体で日本語教室に通ってるんだ」と話すと，突然トモエにスイッチが入った。「え，何それ？　どんなことをやってるの？」「日本語，やっぱり難しい？」と，ミンを質問攻めにするトモエ。

　トモエは，発展途上国でつくられた作物や製品を適正価格で購入し，生産者の生活向上に協力するという「フェアトレード」に関心があり，経営学部のゼミではその分野のNPOやボランティア団体について研究しているという。

　「だから，私も今，日本で暮らす外国籍の方々の居住・就労・教育を支援するNPOでボランティアしているの」

　そう熱い口調で語るトモエだったが，以前は「福祉？……興味ないなぁ」なんて言っていた。でも今のトモエの話を聞いていると，福祉との共通点も多いなと美咲は思う。トモエはミンとすっかり意気投合して，日本語教室に行く約束をしていた。

　夜，美咲が帰宅すると，父の修一と母の博子がリビングで話をしていた。ダイニングテーブルでお茶を飲みながらそれとなく耳を傾けていると，どうやら来年１年間，修一は町内会の班長になることが決まったらしい。この町内会では，班長の役目は「輪番制」といって，順番に回ってくることになっている。

　「町内会にはさんざんお世話になっているから，断れないしなぁ。でも，ちょうどこれから仕事も忙しくなるのに，困ったな。ここを頑張れば会社でも昇格のチャンスなんだけど……」

　そうこぼす修一を博子は「気持ちはわかるけど」となだめ，こう続けた。

　「今まで地域のことを何もしてこなかったんだから，この機会に〝地域デビュー〟したらいいじゃない。いつか町内会の役員に〝昇格〟できるかもしれないわよ！」

　修一の肩をぽんと叩く博子を見て，さすが社協ワーカーだな，と美咲は笑ってしまった。

# 1 インフォーマルな主体

▷地縁型組織，テーマ型組織，当事者組織

　地域福祉の推進主体のうち，インフォーマルなものがフォーマルなものとどう違うかについては，第**8**章でも簡単に説明しました。インフォーマルといっても近隣や仲間うちの自然なものから，いわゆる「草の根」のボランティア・グループといわれるもの，さらには，ある程度組織だったものまで幅広くあります。別の見方をすれば，皆さんがボランティア活動をできるフィールドも多彩にあるということです。ボランティアをした人の話を聞くと，まったく新しい人脈や価値観との出会いがあり，世界が広がったと一様に語ってくれます。昔は，ボランティアは「自己犠牲」「奇特な人がするもの」というとらえられ方もしましたが，災害時・平常時にボランティアの熱心な姿を目にした今の日本では，「自己実現」かつ「社会のためになくてはならない存在」だと，多くの人が思っています。さて，前章に続き，「地域にどんな地域福祉の主体がいて，どのような活動をしているか」を知るとともに，自分自身も地元の地域を構成する一人ととらえ，地域とどう関わっていけるかを本章でも考えてみましょう。

　インフォーマルにもいろいろな種類があって，地域福祉で一般的な分類の仕方には，「地縁型組織」と「テーマ型組織」というものがあります。前者は文字どおり，同じ土地に暮らす縁でつながるものですが，本書の冒頭に述べたとおり，好むと好まざるとにかかわらず，近くで暮らしていると何かと利害を分け合うことが多いため，面倒なこと・楽しいことも共同で，つまり一緒に汗を流したり，笑い合ったりするのが地縁の良さです。町内会・自治会がその典型ですが，住民共通の困りごとの解決・予防（防犯，防災，健康維持，ごみ出しなど）に取り組むとともに，親睦・交流の機会（祭り，運動会など）を設けるなど，生活の広範な面にわたって自衛する機能をもっています。

　他方，「テーマ型」というのは「地縁型」の対で，NPOやボランティア団体などをさします。特定のテーマや課題（高齢者や障害者の在宅支援，子育て支援，まちづくりなど）に即して，共感する人たちが集まってつくりますので，「課題

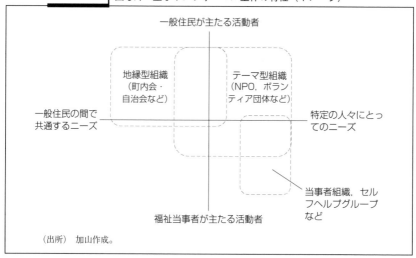

一般住民が主たる活動者

地縁型組織
（町内会・
自治会など）

テーマ型組織
（NPO，ボラン
ティア団体など）

一般住民の間で
共通するニーズ

特定の人々にとっ
てのニーズ

当事者組織，セル
フヘルプグループ
など

福祉当事者が主たる活動者

（出所）　加山作成。

別組織」とか「知縁型」（知る縁）などとも呼ばれます。NPO法人の「特定分野」が20もあるように，国際協力や地球規模での環境保護などもテーマ型組織ですが，本書では地域の福祉活動に携わるものにしぼって話を進めましょう。

　また，福祉当事者（本人やその家族）が抱える生活課題は，住民全体で共有するものとは違いますが，当事者の間では「同じ悩み」であることが多いため，「当事者組織」や「セルフヘルプグループ」をつくって，互いに励まし合ったり，集団的解決を図ることが重要です。それも住民組織の一つと考えられますが，当事者がただ支援を受ける存在でなく，仲間を力づけ，社会を変えていく推進主体になるための装置でもあるのです。

　これらの主体の特性を整理すると，**図9.1**のようなイメージでとらえられるでしょう。

# 2 町内会・自治会

「町会」「町内会」「自治会」など，さまざまな名称がありますが，皆さんのお住まいのところではどうでしょうか。「子どもの頃，町内会の夏祭りが楽しみだった」といった思い出のある人もいれば，「年配の方たちの集まり」という印象をもっている人もいるでしょう。

地方自治法によれば，町内会・自治会のような住民組織は，「町又は字の区域その他市町村内の一定の区域に住所を有する者の地縁に基づいて形成された団体」（第260条の2第1項）と規定され，それゆえ「地縁型」の住民組織ととらえられています。実は，このような形で「地域コミュニティ」が張り巡らされるのは日本特有のシステムで，とても長い歴史があります。

　町内会・自治会は，地域課題の解決や，住民相互の親睦を図る目的で組織される団体であり，基本的に法人格をもたない「任意団体」です。「単位会」（町や集落単位で通常50〜200世帯ごとの基礎的な組織），上部組織にあたる連合町内会等（学区，市町村などのレベル），下部組織の組や班（10〜30世帯程度）があります。

　主な活動には，①運動会や盆踊りなどの親睦行事，②交通安全，防犯・防災，③ごみ対策，緑化活動などの環境整備，④児童の健全育成，健康づくり，共同募金への参加などの福祉活動全般，⑤自治体広報紙の配布などの行政補完，⑥政治・選挙への協力，といったものがあります。地域の諸団体（地区社協，共同募金会，民生委員・児童委員協議会，保護司会，老人クラブ，子ども会など）と協力し，地域をよくしようと努めています。

　こうした団体は，「全戸加入」（当該地域の全世帯が加入すること）が原則として成り立ってきました。しかし，近年は住民同士の関係も希薄化し，いわゆる「地域離れ」や「個人主義」が進む中，その前近代性・非民主性を敬遠する住民が増え，加入率低下に悩む団体が増えています。町内会・自治会の非加入者が増えれば，自ずと会長や役員などを担う活動者層が高齢化・固定化し，活動内容も硬直化するため，ますます加入が進まないという悪循環に陥ります。確かに，昔と比べて個々人の価値観や生活様式も多様化し，「住民に共通する問題を共同で解決する」という場面は減ってきており，その代わりに行政や民間のサービスを利用・購入するほうが主になってきている面はあるでしょう。しかしながら，上に挙げたように町内会・自治会活動は，私たちの生活の土台を支えるうえで欠かせないものです。我が身に危険が迫る時を想像すれば明白ですが，ネット社会になったといっても，物理的に近い住民同士の互助は，素早さ，きめ細かさ，温かさ，そして持続性において唯一無二のものです。

　近年では，ごみ屋敷，虐待，孤立死（孤独死），自殺念慮など問題が多様化し，住民レベルで対応するには専門的・個別的すぎるものが多いのも事実です。と

はいえ，普段から地域をよく知る住民として，発見者・通報者としての機能，仲間となって支える力は絶大です。専門機関・NPOなどと協働して問題を解決したり，町内会・自治会の一部がNPO法人化して介護保険事業者となったりする例も見られるようになりました。

　総務省行政評価局（2017）による「『地域自治組織のあり方に関する研究会』報告書」では，住民主体の「地域運営組織」による地域課題解決の必要性や，エリアマネジメント（空き地・空き家の活用や街並みの規制・誘導など）の重要性に基づき，「認可地縁団体制度」（地方自治法）の見直しや「地縁型法人制度」の拡充（一般社団法人，NPO法人，株式会社などに，指定法人制度などを加えることなど）を提起しています。そうすることによって加入者・非加入者の乖離が進むことには注意しなければなりませんが，高齢化や貧困などの問題が深刻化する中，過渡期にある住民組織の運営のあり方を，時代や地域性に合わせて模索することが必要ではないでしょうか。

#  NPO，ボランティア団体

## ▌ 地域福祉の主体としてのNPO・ボランティア団体 ▌

　子ども食堂や学習支援，高齢者や障害者へのさまざまな生活支援，ホームレスや外国人の支援，コミュニティカフェのような住民の居場所・交流，まちづくりなど，今や地域福祉の推進においてNPOやボランティア団体は不可欠な存在です。これらの団体は，住民の善意や自発性に基づき，社会的なミッション（使命）を掲げ，賛同者を募り，テーマ・課題に即して活動しています。困りごとやニーズをもつ住民のQOL（生活の質）向上に寄与しつつ，住民同士の新たな関係を取り結び，地域づくりや社会づくりの役割を果たしています。また，近年は，NPO法人格を取得して介護保険制度や生活困窮者自立支援事業，指定管理者制度などを受託する団体も少なくありません。その場合，住民ならではの柔軟な発想や行動力に基づく制度的サービスを提供できる良さがあります。

　NPOとはnonprofit organization（非営利民間組織）の略ですが，非営利と

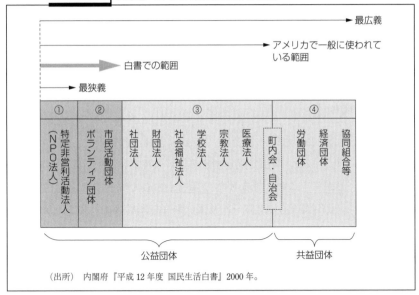

**CHART** | 図9.2　NPOに含まれる団体の種類

```
                                                                    ━━▶ 最広義

                                                            ━━▶ アメリカで一般に使われて
                                                                いる範囲

                        ━━━━▶ 白書での範囲

        ━━▶ 最狭義
```

| ① | ② | ③ | ④ |
|---|---|---|---|
| 特定非営利活動法人（NPO法人） | 市民活動団体／ボランティア団体 | 社団法人／財団法人／社会福祉法人／学校法人／宗教法人／医療法人／町内会・自治会 | 労働団体／経済団体／協同組合等 |

公益団体　　　　　　　　　　　　　共益団体

（出所）　内閣府『平成12年度 国民生活白書』2000年。

いっても人件費，光熱費，材料費などの必要経費を調達しなければ活動を維持できないのも当然なので，not-for profit organization（利益を第一目的としない組織）という言い方もされます。つまり，ボランティアを目的とする団体がサービスに対価を求めることを良くないと考える人もいる中，利益をステークホルダー（株主や社員など）に還元する営利企業との違いを明示する意味が後者にはあります。

　非営利民間という点では，いわゆるボランティア団体との区別が難しい場合はよくあります。一概にはいえませんが，NPOは先述したように，より組織的で制度的な事業に着手するものも少なくなく，ボランティア団体はいわゆる草の根的なサークルとしての性格をもつものが，どちらかといえば多いでしょう。なお，レスター・M.サラモンによれば，NPOの要件は，①公式に設立されたもの，②民間（非営利）組織であること，③利益配分をしない（非営利である）こと，④自主管理していること，⑤有志によるもの，⑥公益性があること，などとしています（サラモン／アンハイア 1996）。

　NPO法ができた当初，「どこまでの範囲をNPOと定義するか」がよく議論になりました。日本では「NPOイコールNPO法人」という場合もありますが，活動実態を見ると，必ずしも法人格の有無だけで判断できるとはいいきれ

ない状況もあります。また，アメリカなどではかなり広く NPO をとらえています。内閣府は『平成 12 年度　国民生活白書』で，図 9.2 の分類を示しています。白書では，NPO 法人と，いわゆる市民活動団体，ボランティア団体までが NPO ととらえられています。

## NPO 法の成立

　NPO の社会的認知の広がりを受け，「特定非営利活動促進法」（NPO 法）は 1998 年に成立しました。同法で規定する法人が「特定非営利活動法人」（NPO 法人）です。しかし，このような団体の登場そのものはもっと以前でした。1970 年代から 80 年代頃にはグローバリゼーション，ポスト工業化，情報社会化が進んだこともあり，人生を豊かにする新たな選択肢（仕事とは別の経験，知識，人間関係など）として，多くの人が国際協力，環境保護，子どもの権利擁護などのボランティアをするようになり，折しも，社会福祉においてもコミュニティ再生，在宅福祉，ノーマライゼーションの普及とともに，地域でのボランティアが振興された時期でした。当時，任意団体（法人格なき団体）であったボランティア団体は，そのような国民・住民の思いやパワーの受け皿となったのです。

　そのような実績をふまえ，1990 年代前半には NPO 関係者の間で「団体として契約主体になること」などを合言葉に，法制化への動きが活発化しました。1995 年の阪神・淡路大震災では全国から NPO やボランティアが集結し，めざましい活躍をしたことから「ボランティア元年」と呼ばれました。また，熱気冷めやらぬ 1997 年，島根県沖での「ナホトカ号重油流出事故」で全国からボランティアが駆けつけたことも，NPO 法の成立を早めました。NPO 法成立後，同法人は増加の一途で，現在では認証数が 5 万法人を超えました（2017 年 12 月末時点で 5 万 1802 認証法人）。なお，かねて NPO 法人に対する税制上の優遇措置については可否が論議されていましたが，現在では一定の条件を満たし，所轄庁の認定を受けると認定 NPO 法人（認定特定非営利活動法人）になることができます。

## 民間主体としての広がり

　NPO 法ができたとき，その活動分野は 12 分野だったのですが，その後，2

(2017年9月末現在)

| 活動の種類 | 法人数 |
|---|---|
| 1. 保健，医療又は福祉の増進を図る活動 | 30,378 |
| 2. 社会教育の推進を図る活動 | 25,037 |
| 3. まちづくりの推進を図る活動 | 22,979 |
| 4. 観光の振興を図る活動 | 2,578 |
| 5. 農山漁村又は中山間地域の振興を図る活動 | 2,215 |
| 6. 学術，文化，芸術又はスポーツの振興を図る活動 | 18,544 |
| 7. 環境の保全を図る活動 | 14,119 |
| 8. 災害救援活動 | 4,217 |
| 9. 地域安全活動 | 6,241 |
| 10. 人権の擁護又は平和の推進を図る活動 | 8,779 |
| 11. 国際協力の活動 | 9,594 |
| 12. 男女共同参画社会の形成の促進を図る活動 | 4,830 |
| 13. 子どもの健全育成を図る活動 | 24,030 |
| 14. 情報化社会の発展を図る活動 | 5,821 |
| 15. 科学技術の振興を図る活動 | 2,897 |
| 16. 経済活動の活性化を図る活動 | 9,237 |
| 17. 職業能力の開発又は雇用機会の拡充を支援する活動 | 12,973 |
| 18. 消費者の保護を図る活動 | 3,177 |
| 19. 前各号に掲げる活動を行う団体の運営又は活動に関する連絡，助言又は援助の活動 | 24,442 |
| 20. 前各号に掲げる活動に準ずる活動として都道府県又は指定都市の条例で定める活動 | 233 |

(注) 一つの法人が複数の活動分野の活動を行う場合があるため，認証数とは一致しない。
(出所) 内閣府 NPO HP。

度の見直し改正を経て現在は20分野に拡大しています。時代や社会の変遷とともに，新たな課題やニーズが生まれ，それにいち早く対応しているのがNPOですから，認証する法律もそれに合わせているといえます（現在の分野ごとの認証数は**表9.1**のとおり）。

　**表9.1**のように，地域福祉に関わる活動分野のNPO法人は多く，任意団体のボランティア団体とともに，今や欠かせない存在です。全社協が名づけた「住民参加型在宅福祉サービス団体」の中でもNPO法人となった団体も多く，介護保険サービスの提供や，制度外のニーズに対応する有償家事援助など，住民の手で住民の困りごとを解決する新しい互助の仕組みを生んでいます。

　また，介護保険制度における「新しい総合事業」なども，介護予防・生活支援の担い手としてNPOやボランティア団体を想定していて，今後増加する地域福祉ニーズへの対応が一層期待されます。

# 4 当事者組織，セルフヘルプグループ

## ピアの力＝「当事者性」

　社会福祉の当事者というと，サービスを受ける人（受給者，受益者）というとらえられ方をする場合が多いですが，果たしてそれだけでしょうか。当事者だからこそわかること，言えることはあり，それはピア（同じ境遇にある者同士）の間では大きな支援力になりますし，社会を変える原動力にもなりえます。それを，「当事者性」と呼ぶことにしましょう。

　実際，「当事者組織」や「セルフヘルプグループ」が数多くあることは先述したとおりです。中途障害者の会，アルコールなどの依存症患者の会，受刑者の会，大切な家族を亡くした遺族の会，家族介護者の会，子育て中の親の会，障害児をもつ親の会など，枚挙にいとまがありません。こうしたグループでは，個々がバラバラだとパワーレス（力のない状態）で社会的にも不利な状況に追いやられがちですし，孤独感で追い詰められたり，介護・子育てのストレスから虐待してしまうケースも後を絶ちません。「当事者性」でピアがつながる空間では，安心して痛みや苦しみを分かち合い，生きる力を取り戻す大きな支えとなっています。

　また，障害者分野を中心に，これまで，ともすればサービス利用などにあたって「当事者不在」であったことの反省に立ち，本人や家族を選択・決定の中心とする「意思決定支援」の考え方が進み，関連法にも盛り込まれました。「障害当事者は弱く，正しい選択ができない」という前提（意思決定能力不存在推定）から，「適切な支援を受ければ，誰でも自分のことを自分で決められる」という前提（意思決定能力存在推定）への転換だといわれます。

## 「主権者」としての当事者

　「当事者主権」の概念を提起した中西正司・上野千鶴子によると，当事者とは「ニーズをもった人」のことです（中西・上野 2003）。当事者が必ずしも適切な支援を受けているわけではない（むしろ，支援につながらず孤立している場合も

多い）ので，制度やサービスを受ける「利用者」とは異なります。また，受け身的で保護的な「対象者」とも違い，個人の尊厳に立つのが「主権者」という考え方であり，社会的弱者が奪われてきた「私のことは私が決める」という権利を取り戻そうとするのが「当事者主権」だといえます。

　そのため，この章でも，当事者を受給者や支えられる人としての側面だけでなく，生活主体，推進主体としての側面にも着目します。さらに，このようなグループは，支援者・理解者も巻き込みながら社会変革を行う側面もあります。こう考えると，当事者組織やセルフヘルプグループも，共通ニーズをもつ住民同士の互助的なボランティア活動，地域福祉活動ととらえることができます。

　当事者組織やセルフヘルプグループの特徴を整理すると，以下のようなものがあるでしょう。第1に，当事者性を発揮してサービスを改善したり，社会のあり方を変えたりすること。第2に，プレッシャー・グループとして，個々人の要望をまとめて行政改善をしたり，不当な雇用・解雇などに対して署名運動や訴訟を行ったりして，集団的解決を図ること。個々人がバラバラだとニーズが社会に埋もれやすいのですが，グループになると社会的認知や支持を得やすく，行政サービスや支援団体とつながったり，新たな政策の根拠にしてもらったりしやすくなるのもメリットです。第3に，個々人が抱え込んでいた問題を当事者同士で共有（分かち合い）し，気持ちを受け止め合ったり，生きる力，仲間を支える力を徐々に取り戻すエンパワメントができること。最初は「どうして自分だけが」というやり切れなさに押し潰されそうだったとしても，ピアとの出会いで痛みを分かち合うことができ，また，ロール（役割）モデルとなる「ピアの先輩」との出会いを契機に，新しい生き方を見つけられることもあります。

　第1章でも述べたとおり，私たちは誰でも生活ニーズをもっており，何かの当事者です。また，仮に今すぐに困ったことがなくても，病気，事故，失業，災害，家族・友人・同僚などとの関係の不調などを機に，誰もが福祉当事者になりえるのです。そのような時，ピアの力に思いを巡らせてほしいと思います。

　人口減少・高齢化の問題は，過疎の進む中山間地や島嶼部などではとりわけ深刻です。しかし，そのような地域で，第一次産業の担い手不足，商店街の衰退，高齢者の買物困難などの地域課題の解決に，地域再生（経済の活性化や雇用創出など）の要素を盛り込んだ「コミュニティビジネス」という手法も広がっており，社会福祉の新しい形態としても注目されています。考え方としては，福祉活動に収益活動を組み込むことで，持続可能性や収入になる仕組みということです。

　労働力不足の解消や地場産業の活性化という課題に取り組みながらも，ひきこもりの中高年や閉じこもり気味の高齢者などに「中間的就労」（一般の就労が困難な人でも，自分に合う業務内容・時間で柔軟に，かつサポートを受けながら働ける就労）の機会を提供する場合，社会参加の支援（役割獲得や収入確保など）という大きな福祉機能を有しています。また，個人・世帯が抱える今日の問題は，制度の狭間にあって公的サービスが届きにくく，個別性の高さゆえに企業も参入しにくい（高い収益性を見込めないため「市場」としない）ものが多いため，社会的企業やNPO法人の形態でそれらの問題を扱うことが「ソーシャル・インクルージョン」（社会的包摂）になるという意味もあります。

　コミュニティビジネスは，地元の住民や商店主，企業，農協・生協，自治体，医療・福祉機関などが協力して取り組むため，「わが町の課題解決」を合言葉に，新たなコミュニティづくりの契機になります。人口が減っていても，Uターンや I ターンで積極的に新しい住民層を迎え入れたり，学生のファームステイ（農家などでの滞在型体験学習）を受け入れたりして，自前の資源を活かしながら地元に元気を取り戻す多彩なアイデアが練られています。

　人口減少が進むある市では，住民と自治体が出資して株式会社を設立し，産業の復興，雇用確保の取組みが生まれています。たとえば，路線バスが廃止された地域でのコミュニティバス運行，業者不在を補う水道事業，商工会と連携した観光などと幅広く展開しています。同市内では，ほかにも数々の取組みがありますが，その一つに課題解決力のある若者の育成や起業支援があります。人材育成塾，空き家を利用したシェアオフィスなどが設置され，塾の卒業生や I ターンの新住民による起業，NPO法人設立に結びついています。

　国や自治体もこのような取組みのバックアップに力を入れていますので，政策の力も上手に借りながら，魅力的な地域を次世代に残していければ理想的ではないでしょうか。

# 5 その他のインフォーマルな主体

　上に挙げたもの以外にも，インフォーマルな主体は多岐にわたっています。事業受託や法人化などによって，事業単位で見るとフォーマルと呼ぶべき場合もありますが，ここではインフォーマルと括っておきたいと思います。

　たとえば，社会的なニーズをビジネス手法で解決しながらまちづくりや仕事づくりにもつなげるような「コミュニティビジネス」の取組みが広がっています。高齢者などの日常のちょっとした困りごとのお手伝い（電球交換，庭の手入れ，ペットの世話，家電製品の取り付けなど），移動支援，買物支援など，制度の狭間にあるニーズは幅広いのですが，「頼む相手」がいれば困らないことばかりなので，やはり社会的孤立のサイン，あるいは SOS ととらえる必要があります。手助けする人がいなければ，健康悪化や生活レベルの低下，近隣トラブルにつながりかねず，最悪の場合は孤立死（孤独死）など生命を失いかねないことだからです。コミュニティビジネスの「有償家事援助」として，そうした問題に対応するものがあります。また，衰退の進む商店街の空き店舗などでコミュニティ・レストランを運営し，障害者の就労支援事業と結びつけたりするものもあります。そういう活動や拠点には，有志の住民や商店主，学生などの協力者も集まってくれる場合が多いので，地域の住民がもつニーズの充足を核にしつつ，多様なアクターがつながりをもち，地域を元気にすることができます。

　また，企業や商店街などは，本業はもちろん営利活動ですが，地域社会との関係形成や貢献を重視して「社会貢献活動」（CSR：corporate social responsibility）に取り組む例も数多く見られます。地元の福祉活動に従業員をボランティアとして派遣するもの，自社の車や敷地を開放するもの，資金・物資・ノウハウなどを提供するものなどさまざまです。

　東京都は，地域での見守りの主体と方法に関して，①住民や民間事業者などによる「緩やかな見守り」，②民生委員・児童委員，老人クラブ，住民ボランティアが訪問する「担当による見守り」，③地域包括支援センターの専門職などによる「専門的見守り」，の３つを示しています。②と③は「見守り」とし

て認識されている立場ですが，①は主体的・意図的に見守りを行う立場ではありません。しかし，通学・通勤や買物などで日常的に同じ道を行き来する住民，業務で担当地区を巡回する事業者（水道・電気・ガスなどの会社，新聞販売〔配達〕店，宅配業者など）は，住民のちょっとした異変にいち早く気づくことができます。たとえば，郵便受けに新聞が何日分も溜まっている，洗濯物が何日も取り込まれていない，家から異常に大きな声や物音が聞こえる，季節外れの服装で歩いている，アザができている……といった異変に気づけるのは①の強みです。見る視点や頻度，責任・権限などがこの三者でそれぞれ違いますので，協力し合って見守り活動をしたり，いざという時にどのように支援するかを決めておくことが大事です。

　孤立傾向にある住民を見守り，必要な時に支えとなる地域の〝目〟や〝手〟は，多くあるほど安心です。フォーマル・インフォーマルが垣根を超えて協力し，福祉と関連分野（医療，教育，就労，住まいなど）との壁を低くしていくことで，暮らしやすい地域，共に生きる地域を築いていきたいものです。

CHAPTER

第 **10** 章

# 地域福祉の推進主体(3)

## 専門職と民生委員・児童委員

## STORY

　美咲たちの受けている「地域福祉論」の講義では，先々週から「推進主体」について学んでいる。今日はその 3 週目。こはる市社会福祉協議会で働くコミュニティソーシャルワーカー（CSW）の加島さんが，ゲストスピーカーとして登場することになった。

　こはる市は，大学のすぐ近くの自治体だ。講義の冒頭では，加島さんが優飛大学卒の先輩であること，社協ではいろいろな部署を経験してから CSW になったことなどを山中先生から簡単に紹介された。

　加島さんの話は，美咲にとって刺激的なものだった。ごみ屋敷やひきこもり，虐待，多重債務，孤立死などのように支援が難しい問題が最近では増えているこ

と。加島さんたちは日々，さまざまな方と協力しながら奮闘していること……。これまで想像したこともなかったけれど，一つの地域の中に，どれだけ助けを必要としている人がいるのか，でも適切に支援をすることがどれだけ難しいことか。多くの経験をしている加島さんの話は，リアルに美咲の心に響いてきた。「私も身近にそういう人を見つけたら，まずは社協に連絡しよう」と，母が勤める社協の仕事についても，さらに信頼感が強くなった。

　講義の最後には，山中先生が「加島さんに質問のある人は？」と学生たちに呼びかけた。すると「はいっ！」と翔吾が即座に手を挙げた。「へー，なかなか熱いじゃん」と美咲と彩加が感心していると……，

　「社協って，お給料いくらなんですか？」

とストレートすぎる質問で，教室は一瞬凍りついた。山中先生と加島さんは「あはは……」と苦笑しているが，よく見ると二人とも目が笑っていない。何とかしないと，と場を取り繕うように美咲は手を挙げた。

　「私の母もあさひ市社協で CSW として働いていますが，医療関係とか教育関係，就労，住宅など，いろんな専門家と話さなければいけないと言っていて，制度のことをよく勉強しているようです。社協さんのお仕事は，ある意味〝通訳〟みたいなものなのでしょうか？」

　加島さんは美咲の質問を聞くと，ポンと手を打った。

　「たしかに！ いろいろな制度や理論に基づいて動いている人たちをコーディネートするには，相手の理屈や専門用語を知って，一緒に何ができるかを探りながら話すことが大事なんです。だから通訳のようでもありますね。専門家だけでなく，民生委員や地域のボランティアの方々，商店主さん，学生さんなど，要するに住民の方の力も欠かせません。小さな子どもからお年寄りまでコミュニケーションを取りながら，住民の皆さんが何を求めていて，何に共感するかに敏感であることが大事なんです」。

　そんな話を聞きながら，改めて CSW の仕事に憧れを感じた美咲たちだった。

# 1 コミュニティワーカーとコミュニティソーシャルワーカー

## 地域の課題を地域の力で解決につなげる

地域福祉の活動は，住民やさまざまな地域の人々で取り組まれるのですが，それを側面的に支援する仕事の人がいます。その筆頭に，社会福祉協議会（社協）にいる専門職が挙げられます。「コミュニティワーカー」や「コミュニティソーシャルワーカー」と呼ばれる援助職者のことで，地域で起きるさまざまな問題・ニーズの発見・予防・解決のため，地域の力を結集・拡張することを仕事にしています。

これらの専門職は，地域で心配な人（いわゆる社会的孤立や排除の問題を抱える人など）のことを見聞きすると，地域の課題として対応します。また，個々の住民や企業，団体などが何かボランティアをしたい時なども，ボランティア養成プログラムや登録システムを提示してくれます。このようにして，いわば「支援を受けたい人のニーズ」と「活動したい人のニーズ」をマッチさせるのも，これらの専門職の柱となる仕事です。

## コミュニティワーカー

1951 年に中央と都道府県の社協が法制化されると，市町村単位でも自発的に社協が設立され，50 年代終わり頃には全国をほぼ網羅するほどに広がりました。この頃，北米から紹介された「コミュニティ・オーガニゼーション」は社協活動の理論になり，今では「コミュニティワーク」という呼称が主流です。ソーシャルワークの方法の一つです。

その当時，「コミュニティワーカー」も「コミュニティ・オーガナイザー」と呼ばれていました。オーガナイズする人，つまりある目的のために組織立てていく人，たとえば関係者同士をつないだり，必要な情報を集めて提供したり，関係先に働きかけて段取りをつけたりする世話役・まとめ役といった役割です。コミュニティ・オーガニゼーションは，「地域組織化」と邦訳されましたが，団体や組織を設立するという狭い意味ではありません。

「地域で困っている人を見過ごせない」「もっと地域をよくしたい」という住民の思いや力を喚起し，つなぎあわせて大きな「地域の福祉力（問題解決力）」にしていくことが，コミュニティワーカーの仕事です。個人でいきなりボランティア活動などを始められる人はあまりいないので，はじめはコミュニティワーカーがお膳立てすることが多いのですが，コツをつかむと自分たちで何ができるかを考え，自由な発想でやり方を生み出したり，仲間を増やしたりできるのが住民の良さです。コミュニティワーカーの頭の中では，住民に徐々に主導権を渡していく構想がはじめから描かれています。

　住民が主役となり，生活者の立場で自ら考え行動することを「住民主体」といい，住民の中にある公共意識，責任感，実行力，リーダーシップを見つけ，行動を促すことを「主体形成」といいます。ソーシャルワークにおいては，支援する相手（個人）がもつ問題解決力を引き出す「エンパワメント」が大切ですが，地域福祉においても住民の主体形成，言い換えれば「コミュニティ・エンパワメント」が肝要です。住民主体で地域の問題を解決していけるように，コミュニティワーカーは「間接援助者」「伴走者」であろうとします。そうして，見守り・声かけ訪問，配食サービス，家事援助，外出援助，サロンなどの住民主体の活動が地区単位で活発化するように支援するのです。

　コミュニティワークを〝本業〟とする専門職として，市区町村社協に「福祉活動専門員」，都道府県社協に「福祉活動指導員」，全社協に「企画指導員」が配置されています。元々は国庫補助（特定の政策のために交付される国の予算）によるものだったのですが，現在では一般財源（地方自治体が独自に使途を決められる）となり，その中から各社協に対して人件費の一部または全部が補助・助成されるようになっています。福祉活動指導員は1963年度から国庫補助で予算措置がなされ，94年に一般財源化されて地方交付税交付金に組み入れられ，福祉活動専門員は66年から国庫補助で設置，99年に一般財源化されました。

　また，社協には「ボランティアセンター」を設置し，ボランティアに関する各種相談，人材養成・研修，情報提供，コーディネーションなどを行っているものが多いのですが，ここではボランティアの需給調整を行う「ボランティアコーディネーター」がいます。簡単にいえば，「地域のために何かしたい」という住民を「登録ボランティア」としてデータベースをつくり，「ボランティアに来てほしい」という個人（たとえば高齢者や障害者の世帯，子育て中の親子，

## Column ⓫　コミュニティワーカーの役割

　コミュニティワーカー，とりわけ社協でコミュニティワークを〝本業〟とする専門家たちの間では，長く「コミュニティワーカーの役割は〝黒子〟のようだ」といわれてきました。これは，ソーシャルワークの体系においてコミュニティワークが「間接援助技術」と位置づけられてきたことが背景にあるといえます。ケースワーカーやグループワーカーが「直接援助技術」を用いるのと違い，コミュニティワーカーは，「利用者」や支援の必要な人々に対する相談援助を継続的に行うといった方法でなく，活動者（ボランティアなど）としての住民をバックアップすることで，サロンなどの居場所の運営や配食サービスといった小地域単位の見守り・支援活動を活発にし，住民が住民を支える，あるいは住民同士が支え合う仕組みづくりを進めようとして援助を行います。つまり，援助の「間接性」ゆえに，黒子と表現されてきたのです。

　地域には，もともと町内会・自治会やNPO法人，ボランティア団体などで活動している人もいますが，コミュニティワーカーの働きかけを契機にしてボランティア活動を始める人もたくさんいます。そうした，住民の間に顕在・潜在する思いやりや優しさ，仲間意識，地元への思いを喚起し，つないでいくことにこそ，コミュニティワークの醍醐味があるように思います。

　コミュニティワーカーもどんどん地域に出て，地域住民に知ってもらい，頼られる存在になることが大事なので，その意味では黒子のように控えめすぎてはいけないのかもしれません。しかし，「専門職主導」にはならないように，コミュニティワーカーは常に心配りしています。そして，人形劇で黒子が主役（人形）に命を吹き込むように，タイミングよく「住民が主役」だと励まし，活動を後押ししていくこと（間接援助）によって，災害や犯罪などのさまざまなリスクに強い地域が形成されていくのです。

外国籍住民など）や団体（福祉施設やNPO，ボランティアグループなど）につないでいく，「ボランティアコーディネーション」や「マッチング」を行います。

　ボランティアの関係者が集まって話をすると，よく「モチはモチ屋」という言葉が出てくるのですが，やはりボランティアは得意なことを楽しんで行うに越したことはありません。趣味や仕事のスキルを活かしたもの，定年退職した人の前職の専門性を活かしたものなどはボランティアする人の負担も少ないうえに高いクオリティで活動できます。また，週に何日も，あるいは定期的にボランティアできる人もいれば，忙しいのでたまになら，という人もいます。震

災など突発的にニーズが高まる時に現地で手伝ってくれる人，後方支援してくれる人もいます。マッチングは，そうした活動者の特性を見極めながら，適材適所でニーズを充足することを重視しますし，長い目で見れば，自然に支え合える地域づくりをめざしています。

　ところで，新たなコミュニティワークの担い手として「生活支援コーディネーター（地域支え合い推進員）」がいます。介護保険制度に基づく職名で，配置先は社協，地域包括支援センターなど，自治体によって異なります。在宅の単身高齢者が増加していることなどから，ボランティア，NPO，民間企業，協同組合などの多様な主体による生活支援・介護予防サービス（サロン，見守り，安否確認，外出支援，買物・調理・掃除などの家事支援，介護者支援など）が必要になったため，主体間を調整して支援体制を強化することが役割です。生活支援コーディネーターは，個別の相談・支援よりも地域支援を主に担うことを想定されているのですが，当面の考え方として，「第1層」（市町村区域）や「第2層」（中学校区域）という圏域を設定し，「協議体」（多様な主体者の定期的な情報共有や連携・協働を推進する）を設置することを国は示しています。第1層では，地域に不足するサービスの創出，担い手養成（元気な高齢者が担い手になることも含む），活動の場の確保などの「資源開発」，第2層では，関係者間の情報共有，サービス提供者間の連携などの「ネットワーク構築」がイメージされています。参画する主体によって専門性が違う（根拠法や行動の理屈，権限・責任，利害などが異なる）ため，調整役としてコーディネーターが必要なのです。

## ┃ コミュニティソーシャルワーカー ┃

### ① CSW が求められる社会

　一方，近年では孤立や排除の問題も社会で増幅し，ごみ屋敷や虐待など，地域で起きる問題も複雑・多様化していることも，繰り返し述べてきたとおりです。「８０５０問題」（80歳代の親と50歳代の子の同居世帯で起きる問題）がよく知られるようになっているように，同居家族のいる世帯でそれぞれの家族メンバーに問題が重複していることも珍しくありません。たとえば，老親を介護している家庭で，家計を支えていた息子がリストラで失業，さらにその子どもがひきこもりで，祖父に暴力をふるう，小遣いを無心するなどといったこともよくあります。近隣や友人との交流が盛んであれば未然に防げたかもしれないの

に，そのような当事者は社会関係が乏しく，近所でも「厄介な人」などと烙印を押されがちです。孤立社会とは，そのようなリスクを膨大に抱え込んだ社会，乱暴にいえば〝地雷〟がどこにでも埋まっていて，誰が踏んでもおかしくない社会だといえます。

そのような今，問題をもつ個人・世帯を早期に見つけ，地域の人たちの協力で支援する，さらには問題を放置しない地域をつくる専門職として，「コミュニティソーシャルワーカー」（CSW）が注目されています。その職場の代表格はやはり市区町村社協で，「地域福祉コーディネーター」という名称を使う場合もあります。「専門職」といいましたが，社協によって専任か兼任かが違いますし，さらにいえば特別養護老人ホームなどの福祉施設でも CSW の配置が進んでいます。しかしながら，社協の専門職としてマスコミで取り上げられる機会が増え，自治体が予算措置することも増えていますので，ここでは社協の専門職にしぼって話を進めましょう（以下，CSW や地域福祉コーディネーターを CSW と略）。

② CSW の仕事——孤立した人といかに出会い，支援するか

日本の福祉制度は「申請主義」，つまり本人からサービス利用の申し出などがあると，制度要件に照らして該当するものを提供するのが基本ですが，今日の問題は「制度の狭間」（既存の制度の対象外）で起きるのが特徴ですので，そのやり方ではうまく支援できません。また，何かの制度やサービスに適合したとしても，提供できるものは世帯が複数抱えている問題のほんの一部しか充足しないこともあります。さらに，問題を抱えているにもかかわらず「ほっておいてほしい」と周りからの支援や関わりを拒む人も増えています。よって，CSW は窓口で本人の申請を待つのでなく，自ら地域に出向き，そのような人を一人でも多く発見しようとし，個々の心情に寄り添い，生活の全体像と向き合って支援しようと努めます。

地域を丹念に見ると，何年も自宅にひきこもっている人，夜の公園や商店街で寝ている人など，気がかりな人がたくさんいるのが通常です。CSW は日頃から地域に出向くほか，住民に身近な圏域ごとに「総合相談窓口」を設けるなどして，本人・家族からの相談はもちろん，民生委員，住民，商店主などからもひろく情報を集めています。いわば，アンテナを張り巡らし，ちょっとした異変に早期に気がつける体制を敷いているのです。

なお，〝総合〟相談というのは，これまでの制度別の縦割り式の反対の意味です。日本の福祉サービスは対象別に専門分化してきた経緯があり，それゆえに高度に発展したのも事実ですが，上のような複合問題世帯の場合，たとえば介護保険の認定に訪れたケアマネジャーが，その家の子どものひきこもりに無頓着であるとか，虐待が起きていることに気づかないといったことは好ましくないので，行政の庁内各課や関係機関を横断し，連携して支援（チームアプローチ）ができるようにする必要があるのです。穂坂光彦は，今の日本を「重度制度化社会」と呼び，さまざまな社会制度が張り巡らされている一方で，縦割り制度の狭間の問題が深く落ち込んでしまうことを指摘しています。さらに，制度外の活動がまるで良くないことのようにとらえられるようになり，本来は制度外ニーズを掘り起こして手立てを講じるはずのソーシャルワーカーが活動範囲を狭めてしまいやすいことにも言及しています（穂坂 2017）。

　さて，問題・ニーズをもつ人の存在を知った CSW は，まずはその人を訪問して困りごとを把握しようとするのが原則です。ところが多くの場合，そこで「支援拒否」の壁にぶつかるのです。ごみ屋敷や健康悪化，虐待・DV などが明らかなのに，「関わらないでほしい」「別に問題はない」「もう，自分はどうなってもいい」などと支援を拒む人が多いのが実状です。しかし，CSW はその人の命を守りたいと考えますし，誰しも生きるための意志や力，支えとなる人や物事（「ストレングス」，つまり強み）があるはずだと考えます。「いつからでも，何度でも，人生はやり直せる」と信じることが，CSW の支援の土台になります。

　心配して訪問した相手がドアを開けてくれなくても，あきらめずに何度も訪れ（もちろん，適切な間合いは重要です），会えなくても手書きで一筆残すなどして，「あなたのことを心配しています」というメッセージを伝えます（夏は熱中症，冬は寒さや発火など，心配の種は尽きません）。すると，やがて気持ちが通じる場合も多く，話を聞いてみるとやはり問題をたくさん抱えています。心に深い傷を負っている人も多く，CSW はその人生としっかり向き合い，何を充足すべきなのか（＝ニーズ），この人を生かすもの（＝ストレングス）や〝その人らしさ〟は何かをよく見極め，地域の協力者と一緒に支えます。ある CSW は，支援を拒否されても，その人の得意分野をきっかけにして関わり始め（たとえば，あるごみ屋敷の住人が書道が得意だとわかれば，その人に行事で垂れ幕を書いてもらう

など），最終的には支援できるようにすると教えてくれます。ごみ屋敷の場合などは，本人が納得しないままごみだけを強制撤去してもまた元に戻してしまうこと（再発）が多いのですが，このようにその人の気持ちや人生の機微を大事にして接し，地域で人間関係を再構築すると，ほとんど再発しないと話すCSWもいます。

　以上の話はソーシャルワークにおける「インテーク」に関するもので，一連の援助プロセスはここが出発点です。コミュニティソーシャルワークでは，「個別支援」と「地域支援」の一体的な展開が重視されます。問題が個別化していますので，支援の入り方（インテーク）や，それに続くアセスメント，プランニングも個別的にする（＝個別支援）のは当然です。しかし，孤立した人を地域から切り離して支援するのでなく，地域のフォーマル，インフォーマルな主体と連携し，社会的なつながりの中でその人を総合的に支援すること，また，一つの支援経験を他のケース（類似する状況の当事者など）にも活かすため，仕組みやルールづくり，当事者の居場所や役割・仕事づくりと結びつけて資源開発することなど（＝地域支援）を並行させることが，リスクの少ない地域づくり，福祉コミュニティづくりそのものです。このことについては第12章で説明します。

### ┃ 専門職の専売特許？ ┃

　社協の場合，予算と人材配置が結びついているので，コミュニティワーカーやCSWの肩書をもつ人とそうでない人の区別がつきやすいのですが，本当は「社協の専門職」に限定されるものではありません。また，これらの資格や免許があるわけでもありません。

　隣接分野では，保健師や社会教育主事はコミュニティワーカーに近い仕事をしていますし，都市計画などの分野でコミュニティワーカーと呼ばれる人もいます。さらにいえば，ボランティアのリーダー格の人で，新しい仲間を連れてきたり，誰かと誰かを引き合わせたりしている場合，実質的にコミュニティワーカーとしての働きをしていることになります。

　CSWも同様で，とりわけ社会福祉法人・施設などが，地域貢献の一環で地域の課題の把握や充足をしたり，ボランティアなどの人材の受け入れや育成をしたりする際，CSWの肩書をもつ人を置く例も見られます。社会福祉法人に

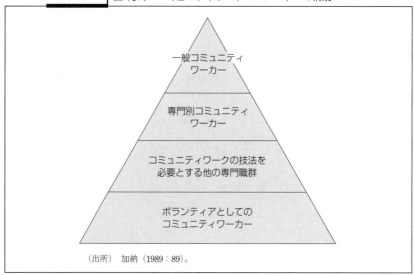

**CHART** 図10.1 コミュニティワーク・マンパワーの構成

一般コミュニティ
ワーカー

専門別コミュニティ
ワーカー

コミュニティワークの技法を
必要とする他の専門職群

ボランティアとしての
コミュニティワーカー

(出所) 加納 (1989：89)。

地域における公益的な取組みが求められるようになったことから、複数の法人・施設で連携体制を敷き、制度の狭間の問題への対応や資源開発などが活発になってきました。大規模なものだと、基金をつくって CSW を雇用する例もあります。

さらに、近年では、都市部から地域開発者が離島などの過疎地を訪れ、地元の若者からお年寄りまでを巻き込んで、地域の魅力を再発見し、新鮮な息吹を吹き込む「コミュニティ・デザイン」という地域再生法も注目されています。また、まちづくり系の NPO やコミュニティビジネスなどにより、地域課題を解決しながら住民の交流も実現し、障害者などの雇用を創出している事例も増えています。

図10.1は加納恵子によるもので、地域福祉に関わるフォーマル、インフォーマルな人材を、コミュニティワーク技術をどの程度使う立場にあるかという視点で整理したものです。これを見ると、もっとも狭義には「一般コミュニティワーカー」があります。これは地域組織化・福祉組織化を専門の業務とするもので、社協職員が典型です。続いて児童や高齢者のような社会福祉の各分野で専門サービスや援助をしている職員が地域に働きかける「専門別コミュニティワーカー」、保健・医療、学校教育、社会教育、居住、就労など福祉隣接分野でコミュニティワークを使う「他の専門職群」、そして最広義としての

「ボランティアとしてのコミュニティワーカー」（住民など）へと，裾野が広がるイメージです。

　一般社団法人日本ソーシャルワーク教育学校連盟は，2017年から「コミュニティに強いソーシャルワーカーを養成する研修」（通称「コソ研」）を実施し，地域を基盤として活躍できるソーシャルワーカーを全国で育てようと試みています。本業であれ兼業であれ，身近な問題にアンテナを張り，各々ができることをつなぎあわせれば地域の問題は軽減できるでしょう。

 ## 民生委員・児童委員

### 民生委員制度の概要

　民生委員制度は，2017年に創設100周年を迎えました。日本固有の制度として，世界からも注目されています。地域住民の福祉相談に応じ，福祉サービスなどの情報を提供して福祉事務所や社協，地域包括支援センターなどの公的な福祉相談の窓口につなぎます。また，災害時の支援や認知症，虐待，生活困窮をはじめ地域で孤立している人々を支えています。

　現在の民生委員は，児童福祉法の規定によって児童委員を兼務しています。厚生労働大臣から委嘱される「特別職（無報酬）の地方公務員の立場」と地域住民の身近な相談相手である「ボランティアの立場」という2つの側面をもっています。約23万人が活動しています。

　任期は3年で，再任することができます。原則として，75歳を超えて担当しないこととされていて，85％以上の委員が60歳以上の方です。一定の担当地域を受けもつため，地域生活のことに詳しい方が地域住民の中から市町村推薦会で選ばれ，都道府県知事が推薦し，厚生労働大臣が委嘱することとされています。主任児童委員は，子育て世代に近い55歳に満たない方が担当することがめざされています。民生委員のなり手不足が指摘される一方で，その定数の充足率は95.21％（2019年12月一斉改選時）と高い充足率を維持しています。

　民生委員は高齢者に関する活動が多い一方で，児童委員を兼務することで子育て世代の相談やダブルケア（子育てと介護を両方している人）への相談にも応

じやすく，複合的な課題を抱える今日的課題にも対応できる仕組みとなっています。ここでは，民生委員制度の成り立ちを振り返りながら，民生委員・児童委員の役割と活動を学ぶことにしましょう。

## 民生委員制度のはじまり

　民生委員制度の起源は，1917（大正6）年に岡山県で岡山県知事の笠井信一によって創設された済世顧問制度まで遡ることになります。笠井信一（1928）は，著書『済世顧問制度之精神』の中で，「顧問（無償）となって世を救済する」意味で，済世顧問制度と名づけたと述べています。この精神は，今日の民生委員制度に受け継がれています。

　全国的に広がったのは，1918（大正7）年に大阪府において林市蔵大阪府知事や小河滋次郎によって創設された方面委員制度です。方面は，「〜方面」という使い方をされた言葉で，「地域」という意味です。法的には，1936（昭和11）年に「方面委員令」によって定められました。

　方面委員の活動が注目されたのは，1931（昭和6）年の「救護法実施促進運動」でした。生活に困窮する人々を救済するために，後の生活保護法につながる救護法が1929（昭和4）年に成立しました。ところが当時の政府は，財政難のため救護法をなかなか施行せず，この法律が機能しない状態が続きました。当時の方面委員は，自主的な活動として，この救護法を実施するための運動を展開したのです。このような方面委員の「救護法実施促進運動」などの成果として，1932（昭和7）年1月1日に救護法がようやく施行されることとなりました。後に，この救護法第4条において，「方面委員令ニ依ル方面委員ハ命令ノ定ムル所ニ依リ救護事務ニ関シ市町村長ヲ補助ス」という規定が設けられ，方面委員は行政の事務執行を補助する補助機関となりました。行政機関に福祉を担当する職員がほとんどいなかったため，方面委員がその役割を担ったのです。1946年に旧生活保護法が成立し，救護法が廃止されます。しかし，旧生活保護法には保護請求権や不服申立権などがなく，不十分であるとの社会保障制度審議会の勧告を受け，全面的に改定された現行の新生活保護法が1950年に制定されました。社会福祉主事など福祉を担当する職員が配置されたため，市町村長，福祉事務所長または社会福祉主事の事務の執行に協力する協力機関として位置づけられることとなり，現在の役割となりました。

**CHART** 表 10.1 民生委員の職務（民生委員法第 14 条より）

① 住民の生活状況を必要に応じ適切に把握しておくこと。
② 援助を必要とする者がその有する能力に応じ自立した日常生活を営むことができるように生活に関する相談に応じ，助言その他の援助を行うこと。
③ 援助を必要とする者が福祉サービスを適切に利用するために必要な情報の提供その他の援助を行うこと。
④ 社会福祉を目的とする事業を経営する者又は社会福祉に関する活動を行う者と密接に連携し，その事業又は活動を支援すること。
⑤ 社会福祉法に定める福祉に関する事務所その他の関係行政機関の業務に協力すること。
⑥ 上記の職務のほか，必要に応じて，住民の福祉の増進を図るための活動を行うこと。

**CHART** 表 10.2 民生委員・児童委員の活動状況（主任児童委員含む）

| 項　目 | 民生委員・児童委員 総数 | | | 1 人あたり | | | |
|---|---|---|---|---|---|---|---|
| | 2015 年度 | 2005 年度 | 増　減 | 2015 年度 | 2005 年度 | 増　減 | 増減率（%） |
| 委員総数 | 231,689.0 | 226,582.0 | 5,107.0 | —— | —— | —— | —— |
| 活動日数 | 30,451,294.0 | 27,359,825.0 | 3,091,469.0 | 131.4 | 120.8 | 10.7 | 8.8 |
| 相談・支援件数 | 6,391,465.0 | 7,848,556.0 | △ 1,457,091.0 | 27.6 | 34.6 | △ 7.1 | △ 20.4 |
| その他の活動件数 | 27,135,458.0 | 22,785,853.0 | 4,349,605.0 | 117.1 | 100.6 | 16.6 | 16.5 |
| 訪問回数 | 38,504,881.0 | 31,152,385.0 | 7,352,496.0 | 166.2 | 137.5 | 28.7 | 20.9 |
| 連絡・調整回数 | 16,500,976.0 | 13,141,186.0 | 3,359,790.0 | 71.2 | 58.0 | 13.2 | 22.8 |

（出所）厚生労働省「福祉行政報告例」2006，2016 年による。

## 民生委員・児童委員の役割と活動

　1946 年の民生委員令の制定により，方面委員は民生委員と名称を変えることとなりました（後に，民生委員法が 1948 年に成立）。民生委員の役割は，民生委員法第 14 条に規定されています（表 10.1）。民生委員は，必要に応じて地域住民の状況を把握することに努め，その相談に応じ，福祉サービスなどの必要な情報を提供し，福祉事業を経営する者や活動する者と連携するとともに，その活動を支援し，福祉事務所などの行政機関に協力し，その他住民の福祉の増進を図る活動を行うこととされています。

　さらに，民生委員は，1947 年の児童福祉法の成立により，児童委員を兼務することになりました。児童委員制度としても 2017 年に 70 周年を迎えています。また，児童問題への対応を強化するため，1994 年に児童問題を専門に担

(N = 200,750)

| | 度　数 | ％ |
|---|---|---|
| 支援した人に喜ばれたとき・感謝されたとき | 136,845 | 68.2 |
| その人（世帯）が抱える課題（困りごと）が解決したとき | 84,261 | 42.0 |
| 要支援者から頼りにされたとき | 69,250 | 34.5 |
| 自分自身が成長できたと感じたとき | 36,851 | 18.4 |
| 福祉についての自分自身の理解が深まったとき | 38,834 | 19.3 |
| 地域についての自分自身の理解が深まったとき | 38,097 | 19.0 |
| 活動を応援してくれる住民が増えたとき | 34,462 | 17.2 |
| 民生委員同士で仲間ができたとき | 68,405 | 34.1 |
| 後輩民生委員が頼りにしてくれたとき | 5,161 | 2.6 |
| その他 | 2,139 | 1.1 |

（出所）　全国民生委員児童委員連合会「全国モニター調査」2018年。

当する主任児童委員が創設されました。児童福祉法第17条に児童委員と主任児童委員の職務が規定されています。それらの役割は，児童および妊産婦を対象に民生委員と同じ内容が定められており，児童の健全育成とその気運の醸成を行うことが示されています。主任児童委員については，児童の福祉に関する機関と連携するとともに，児童委員との連絡調整およびその活動の支援が役割として示されています。そのうえで，民生委員・児童委員は，守秘義務と政治的中立を守らなければならないことになっています。民生委員・児童委員は，無報酬（活動実費のみ支給）にもかかわらず，3日に1回は何らかの活動をしているとされています。

　民生委員・児童委員の活動は，委員の熱い思いに支えられています。2期，3期と活動を継続していくと，そのやりがいや達成感をもつ機会が多くなります。民生委員・児童委員だからこそできる活動があり，充実感を感じることができると民生委員・児童委員の方々は話します。まさに，地域福祉の要として活動されているのです。

　また，民生委員は，行政機関に意見具申をする権利を有しています。民生委員は，地域にある課題を見つめ，その課題を社会問題として可視化（見える化）するために取り組んできました。社協で行われている生活福祉資金の貸付制度は，民生委員が生活に困窮する人々に対して私財を投じて支援をするという「世帯更生運動」を展開したことから，国が予算を設け，社協が窓口になるという生活福祉資金が誕生したのです。そのほかにも，1968年「居宅ねたきり

老人の実態調査」，77年「在宅ねたきり老人介護者の実態調査」，86年「在宅痴呆性老人の介護者実態調査」，96年「子ども，子育てに関する3種類の全国一斉モニター調査」，99年「児童虐待防止緊急アピール」，そして2018年「社会的孤立に関するモニター調査」といった重要な調査を行い，それがいずれも政策化されてきました。高齢者介護が必要な本人や認知症の方のみならず，その介護者の実態，子育て支援，児童虐待，そして社会的孤立の問題など，問題を見える化するために，約23万人が調査を行い，大きな力となりました。

現在，「地域共生社会の実現」がめざされていますが，その地域づくりを進めていくためには民生委員・児童委員活動はなくてはならないものです。これまで，福祉問題に関心が向けられない時代から，障害児を抱えた家族や介護で悩んでいる人々などに民生委員・児童委員は寄り添って活動を続けてきました。東日本大震災では，56名の委員が避難支援活動の中で亡くなりました。民生委員・児童委員活動を支えていく仕組みづくりも必要です。民生委員・児童委員制度は，行政と住民の立場の二面性を有する日本固有の制度です。これからの日本になくてはならない地域福祉の仕組みなのです。

第 **11** 章

# 地域福祉の推進方法(1)

## STORY

　美咲は最近，『サイレント・プア』というテレビドラマの再放送を見ている。このドラマは，美咲の母・博子と同じ社会福祉協議会で働く女性が主人公だ。この主人公がごみ屋敷や多問題家族など，孤立している人々を支援するという話だが，苦しい思いをしている人たちの気持ちが少しずつ理解できるような気がして，このドラマにハマっている。

　ある日，美咲はゼミの山中先生にこのドラマの話を切り出してみた。

　「先生，『サイレント・プア』というドラマを知っていますか？」

　「うん，知っているよ」

　「良かった。あの主人公はコミュニティソーシャルワーカーといっていましたが，地域福祉と関係のある仕事をしている人なんでしょうか」

「そう，あの主人公はコミュニティソーシャルワーカーという職名で働いている，社会福祉協議会の職員なんだ。コミュニティソーシャルワークという地域福祉を推進するための援助技術を活用して，仕事をしている福祉の専門職だね」

コミュニティソーシャルワーク。これまでも言葉としては知っていたが，ドラマで一気に関心が強くなった。美咲は質問を続けた。

「具体的には，どんな援助技術なんですか」

「個別支援と地域支援を一体的に行っていく専門職で，地域で暮らしているさまざまな人たちの中で『生活のしづらさ』を抱えている人を，地域住民と一緒に支えていく援助技術をもっている人だね」

なんだか難しそうで，すんなり頭に入ってこない。

「コミュニティソーシャルワークって，今まで勉強してきたソーシャルワークと何が違うんですか」

「うーん，そうだねぇ。今は施設ではなく，自宅などの地域で暮らしながら，福祉の支援を必要としている人が増えてきているんだ。だから『地域を基盤としたソーシャルワーク』が求められているんだね。日本では，施設で支援をするということが長く定着していたから，地域を基盤としたソーシャルワークがまだ十分に整備されていないんだ」

「それで，テレビドラマにもなるくらい注目されているということなんですか」

「そうだね。社会的孤立や制度の狭間，複合的な課題などの問題が新たな社会福祉のテーマとして注目されてきていて，イギリスでは孤独担当大臣まで生まれているんだよ」

「ええっ，孤独担当大臣⁉ イギリスでそういう大臣ができたっていうことは，そのうち日本でも生まれるのかな……。社会的孤立ってそんなに大変なテーマなんですね」

美咲が今教えてもらったことを頭の中で整理していると，山中先生はゆっくりこう話してくれた。

「お金がないわけでもなく，介護が必要なわけでもないけれど社会的に孤立をしている人たちというのは，貧困問題や介護問題よりも見えにくくて，福祉課題としてはとらえにくい問題なんだよね。でも，〝社会とつながっていなくて，寂しさを抱えて孤立している人〟の問題は，日本でも深刻な問題になっている。イギリスでは，こういう人たちに手を差し伸べないことは社会的損失につながるとして，問題意識をもって取り組んでいるんだ」

なるほど，そういう課題に取り組むのがコミュニティソーシャルワーカーというわけか。帰ったら録画したドラマをじっくり見直してみようと美咲は思った。

# 1 コミュニティソーシャルワークが必要とされる今日的背景

## ┃ イギリスにおけるコミュニティソーシャルワークの発展 ┃

　コミュニティソーシャルワークの実践と理論化は，イギリスから始まっています。19世紀末からのセツルメント活動に由来したソーシャルワーク実践に影響を受けています。正式には，イギリスで1982年に公表された通称「バークレイ報告」で公式に示されました。「バークレイ報告」は，コミュニティケアを展開するためのソーシャルワーカーの役割と任務が述べられたものです。1968年の「シーボーム報告」が，社会福祉サービスの分権化と地域ネットワークを重視し，70年「地方自治体社会サービス法」が成立し，コミュニティケアを進展させました。それを受けて，小地域において人と環境を直線的に結びつけていくコミュニティソーシャルワークの実践が求められたのです。

　そして，日本にイギリスのコミュニティソーシャルワークの考え方が導入されると，イギリスの影響を大きく受けつつも，施設福祉が中心だった日本においては，地域において展開されるソーシャルワークとして独自の理論化と実践化を進めることとなります。日本における動向については後ほど述べることとして，ここでは，近年のイギリスの「社会的孤立」問題を重視する動向をふまえ，コミュニティソーシャルワークの必要性を考えていくこととします。

　イギリスでは，2018年1月に，「孤独担当大臣」が新たに創設されました。この孤独担当大臣を任命した後，同年10月18日に，英国政府は「つながりのある社会——孤独に取り組むための戦略：変化のための基礎を築く」（以下，孤独対策戦略という）を公表しました。それだけ，イギリス社会において「孤独」「孤立」の問題が深刻化していたのです。

　メイ首相の政権（当時）では，孤独の問題は現代における公共保健上の最大の課題の一つであるとし，さらに英国政府初となる政府横断的な孤独対策戦略が策定されたのです。その内容とは，「①かかりつけ医による地域活動やコミュニティ活動の紹介，②事業者による従業員の健康や社会生活の支援，③郵便配達員による通常業務の一環での見守り実施（政府とロイヤルメイルが提携），

④コミュニティカフェやアート空間等のコミュニティスペースの増設，⑤小中学校の人間関係教育の中への孤独問題の組込み，⑥各省施策の中に孤独対策の視点の取入れ，⑦長期的健康課題を抱える人々へのボランティア活動を支援する試験プロジェクトの実施」に整理されます（厚生労働省 2018a：194）。

　「社会的孤立」は，イギリスのみならず，日本においても 2018 年 4 月に施行された改正社会福祉法第 4 条 2 項に新設された「地域生活課題」として規定されるほど，地域福祉が向き合わなければならない重要課題となっています。しかし，社会的孤立は，「お金がないわけではない」「介護が必要なわけでもない」として，福祉が取り組む優先順位としては，大きく後のほうに追いやられて取り組まれてきませんでした。「退職後の男性が周囲からやることがないと思われたくないためスーツを着て目的もなく街の中を何年もさまよい歩いていること」「夫もいて経済的には問題ないが高齢出産をした母親が育児に悩み孤立している」等の問題は，他の問題のほうが深刻で重要だからと，地域の支え合い活動からも取り上げられずにいたのです。それが，ひきこもりや生活困窮者の孤立，閉じこもり高齢者の介護予防などに象徴されるように注目され，地域づくりの必要性が指摘されるようになってきたのです。

　このような社会的孤立問題は，海外において大きな問題として取り上げられており，日本においても深刻化しています。そして，このような社会的孤立問題は，制度の狭間の問題や多問題・複合的な課題を抱える人々の問題と関係性が深いのです。コミュニティソーシャルワークは，今日の社会において福祉ニーズが多様化・複雑化し，このような社会的孤立や制度の狭間，制度・分野を超えた複合的な課題に対応するための援助技術として期待されているのです。

## 日本におけるコミュニティソーシャルワークの理論化と実践化

　先に述べたように，コミュニティソーシャルワークはイギリスにおいて発展し，日本に導入されてからは，日本独自の発展過程を経て今日に至っています。それは，日本の社会福祉が 1971 年の厚生省（当時）「社会福祉施設緊急整備 5 か年計画」に象徴されるように，施設福祉を中心に発展してきた歴史があるからです。そのため，ソーシャルワークも施設におけるケースワーク（個別援助技術），グループワーク（集団援助技術）として発展し，地域援助技術としてのコミュニティワークは，ややもすると個別援助を行わず，地域組織化などの組

織化論にとどまる傾向が見られました。そのため，地域において展開するためのソーシャルワークの理論化として，個別援助と地域援助を一体的に提供するコミュニティソーシャルワークの理論化が求められることとなったのです。

　大橋謙策は，次のようにコミュニティソーシャルワークを定義しています。

　　　「コミュニティソーシャルワークには，フェイス・ツゥー・フェイスに基づき，個々人の悩みや苦しみに関しての相談（カウンセリング）や個々人が自立生活上必要なサービスは何かを評価（アセスメント）し，必要なサービスを提供する個別援助の部分とそれらの個別援助をならしめる環境醸成やソーシャルサポートネットワークづくりとの部分があり，コミュニティソーシャルワークはそれらを総合的に展開する活動である」（大橋1998：46-47）。

　田中英樹（2015：16）は，大橋の理論について，「バークレイら多数派報告の定義を下敷きにしている」と述べつつ，「やや違うのは，カウンセリングや，バークレイ報告では提起されなかったケアマネジメントのプロセスであるアセスメントなどが個別援助の手段に位置づけられており」とし，「社会的ケア計画という概念を用いず，環境醸成とソーシャルサポートネットワークを示している。この背景には，『バークレイ報告』以降に発展したソーシャルワーク理論，つまり利用者の直接的相談援助からケアマネジメント，チームアプローチ，セルフヘルプグループの支援，ソーシャルサポートネットワークづくり，コミュニティケア計画の作成を含むソーシャルワーカーの幅広い役割と任務を日本なりに整理し直し，コミュニティソーシャルワークの概念を豊かに深化させたいねらいがあった」と分析しています。

　図11.1は，コミュニティソーシャルワークの基本的な展開プロセスを表したものです。まず，利用者を発見する「ニーズキャッチ」が大前提で重要となります。そして，個別アセスメントと地域アセスメントを両方行います。その際，「潜在的なニーズの把握」が重要となります。誰しも初めから利用者やクライエントではありません。自ら福祉サービスの申請をすることができなかったり，認知症や知的障害，精神障害などによりその必要性を認識できない人がいます。自己責任社会という社会全体の抑圧や圧力等により，支援を求められ

ない家族がいるかもしれません。このようなニーズ発見のために，J. ブラッドショウの「ソーシャルニードの概念」を学ぶ必要があります。

ブラッドショウは，次の4つのニードがあることを指摘しています。それは，①本人が何らかの生活上の困難を感知・自覚したニーズ（felt needs），②支援の求めが利用者本人から表明されたニーズ（expressed needs），③行政や専門職が社会の規範や基準からニーズがあると判断した規範的ニーズ（normative needs），④他と比較して支援が必要と判断されるニーズ（comparative needs）です（Bradshow 1972：640-43）。

①本人が生活上の困難を自覚することは重要です。本人がニーズを自覚することから問題解決は始まります。しかし，本人がニーズを自覚しても，相談機関に支援を求めなければニーズは顕在化せず，ニーズが見えにくいままで専門職による問題解決への支援につながらないことがあります。

そのため，②支援の求めが利用者本人から表明されたニーズが重要となります。この段階で多くの人が支援の必要性を認識できます。しかし，福祉を学ぶ私たちが気をつけなければならないことは，この本人から表明されたニーズだけがニーズではないということです。なぜなら，表明できないニーズも存在するからです。

③規範的ニーズは，専門職として支援が必要と判断したニーズです。社会的基準に基づいて支援の必要性が判断されるニーズですので，アセスメントに基づいて判断されれば，本人や家族が表明していない，あるいは本人や家族が自覚していないニーズを専門職として発見し，判断することができます。私たちが専門職をめざして学んでいる専門性の意味は，ここにあるのです。しかし，この判断がアセスメント等の根拠や基準に基づかないで社会的標準一般で判断されるとすれば，多くの少数者のニーズがもれる可能性もあることにも気づかなければなりません。利用者本人や家族が表明しきれない隠れたニーズは，支援を求めることを恥と感じたり，周囲から非難されると感じたり，自分が助けを求めることで誰かが苦しみやつらい思いを抱える場合などは，ニーズを表明することを躊躇したり隠したりする場合があります。この隠れたニーズを専門職は見逃してはなりません。

また，④他と比較して支援が必要と判断されるニーズは，子どもの貧困や社会的孤立の問題のように，それだけでは見えにくいのですが，周囲と比較すれ

図11.1 コミュニティソーシャルワークの基本的な展開プロセス

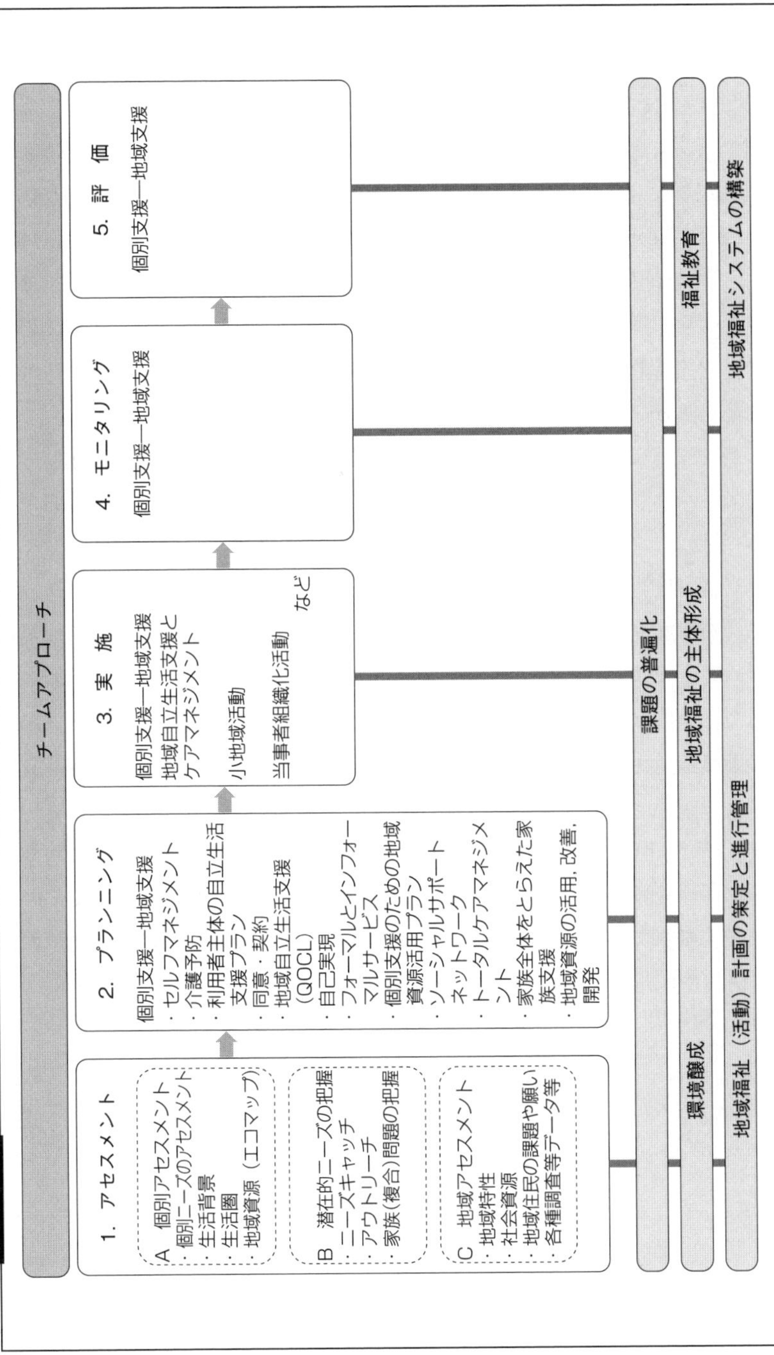

チームアプローチ

## 1. アセスメント

A 個別アセスメント
・個別ニーズのアセスメント
・生活背景
・生活圏
・地域資源（エコマップ）

B 潜在的ニーズの把握
・ニーズキャッチ
・アウトリーチ
・家族（複合）問題の把握

C 地域アセスメント
・地域特性
・社会資源
・地域住民の課題や願い
・各種調査等データ等

## 2. プランニング

個別支援－地域支援
・セルフマネジメント
・介護予防
・利用者主体の自立生活支援プラン
・同意・契約
・地域自立生活支援（QOCL）
・自己実現
・フォーマルとインフォーマルサービス
・個別支援のための地域資源活用プラン
・ソーシャルサポートネットワーク
・トータルケアマネジメント
・家族全体をとらえた家族支援
・地域資源の活用、改善、開発

## 3. 実　施

個別支援－地域支援
地域自立生活支援とケアマネジメント

小地域活動

当事者組織化活動

など

## 4. モニタリング

個別支援－地域支援

## 5. 評　価

個別支援－地域支援

環境醸成

課題の普遍化

地域福祉（活動）

地域福祉の主体形成

計画の策定と進行管理

福祉教育

地域福祉システムの構築

（出所）　日本地域福祉研究所。

ば問題性が見えるニーズです。たとえば，「学校に通えているが修学旅行に行くお金がない」「自分だけが塾に通えていない」「誕生日を祝ってもらったことがない」「家族と旅行に行ったことがない」などです。このように多くの人々が生育歴の中で当たり前に経験してきていることを経験できない子どもたちは，その成長過程で発達の歪みを抱えることとなります。それらが子どもの貧困問題や社会との関係性の欠如（社会的孤立）につながるのです。

　これらのニーズ把握やアセスメントを経て，アセスメントに基づいてプランニングを行い，計画に基づいて支援を実施し，その支援が適切に行われたのかモニタリングを行い，その支援の効果の有無を評価するプロセスは，ケアマネジメントの展開プロセスと一部重なるものです。

　その展開プロセスにおいて，次のような視点が求められます。地域援助の視点として，第1に，個人の課題を地域全体の課題としてとらえ直す「課題の普遍化」。第2に，地域づくりを行う「環境醸成」。第3に，地域住民や子どもたちの地域課題を解決する地域貢献型学習（サービスラーニング）としての学びを支える「福祉教育」「地域福祉の主体形成」。第4に，これらを新たな地域福祉システムとして構築していく取組みとしての「地域福祉計画の策定」です。

　そして，コミュニティソーシャルワークは，一人の専門家によって取り組まれるのではなく，「チームアプローチ」で取り組まれる実践です。その際には，個別援助の視点として，第1に，多様な機関や専門職，地域住民，ボランティア・NPO等が連携して取り組む「多職種連携」。第2に，課題と強みの両方のアセスメントをする「ストレングス視点」。第3に，本来有しているはずの力を取り戻し発揮できるように支援していく「エンパワメントアプローチ」。第4に，個人や家族を地域社会全体で援助し支えていく「ソーシャルサポートネットワーク」。第5に，同じ悩みや課題を抱えている人々をつないでいく「当事者組織化・ピアカウンセリング」，が求められます。そして，この地域援助と個別援助を一体的・効果的に支援していくためには，援助者を支え，援助者が効果的に支援を行えるような組織運営や管理を行う「ソーシャルアドミニストレーション」「スーパービジョン」が必要です。これらの取組みの総体がコミュニティソーシャルワークとして展開されることとなるのです。

　コミュニティソーシャルワーカーの配置には，1995年からの日本地域福祉研究所における地域福祉実践研究セミナーやコミュニティソーシャルワーク実践者養成研修，大阪府を中心とした関西におけるコミュニティソーシャルワーカー養成研修の2つの動きがありました。これらの養成研修に基づき，2004年「大阪府コミュニティソーシャルワーカー配置事業」による豊中市社会福祉協議会など大阪府全体への配置や同年の沖縄県浦添市社会福祉協議会におけるコミュニティソーシャルワーカーの配置，島根県松江市社会福祉協議会でのコミュニティソーシャルワーカー配置などを契機に，全国に広がり始めています。東京都豊島区民社会福祉協議会では，24名のコミュニティソーシャルワーカーが配置されています（2019年時点）。また，東京都内の社会福祉協議会のように，「地域福祉コーディネーター」という名称で都内全域に配置が広がりつつある地域もあります。

　社会的孤立や複合的な課題など，福祉ニーズの多様化・複雑化に対応するために「地域共生社会の実現」という政府目標が示され，改正社会福祉法も2018年に施行されました。この理念を実現するためには，改正社会福祉法第106条の3に規定された「包括的な支援体制の整備」が求められています。そのためには，ワンストップの総合相談窓口をつくるのみではなく，多様な機関や団体，人々がつながる地域づくりが必要です。コミュニティソーシャルワークは，そのような地域づくりに欠かせない地域福祉を進めるソーシャルワークの援助技術なのです。

 # コミュニティ・オーガニゼーションとコミュニティワーク

## 地域の問題を地域で解決する

　地域福祉の実践では，地域で起きる問題を地域（住民）が協力して解決に導くのが原則です。それを社会福祉協議会の専門援助職者などが支援するソーシャルワークが，「コミュニティワーク」です。日本では，導入期には「コ

ミュニティ・オーガニゼーション」と呼ばれ，現在ではほぼ同義で「コミュニティワーク」という呼称を主に使うようになりました。

　第8章でも，見守り・声かけ訪問，家事援助，外出援助，配食サービス，サロンなどの小地域ネットワーク活動や地区社協の活動について取り上げましたが，コミュニティワーカー（社協の福祉活動専門員など）は，これらの協働的実践が住民に身近な圏域単位で促進されるよう，住民主体の活動をバックアップしています。

　ソーシャルワークの理論体系においても，ケースワークやグループワークは，援助者と利用者がフェイス・トゥ・フェイス（対面）の場面設定による相談援助が基本なので，「直接援助技術」と分類されるのに対し，コミュニティワークは「間接援助技術」と位置づけられます。援助者（コミュニティワーカー）は，支援の必要な人々との直接の対面より，むしろ住民がそのような人々に働きかけられるようにバックアップするのが中心になります。たとえば，ボランティアの住民が，一人暮らしの高齢者宅を一軒一軒訪問し，世間話などをしながら生活や健康の低下が見られないか確認する見守り・声かけや傾聴をしたり，サロンでお茶・菓子を出すなどの手伝いをします。コミュニティワーカーの役割はというと，善意ある住民同士をつないで訪問ペアやボランティア・チームをつくったり，活動を長く続けられるように励ましたり，活動のための知識や機会を提供するなどのエンパワメント，つまり住民の主体形成ということになります。

　ある社協のコミュニティワーカーは，「極論すれば，自分たちの仕事は，何もしないことだ」と話します。つまり，コミュニティワーカーが直接援助をしなくても，住民が心配事に気づき，自分たちでできることは解決する（住民の手に負えないことは社協に知らせる）のが理想です。換言すれば，住民同士が支え合う地域づくりをめざしているのであり，そのために住民を動機づけたり，組織立てたり，情報や活動場所・資金を提供したりすることが仕事の本質だと，そのワーカーはいっているわけです。コミュニティワーカーは，よく「黒子」にたとえられるのですが，このような援助の間接性がコミュニティワークの特性だといえます（第10章参照）。

　高齢者向けの「ふれあい・いきいきサロン」の場合，参加者である高齢者は無力な存在でなく，自ら考え，行動する力があります。支援側のボランティア

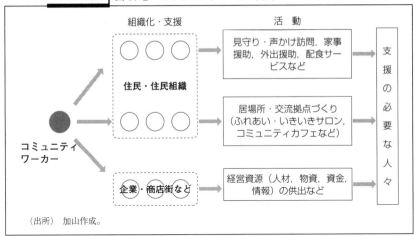

（出所）加山作成。

も，専門職でなくても参加者のパワーを引き出す力があります。サロンでは，参加者もボランティアも住民同士，友人として温かくつながり，「支える側」「支えられる側」という壁を超えた関係が成立します。サロンという集団の場の作用で個々がもつ潜在的な能力（ストレングス）を喚起する，間接援助とはそういう特質をもっているのです。

さて，ここまでのことを，図11.2に整理しておきます。コミュニティワークとは，地域の問題を地域で対処・予防できるよう，住民をはじめ社会資源を開発・動員・調整し，問題解決力を高めるために側面的援助を行う方法だといえます。

## コミュニティ・オーガニゼーションの伝統的な理論

### ① COの登場

私たちが今，コミュニティワークとして学んでいるものは，20世紀初頭から中盤にかけて北米でまとめられてきたコミュニティ・オーガニゼーション（以下，CO）の概念にルーツがあります。経済繁栄・工業社会化，世界恐慌，戦争などの大きなうねりの影響を受けて地域社会も変容する中，人々の精神的廃退や貧困，不衛生，コミュニティ解体などの諸問題に地域単位で解決する試みが見られ，コミュニティ・オーガナイザーと呼ばれる専門家がそれを組織的な動きにまとめていきました。その実践や理論化の歩みはソーシャルワークの発展と軌を一にし，COはマクロ・レベルのソーシャルワークに位置づけられ

てきました。

　1921 年に "*The Community*" を著した E. C. リンデマンは，地域を「個人の連合」というより「グループの連合」ととらえ，現実的には連帯が難しいのだとし，CO を「地域社会における諸問題を民主的に調整する意識的努力を組織すること」「既存の専門家，団体，施設の相互協力関係を通じて，最善のサービスを獲得すること」と定義しました。リンデマンのこの理論は，「機関・施設連絡調整説」と呼ばれました（Reid 1981=1992；牧里 1990）。今の日本の地域を見渡しても，住民組織をはじめいろいろな集団が同じ地域に存在していて，現実には互いに尊重し合い協力し合う「ユートピア」でなく，自己主張や利害対立で衝突し合うことが頻繁に見られます。だからこそ，CO の専門家がもつ高いスキルが求められるのです。時には「こんな問題を放置してよいのか」「こんなことが地域でできれば素晴らしいのでは？」などと投げかけ，地域の諸集団を一致団結させていくのが CO です。

　② ニーズを探し，住民参加で解決する

　その後，CO の実践・研究は盛んになります。この新しい方法論について "Social Work Year Book 1929" では，「CO は，新しい社会的ニーズに対して，改善・調整を図ることを意味する。また，その手続きのもとにあらゆる人の参加を促すものである」と説明されています。

　1939 年の「レイン報告」では，CO が，①ニーズを発見し，定義すること，②社会的なニーズや障害となるものを，できるかぎり解決または予防すること，③資源とニーズを明確にし，変化するニーズに資源をうまく調整させること，を重視すると述べています。この報告は，R. P. レインを委員長とする委員会が，全米社会事業会議から受けた要請にこたえた報告であり，ニーズ発見・充足や住民参加の大切さを強調したことから「ニーズ・資源調整説」と呼ばれています。全米各地の実践や各論者による CO を体系的にまとめ，12 種類*に整理し，CO をソーシャルワークの一つとして位置づけさせた貢献でも知られています。

> *レイン報告による CO の 12 種類の技術……継続的に 1 カ所に集める記録，計画，特別な研究および調査，合同予算，教育・説明・広報，共同募金運動，組織化，施設相互間の相談，集団討議・会議・委員会，交渉，合同サービス（社会サービス交換），社会行動（ソーシャルアクション）

### ③ CO 理論の成長

1947 年には，W. I. ニューステッターが「インターグループワーク説」という CO の概念を提起します。日本語では「集団間調整」とも呼ばれ，地域の諸集団の代表を集めて組織化する手法です。その特徴は，①選択された社会的目標の達成のために集められた集団のメンバー同士の間で，相互に満足できる関係があること，②所属団体から選出された各代表者に，適切な責任や代表性があることです。

今日の日本でいえば，たとえば社協で「福祉まつり」の開催に向けて実行委員会を立ち上げる時，各関係先から選ばれて委員会に出席する担当者が，本当に所属集団を代表していることが大切です（代表性）。福祉まつりの成功という共通目標があるといっても，参加する集団によって求めるものも違ううえ，発言力も違うので，満足できる集団とそうでない集団が出てきがちです。まつりを担当する社協ワーカーは，実行委員会を構成する各集団の利害を吟味しつつ，民主的な運営を図ります（民主性）。ここでいう「代表」は会長や施設長など「組織のトップ」という意味ではなく，真に所属集団を代表して発言できる人，実行委員会で決定したことを所属集団に納得させられる人であることが大事です。「上司の命令で仕方なく委員になりました」といったことではうまくいきませんので，コミュニティ・オーガナイザーは，委員会が各集団にもたらすメリットを明示し，本当の意味で代表となれる人を派遣してもらえるようにする必要があります。

話を戻すと，1950 年代にコミュニティ崩壊が進んだことから，CO にも対応が求められるようになりました。トロント大学やヨーク大学で教鞭をとった M. G. ロスによる 1955 年の CO の理論は，地域内外の資源を動員しながら，住民の参加・意思決定と団結をもって地域社会の問題を解決する過程を重視したもので，「地域組織化説」や「統合説」と呼ばれました。その定義は，次のようなものでした。

> CO とは，コミュニティがニーズや目的を明確にし，それらに優先順位やランクをつけ，解決への自信をつけ，そのための取り組みをしようと思い，コミュニティの内部・外部から解決資源を見出し，それらを重視して行動し，コミュニティ内に，協調・協力的な態度や行動を育てるという過

| | |
|---|---|
| **A. 個人の不満の組織化（組織形成）** | B-6）団体は，効果的な指導者を育成すべきこと。 |
| A-1）共同社会に現存する諸条件に対する不満は，必ず団体を開発および（または）育成する。 | **C. 対外（団体，地域社会）関係のマネジメント** |
| A-2）コミュニティ・オーガニゼーションを開始し，あるいは支える力となる不満は，共同社会内で広く共有されるべきこと。 | C-1）団体には指導者（公式，非公式両方とも）として，共同社会内の主要下位集団に密着し，またそれから承認された指導的人物を関与させるべきこと。 |
| **B. 組織内のマネジメント** | C-2）団体は，共同社会の内部に存在する善意を，顕在的なものも潜在的なものも，ともに利用するように心がけるべきこと。 |
| B-1）不満の中心点を求め，特定の問題に関して，組織化・計画立案ならびに行動に向かって道を拓くこと。 | C-3）B-4（前述） |
| B-2）団体は，その目標と手続方法を非常に受け入れやすいものとすべきこと。 | C-4）団体は，協力活動を求めようとするグループに対する支持と強化に努力すべきこと。 |
| B-3）団体は，プログラムには情緒の満足を伴う活動を含めるべきこと。 | C-5）団体は，その活動において共同社会の現状に即した歩幅を開発すべきこと。 |
| B-4）団体としては，団体内部の意志伝達ならびに団体と共同社会との意志伝達の両方の路線を，積極的，効果的に開発すべきこと。 | C-6）団体は，共同社会内に，力と安定および威信を育成すべきこと。 |
| B-5）団体は，その正規の決定手続きを乱すことなく，団体運営上の手続きにおいては柔軟性をもつべきこと。 | |

（出所）　山口（2010：147-50）。

程を意味する用語である（Ross 1955=1963）。

　また，ロスは，CO の特徴として①自己決定，②地域社会固有の歩幅，③地域から生まれた計画，④地域社会の能力増強，⑤改革への意欲，を示しています。地域の内発的な力，つまり住民の内に意欲やリーダーシップ，意思決定力を育て，自分たちのやり方や歩幅（ベース）で地域をよくしていけるようにすることが強調されたのです。その実践のため，ロスは 13 原則を挙げています（**表11.1**）。こうしたことから，ロスの理論は，問題解決の結果と同等かそれ以上に，過程を重視する（解決過程における住民参加を強調する）CO 論だといわれ，発足間もない日本の社協の活動の理論的基盤として広く取り入れられました。

④ **計画的変革のための CO**

　1960 年代に入ると，公民権運動に象徴されるように，権力構造の変革のための社会運動や社会計画の手法が求められるようになり，CO も従来の穏健なモデルだけでは不十分だと思われるようになりました。そうした社会情勢の中，

J. ロスマンは 1968 年，既存の CO の理論をベースに，「コミュニティ・オーガ
ニゼーション実践の３つのモデル」を提起しました。①小地域開発モデル，②
社会計画モデル，③ソーシャルアクション・モデル，です。①では，住民の幅
広い参加と帰属意識を養う過程に焦点をあて，民主的手続き，自発的協同，土
着のリーダーシップの開発，自己決定などが強調されます。②は，社会問題の
解決・改善を図るために，有限の社会資源の効率的な配分を図るものです。③
は，地域の中で搾取される人々，不利な立場にある人々の問題を解決するため，
地域社会の権力関係を再編すること，不平等な配分を改善し，制度や資源の改
廃・創設を図るものです。

　ロスマンのこの分類モデルは広く知られており，ロスマン自身もこれを元に
新しいモデルを何度か提示したほか，あとに続く CO の理論にも大きな影響を
与えました。

　⑤ ３つのゴール

　コミュニティワーカーが支援するとき，目標設定や評価をどのように行うか
について，３つの視点があります。これらは「ゴール」と呼ばれるので「目
標」なのですが，目標に照らして望ましい成果をもたらしたかどうかを測るう
えでの「評価」視点でもあります。

　１つ目は「タスク・ゴール」です。「課題達成目標」とも呼ばれ，課題の達
成や地域社会のニーズの充足について設定する目標です。評価においては，地
域の福祉問題の解決ができたかどうか，要求されたサービスや活動が実行，向
上されたか，などを判断するものです。

　２つ目は「プロセス・ゴール」で，「過程目標」という意味です。何かの問
題解決への取組みを通して，住民の中に福祉意識を醸成すること，地域の問題
解決力を向上することがここでの視点となります。第一義的には，問題解決が
進んだか（タスク・ゴール）どうかが大事なのですが，その過程に多くの住民が
参加し，地元への帰属意識や責任感，住民同士の連帯感が養われることも同様
に大切です。たとえば今日，大規模団地で「孤独死ゼロ・プロジェクト」が住
民主導で行われていることが広く知られています。「孤独死をなくそう」とい
うタスクに共感して住民が活動するのですが，タスクの成否以外に，住民同士
が知り合い，結束したこと自体も成果です。近隣関係が強固だと，災害や犯罪
など他のリスクにも強い地域になるからです。

3つ目は，「リレーションシップ・ゴール」で，直訳すれば「関係性変容（民主化）の目標」ということですが，もっと具体的に，「権力構造変革の目標」「政治力学変容の目標」などとも呼ばれます。プロセス・ゴールと同様，取組み過程の成果に着目するものですが，草の根民主主義の実現，福祉サービス供給を支配している権力構造への住民・当事者の声の反映，関係機関・団体の水平的な関係構築などがどれだけ進められるかが焦点となります。

## ｜ これからのコミュニティワーク ｜

　以上のような経緯で発展したコミュニティワークの今日の機能には次のようなものがあります。①地域の調査やアセスメント，②福祉ニーズと社会資源の間の連絡・調整，③地域住民や福祉関係者の学習・訓練，④福祉当事者や住民の組織化・支援，⑤広報など情報提供，⑥福祉サービスなどの企画・開発，⑦ソーシャルアクション（社会活動），⑧地域福祉計画の立案，というものです（松永ほか編 2002：82）。

　主に社協実践で用いられてきた日本のコミュニティワークは，町内会・自治会や民生委員などの地縁型のシステムが張り巡らされているという日本独自の状況を前提として発展してきた経緯があります。しかしそれは，集落単位で共同労働・相互扶助を保ってきた農村型社会のモデルでもあり，住民の仕事や生活様式が多様化し，「地域ばなれ」も進んだ今日，「地域の共通課題を共同的に解決する」ことに同調しない人が増えているのが実状で，その意味では伝統的なコミュニティワークに綻びが生じ始めているともいえます。近年の福祉関連法・政策が社会的孤立をカバーするようになり，コミュニティソーシャルワーカーの専門職配置が全国で進んでいるのも，そのような地域の変容を受けているといえます。

　とはいえ，住民同士の支え合いにおいて，地域という空間を共有していることの優位性は，地域ばなれが進む今日にあっても，直接の「つながり」を大事にする人がいるかぎり，コミュニティワークは（形を変えつつも）必要な技術であり続けるのではないでしょうか。現に，コミュニティカフェや子ども食堂，無料塾のように，地域のニーズを見つけて柔軟に充足する住民の発想力・行動力は，時代とともに広がりを見せています。

　また，たとえば住民参加型在宅福祉サービスでも，当初はボランティア銀行

## Column ⑫ コミュニティソーシャルワーカーとコミュニティワーカー

　地域福祉を推進するソーシャルワーカーを大ざっぱに分類すれば，「コミュニティワーカー」と「コミュニティソーシャルワーカー」（CSW）がいることは，本書を通して学んでいただけたと思います。前者は主に北米，後者はイギリスから紹介された理論を日本流に吸収し，展開させてきました。

　日本にコミュニティ・オーガニゼーション（今では「コミュニティワーク」の呼称が主）の理論が本格的に紹介されたのは，戦後まもなく，GHQ（連合軍総司令部）の指導を受けて社協が組織された時でした。地域の問題に住民が気づき，地域の中で対策・予防できるように促す専門家は「コミュニティ・オーガナイザー」と呼ばれました。町内会などの地縁型住民組織が日本中につくられたのはそれよりはるか昔のことですし，民生委員の制度ができたのも戦前のことです。したがって，社協のコミュニティワーカーは，地域に張り巡らされたこれら地縁型の組織やシステムという土台の上に，「地域のみんなの困りごと（共通課題）を共同で解決しよう」という呼びかけに住民が応じてくれるだろうという前提で成立しえたともいえます。

　一方，今日，社協や社会福祉法人などに CSW の配置が進んでいる背景には，地域社会の変容が深刻な問題をもたらしていることがあります。地域で住民同士の親密な付き合いをする人は過去数十年間で急速に減り，雇用も不安定になる中，孤立社会化，少子高齢化，過剰な個人主義などによって住民間の関係は弱くなり，個人・世帯が抱える問題はより個別的・複合的かつ見えにくくなっています。CSW はこうした問題を抱える一人ひとりの心情や事情に向き合い，個別的なアセスメントをして，地域の人と協働して支え合う仕組みをつくろうと努力しています。

　社協の場合，これらの専門職が別々の予算や事業に配置されることがあるので，あたかも別々に動いているように見えることがあるのは事実です。しかし，実際にはそれぞれの特性を活かして協力し合っています。たとえば，一つの社協組織内でコミュニティワーカーと CSW が連携しケースに対応する次のような事例が見られます。CSW がごみ屋敷やひきこもりなどの当事者に対し，初動期の緊急介入として個別的に関わり，行政職，医療職，警察などの専門家と連携して支援したのち，日常的な見守り・支援の段階に移行してからは，コミュニティワーカー（福祉活動専門員，ボランティアコーディネーター，生活支援コーディネーターなど）が引き継いで，住民ボランティアと共にその人を支える，というものです。こうした場合，社協組織内，そして地域との連携プレーで「関係者全員でコミュニティソーシャルワーク機能を成り立たせている」といえるかもしれません。

や善意銀行という形で始まり，やがてボランティアの点数制度や時間預託システムのようなものへ発展しています。「地域通貨」（特定の地域や商店街などだけで使える貨幣）や「ワーカーズ・コレクティブ」（地域の問題解決と雇用創出の融合，共同出資によってペイドワーク〔収入のある仕事〕と主婦が担ってきたアンペイドワーク〔収入のない仕事〕の中間の仕事を創出するなど）のような新形態も受け入れられています。さらに，生活困窮者自立支援制度における中間的就労や学習支援，介護保険制度の生活支援体制整備事業など，近年の法・政策でも住民主体の活動に期待するものが増え，「相談支援員」「生活支援コーディネーター」といったこれらの制度の専門職には連絡・調整や資源開発などのコミュニティワークの技術が求められています。社会からの要請に合わせて，コミュニティワークも継承と発展が必要です。

 ## グループワーク

### 地域福祉にとってのグループワーク

　当事者組織，ボランティアサークル，各種の実行委員会や計画策定委員会など，地域福祉実践においてはさまざまな集団が活躍します。家族や友人などの自然発生的な集団と異なり，これらは特定の目的・機能のもとに意図的につくられた集団ではありますが，いずれにしても人間が集まると，メンバー間でさまざまな影響を与え合いますので，それを援助のために活用しようとするのがグループワーク（集団援助技術）です。コミュニティワーカーなどが集団の立ち上げや運営支援をする機会は多く，グループワークの知識や技術が求められます。

　皆さんも，子どもの頃からいろいろな集団に所属してきたことでしょう。多くの人は物心がついた時には家族の一員であり，また遊び仲間の一員だったでしょうし，就学後は学校，部活・サークル，アルバイトなど，所属集団はさらに増え，行動範囲も広がったことでしょう。振り返ると，幼少時は自然発生的で身近な集団に所属するのが中心だったのが，年齢が上がるとともに選択的・機能的な集団に広がっていったことと思います。このように，人間は「社会的

な存在」であり，通常，複数の集団に所属しているのです。

　皆さんの所属してきた集団では，メンバー同士でさまざまな影響を与え合ったことでしょう。互いに尊敬や愛着の念を抱くことや，衝突・対立もあったと思います。そのように集団内でメンバーの誰かの行動が他のメンバーの反応を生み出すことを「相互作用」といいます。

　人間はさまざまな集団経験を通じて，人格を形成し，社会的なスキルも獲得していきます。グループワークは，生活上の問題・ニーズをもつ人々に，意図的な集団経験を通じてそれらの獲得を促すソーシャルワークの一方法です。援助者はグループワーカーと呼ばれ，集団内に発生する仲間意識，支え合い，リーダーシップ，問題への対処などの力動（グループ・ダイナミクス，集団力学）に着目し，相互作用を通して個人・集団の成長を促します。

## ┃ 代表的モデル ┃

　グループワークの対象には，深刻な問題で追い詰められている人々の集団もあれば，ボランティア活動を通じて社会の役に立ちたい，一人ではできない経験をしたいという人々の集団もあります。したがって，グループワーカーは対象・ニーズや目的によってアプローチを変えることになります。よく知られている3つのモデルを挙げておきましょう。

### ① 治療モデル

　地域では，切迫した問題に直面し，挫折感や痛みを抱えている人々がいます。家族を失ってしまった遺族，精神疾患をもつ人，事故や病気で身体障害を負った人，介護や育児のストレスを抱えている家族，アルコール・薬物やギャンブルの依存症で家庭や仕事を失った人，性的少数者であることで不当な扱いを受けている人，受刑者あるいは刑余者，そして自死を考えている，もしくは試みた（自殺念慮・企図）人など，列挙してもきりがありません。

　一人で孤立しているとパワーレスな（力のない）状態に陥り，「なぜ，自分だけが」と思い詰めるばかりですが，同じ境遇・立場の人（ピア）との出会いや語らいの中で生きる力を取り戻すことがあります。セルフヘルプグループは，このような場合によく用いられる手法です。同じ立場で理解し合える空間で安心して感情を吐露し，受け止め合う「分かち合い」を通して，苦しみや失望から徐々に解放されることがよくあります。気持ちがある程度前向きになれば，

社会復帰・再就職や生活スキルの獲得が次の課題となるので、「ロール（役割）モデル」となるピアの人から話を聞くなど、自立に向けた段階に入ります。

援助者は、メンバーの心身の状況や回復段階を見守りながら、メンバー個人や集団の目標に向かって成長することを支援します。メンバーの変化に着目しますので、ここでのグループワーカーの役割は「変化させる人」（change agent）とされます。このモデルは、R. ヴィンターなどの理論に基づいてつくられました。

② 相互作用モデル

集団経験は、個人では決してできない成長機会を与えてくれます。地域福祉においても、趣味・特技を活かしたボランティアサークルや各種委員会など多様な集団があり、メンバーは活動を通して社会を知り、責任感や行動も向上させています。

このモデルでグループワーカーは媒介者であり、メンバー間、メンバー－ワーカー間、メンバー－社会間の有機的・互恵的関係をめざし、関係を円滑化させ、不均衡を修正します。W. シュワルツが主唱者です。

③ 社会的諸目標モデル

NPOやボランティア団体などは、ミッション（使命）に共感する人々が集まって取り組むのですが、社会のニーズを満たすことはもちろん、活動・運動に参加した人々が「市民」としての生き方（citizenship）を涵養する場ともいえます。社会への責任意識をもち、社会に参加し、個人の成長と社会変革につなげるという概念に基づきます。G. L. コイル、H. U. フィリップス、G. コノプカが提唱したモデルとして知られています。

## グループワークの諸要素

集団は生き物のように変化します。中学や高校でいうと、クラス替え当初は知り合いが少なく、教室は緊張感でいっぱいですが、時の経過とともに硬さも取れ、生徒同士の交流も活発になります。文化祭などの目標に向けて全員で取り組むと団結力も高まります。その頃には何でも言い合える半面、衝突も起こりがちになります。やがて、次のクラス替えや卒業が近づくと寂しくなり、別れの記念の儀式（メッセージを交わす、一緒に旅行や遊園地に行く、卒業式など）をします。いずれも大事な経験ばかりです。援助目的でつくられた集団でも、同

様の変化があるため，グループワークではその変化も援助の要素として重視します。

　ところで，グループワークでは，メンバーは「プログラム活動」に取り組みます。プログラム活動には「言語的な活動」と「非言語的な活動」があり，上述した語り合い，分かち合いのほか，討論，懇談などは前者に含まれます。後者では，キャンプ，ハイキング，スポーツ，工作，絵画，音楽などがあります。たとえば治療モデルの話し合いを月に1回のペースで開催し2年間続けるとか，障害児と健常児の合同キャンプを1週間行うといった要領です。

　さて，集団の変化に話を戻しますが，野村武夫は「グループワークの援助過程」として，5段階を挙げています（野村 1999）。第1は「準備期」で，メンバーとなる人が円滑に集団に入れるよう，グループワーカーはメンバー個々と面談して準備します。第2の「開始期」では，メンバーたちが顔合わせをし，プログラム活動に取り組みながら集団をスタートさせる時期です。第3は「作業前期」で，活動への取組みが深まります。メンバーは相互をよく理解し，役割分担もできて集団として発達が見られます。グループワーカーは，開始期こそ集団の牽引役をしますが，軌道に乗ってくると徐々に介入を弱め，メンバー自身が考え，行動できるように促します。つまり，主導権をメンバーに渡し，側面的援助に徹するわけです。第4の「作業後期」では，集団として安定する時期で，個人と集団がどれだけ成長したかをメンバーとともに評価します。第5は「終結期」です。メンバーの自立に向け，よい終わりを経験できるよう配慮します。共同作品づくり，発表会，お別れ会などで「別れの体験」をするほか，必要に即して別の支援機関への橋渡しなどをし，援助を終結します。

　プログラム活動への取組みを通じて，メンバー間の関係が深まり，互いに励まし合ったりフォローし合うような，いわゆる「いい集団」になっていくことが期待されるのですが，その集団としてのまとまりを「凝集性」といいます。凝集性が強まると，メンバーが自然と「私たち」と呼ぶようになり，「われわれ意識（we-feeling）」が生まれていることがわかります。グループワーカーはそれを成長させようとします。

　また，凝集性の強いグループになると，いろいろな意見が出る半面，意見の衝突や対立が生まれます。それを「葛藤」というのですが，グループワーカーはそれを成長のチャンスととらえ，メンバーが適切に対処できるよう支援しま

す。葛藤の解決をうまく経験できると凝集性がさらに強まりますし，失敗すると解散などもありえますので，最大限の配慮が必要です。

このような経過で集団が成長できるよう，グループワーカーは準備期の段階から終結期を見据えて援助計画を立て，随時記録を付け，それをもとにモニタリングや評価を行います。その視点は，メンバーが個人としてもつ課題やニーズを充足できたか，集団としての目標が達成できたか，そしてメンバーの周囲の人々や地域，あるいは社会にとってその集団がどういうインパクトを与えたか，といった複眼的なものとなります。

## ┃ さまざまな場面で用いられるグループワーク ┃

グループワークは，福祉施設で働く援助者からも，社協などで働くコミュニティワーカーからも，頻繁に用いられている技術です。あえて「グループワーク」という呼び方はしていないとか，援助者がグループワークだと意図していなくても，実際には使っていることが珍しくありません。

たとえば，中途障害者の施設の中で行う，あるいは家族介護者や遺族となった人々などが集まって行う「分かちあい」，アルコール依存症患者による「AAミーティング」（患者同士の体験談や語り合いを通して酒を飲まずに過ごそうとめざす活動。AA は Alcoholics Anonymous の略）などは，ピア同士の安心感や信頼感の中で徐々につらい気持ちをやわらげ，自分らしさや生きる力・スキルを取り戻していくことをめざすもので，典型的な「治療モデル」です。一方，施設で行う趣味のサークル活動やクラブ活動，季節ごとのイベント・文化祭やキャンプなどは，利用者が役割を担うことで，一人だとできない経験ができ，その過程で協調性や責任感，達成感，社会的スキルなどを身に着けていく「相互作用モデル」に当てはまるでしょう。

コミュニティワーカーが子ども食堂や無料塾の活動をバックアップするとき，子どもたちのための「治療モデル」や「相互作用モデル」であると同時に，運営を担うボランティアの人々が「社会的諸目標モデル」としての成長を経験していくのを手伝っているともいえます。また，社協で各種プロジェクトや委員会，住民座談会などを行い，住民の協議・協働を促進するとき，「相互作用モデル」のグループワーカーとしての役割を演じているのではないでしょうか。なお，こうした住民の話し合いでは，よく「ワークショップ」と呼ばれる小集

団の技法が用いられます。立場や年齢，考え方の違う人々が意見を出し合い，多様な価値観を学び合うには，その場を円滑に進め，参加者の気づきを促していく「ファシリテーター」の存在が大事ですので，このような場に臨む援助者は，事前にひと通り習得しておくことが望ましいといえます。

　例に挙げたような場面において，グループのニーズ（メンバーが個人として求めるものと，集団として求めるもの）に沿ったプログラム活動を提示し，時間とともに変化し，成長するメンバーの状態を見極めながら支援していくには，グループワーカーとしての役割を果たすこと，つまりグループワークの理論と技術を備えていることが重要です。また，理論上は代表的な3つのモデルに分類されていますが，現実の人間の集まりは複雑なので，上の例にもあったように，モデルを組み合わせる必要があることもあります。時には，中心となるモデルを途中でA→Bと変えたりすることもあるでしょう。変えるとは，たとえば，子育てに悩み，孤立していた親たちのための子育てサロンが，長く続けるうちにその役割を終え，今度は第三者（子育ての経験が浅く，悩んでいる親たち）をサポートする子育てボランティア・グループに発展することもあるかもしれません。その場合，当初は主として「治療モデル」のためにつくられた集まりが，あとになって「社会的諸目標モデル」に変化したと考えられます。このようにグループの状態やニーズを的確に分析・評価しながら，その時々に必要な支援ができるのがグループワーカーの専門性です。

第**12**章

# 地域福祉の推進方法⑵

## STORY

　美咲たちが出ている「地域福祉論」の講義で、「数人でチームをつくり、好きな地区を選んで『地域アセスメント』をしなさい」という課題が出た。美咲は翔吾・彩加・ミンと一緒にチームをつくり、作戦会議を開いた。まずは地区選びからだが、ミンが大学近くのこはる市島本地区にある留学生会館に住んでいることから、その地区のアセスメントをすることにした。

　地区が決まったら、福祉ニーズをもつ人々や社会資源の全体像を把握するところからスタートだ。4人は手分けをして、こはる市のホームページなどで情報を集めた。その情報を持ち寄ってキャンパス内のグループ学習室に集合した4人。

　「活動している機関や団体、思ったよりたくさんあったね」「でも、実際にどん

なことをしているのか全然わからなくない？」「ホームページだけじゃ限界あるかもね」。やはり，実際に動かないとちゃんとした情報は集まらないし，感じることも少ない。美咲は，以前社協や施設を見学したことを思い出して，「見学に行こうよ」と提案した。

　結果，見学に行くことになったのは，高齢者のデイサービスセンター，障害者のグループホーム，就労継続支援Ｂ型の事業所，児童館，そして地区社協が運営する子ども食堂やサロン，NPOによる若年性認知症の当事者・家族の会。数が多くなってしまったが，実際に現場を見るのはわくわくするし，自分の視野も広がる気がする。

　アポイントをとっていると，タイミングよく，訪問先の一つである障害者団体が翌週に「福祉マップ」をつくるという。美咲たちはそれにも参加させてもらうことにした。他の団体も，快く訪問を受け入れてくれた。

　福祉マップづくりの当日は，マップをつくるために当事者，団体のスタッフ・ボランティアの方々と一緒に島本地区の街歩きをすることになった。

　「ここは段差があるからチェックしましょう」と，歩きながら細かいところをしっかりチェックする団体の方々と行動をともにしながら，美咲は自分の中で景色の見え方が変わってきたのを感じた。段差，坂道，交通量の多い道。普段は気にしていなかったけれど，こうしてみると障害をもつ人，高齢の人にとっては，バリアは意外に多い。

　団体の事務所に戻ると，歩きながらチェックをしたバリアや役に立つ情報を，みんなで白地図に書き込んだ。こうしてつくった「福祉マップ」は，もうすぐ策定の始まるこはる市の地域福祉計画の会議でプレゼンし，福祉のまちづくりに反映してもらうのだという。「当事者の視点で町を見て，誰もが生活しやすい町になればいいなと思っているの」と，団体スタッフは熱く語ってくれた。

　美咲たちは，こうして自分たちが見聞きした内容，新たに知ったことや課題を表とマップにまとめて，山中先生に提出した。時間も労力もかかったけれど，終わってみると地域福祉をより身近に感じている自分に，美咲は気づいた。

　「地域福祉，もっと知りたくなってきたかも」と提出後につぶやく翔吾に，美咲は「私も！」とうなずいた。

# 1 個別アセスメント

## 利用者の発見とニーズ把握

　日本の社会福祉制度は，申請主義と批判的にいわれるほど，福祉サービスを必要としている本人や家族からの電話や来所による申請に基づいて支援が開始されることが一般的です。しかし，地域福祉の支援対象は，必ずしも介護の必要な高齢者や障害者などの制度の対象者であると明確に判断できる人ばかりではなく，一見すると福祉の支援対象とはならないような地域住民や外国人，若者，企業や団体等が支援対象となる場合もあります。地域福祉は，以前から制度の対象とならないような人々の福祉問題を支援対象としてきました。たとえば，母子家庭の支援が一般的で，父子家庭の支援は考えられていなかった時代に，大阪府枚方市社会福祉協議会は父子家庭支援を実施しました。現在は，母子及び寡婦福祉法も「母子及び父子並びに寡婦福祉法」に改称されています。このような地域福祉の視点が支援からもれる人々を発見し，その人を助けるサービスや資源がなければ社会資源開発を行い，新たな支援システムを構築してきたのです。

　つまり，個別アセスメントを考える前提として，利用者の発見とニーズ把握は不可欠な取組みであり，アウトリーチ（専門職や専門機関から支援が必要な人へ訪問するなどの方法で近づいていくこと）によって訪問型支援としてこちらから出向いていきながら，一般住民の中から支援が必要な人を発見する視点が求められます。

　また，地域福祉を推進するためのソーシャルワークにおいてニーズ把握は，その原点ともいうべき支援のポイントであり，ニーズ把握をするためにはアセスメントは必ず行われなければならない支援です。アセスメントをしないで支援をするということは，医者が診察をせずに手術や薬を処方するようなものです。つまり，たいへん危険な支援行為であるということができるのです。ソーシャルワーカーは，事務所に座って利用者が相談に来るのを待つだけでなく，アウトリーチを行い，利用者を発見し，ニーズ把握を行う視点を持ち続けなけ

ればならないのです。

## 個別アセスメントの視点

　個人アセスメントではなく，なぜ個別アセスメントなのでしょうか。それは，利用者本人のみのアセスメントをするのではなく，同居している家族など世帯を構成する一人ひとりのアセスメントをしたうえで，世帯全体として個別課題のアセスメントをすることを意味しています。利用者は，一人で生活をしているのではなく，家族や友人，職場や学校などのさまざまな人間関係・社会関係の中で生活しています。その関係性をとらえることなしに，個人の身体状況などのADL（日常生活動作）や料理や金銭管理などのIADL（手段的日常生活動作）のアセスメントをすることは，利用者の生活の全体性を見ることにはならないのです。とくに，家族の状況を全体的にとらえ，周囲の人々への働きかけも視野に入れた支援を考えていくためには，エコマップの作成による視覚的な社会関係の理解が重要となります。ソーシャルワークの支援は，医学モデルではなく，ライフ（生活，人生）モデルであり，生活全体を見ることが重要なのです。

　改めて整理すると，個別アセスメントは，利用者の生活の全体性からとらえることが重要です。この全体性を整理すると，①身体的状況だけでなく精神的状況も見ること，②問題だけでなく強さも見ること，③個人だけでなく周りの人々も見ること，が基本的な視点となります。こうした観点から地域で暮らす一人ひとりの全人的理解が求められるのです。

　身体的な状況だけでなく精神的な状況の両面からアセスメントを行う場合には，相手が大切にしている思いや価値観に注目することが求められます。一人ひとりの健康観や人生観，幸福観をふまえたうえでの支援でなければ，これからの生活を主体的に築いていく動機づけにはなりません。また，支援者は，相手自身では解決できない問題に対して必要な支援を行うため，相手の弱さや問題に注目しなければなりませんが，それだけでは偏ったアセスメントになりかねません。必要な支援は相手を活かしますが，必要以上の支援は相手の力を奪ってしまうことになるのです。利用者本人がもっている力を最大限に活かしながら支援をしていくためにも，利用者のもっている力や強みのアセスメントをすることは，課題面のアセスメントをすることと同様に重要なのです。

　また，強さを活かしたストレングス・アプローチを展開していくためには，

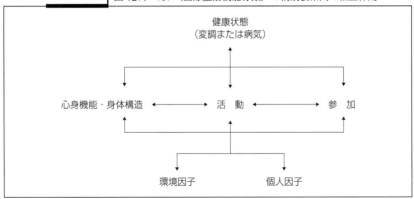

健康状態
（変調または病気）

心身機能・身体構造　←→　活　動　←→　参　加

環境因子　　　　個人因子

リフレーミング（支援の見方をプラス面からとらえなおすこと）が重要です。これは，ややもすると問題としてとらえられがちな情報を意識的に強さに置き換えてみる視点です。とくに，処遇困難ケースといわれるような事例の場合，利用者本人の課題面ばかりが目につき，支援の糸口が見えない場合があります。そのようなときこそ，リフレーミングによって，利用者本人の強さや力をアセスメントによって見出すことは支援を進めていく重要な方法となるのです。

　WHO（世界保健機関）のICF（国際生活機能分類）は，障害のとらえ方として，個人因子と環境因子の相互作用でその人の活動や参加の状況が異なり，それらは心身機能や身体構造にも影響を与え，健康状態を良好にも，悪い影響をも与えるとしています（図12.1）。これは，たとえば，車いすで生活している障害者の周囲の環境がバリアフリーやユニバーサルデザインの環境で送迎サービスが豊かにあり，駅へのアクセスも便利な人の場合と，同じ車いすで生活している障害者でも周囲にバリアが多くあり，ユニバーサルデザインの環境が整っておらず，送迎サービスも限定されていて，駅へのアクセスもたいへん不便でエレベーター等の設備も整っていない場合，この二者は，社会参加の機会や活動の機会に大きな差が生じることは明らかです。そのために生じる社会的な障害は大きく異なり，その社会とのつながりの差が，心身の状況や健康にも大きな差を生じさせるのです。つまり，個人の障害が同じであっても，環境因子の違いによって，その人が抱える障害の度合いが大きく違ってくることを意味しているのです。私たちは，個人因子のみで障害者を判断することなく，環境因子を豊かにしていくことで，障害者の生活を豊かにしていくことが求められるの

です。

## 信頼関係の構築と潜在的ニーズの把握

ICFの視点は，ソーシャルワークの支援全体にも共通していえることです。個人が抱えている身体的な課題や精神的な課題のみに囚われるのではなく，その周囲の状況や関係性に着目することは，個別アセスメントには不可欠な視点なのです。

また，個別アセスメントにおいては，ソーシャルサポートの視点が必要です。人は，他者と相互に助け合って暮らしているという視点をもちましょう。この視点をもつことで，周囲と本人や家族との関係性が見えてくるはずです。

そして，個別ニーズを把握するためには，伝統的な個別援助技術（ケースワーク）の視点の理解が必要です。利用者，家族，支援している人々のニーズのアセスメントをすることや人の理解，信頼関係の構築，表出することが困難なニーズの存在，少数者の声を反映・代弁することなどを大切にしましょう。信頼関係が構築されてはじめて援助者の声が利用者に届くようになります。信頼関係が構築されない中でのアドバイスや助言は，本当の意味で利用者には届かないことが多いのです。

また，表出されにくいニーズや少数者の声を大切にし，代弁していくことはソーシャルワーカーの生命線であり，個別アセスメントの視点として忘れてはならないでしょう。この潜在的ニーズに関連して，第11章の「コミュニティソーシャルワーク」の節でブラッドショウの「ソーシャルニード」について解説していますので，そちらを参照してください。潜在的ニーズは，本節の「利用者の発見とニーズ把握」で述べたことと共通点が多いのですが，見えにくいニーズのことを意味します。利用者との信頼関係が構築されることによって，それまで利用者が口にしなかった課題を聴くことができたり，新たなニーズの発見につながることがあります。言語的なコミュニケーションによるニーズの表明だけに囚われることなく，非言語的なメッセージやシグナルをソーシャルワーカーとして見落とさないようにしましょう。さらに，表出されないニーズをどのようにキャッチするかが重要になります。利用者本人を抑圧してしまっている欲求や個人の欲求を抑圧してしまう環境状況などの把握ができれば，表出困難になっているニーズ把握にもつながります。ニーズを表出しにくくして

いる原因を発見するよう心がけましょう。

　また，個別アセスメントをする際，注意しなければならないことは，サービスの適否からアセスメントをしないということです。サービスにニーズを当てはめてしまうと，アセスメントからニーズがもれたり，表明されないニーズを把握しにくくなってしまいます。社会福祉協議会の職場は，事業担当ごとに分かれていることが多く，自分の業務内容や担当しているサービスに利用者を合わせて支援内容を考えてしまう場合があります。しかし，あくまでも支援は本人のニーズを起点として行われるべきであり，制度に本人を当てはめるような支援をしないように心がけなければなりません。制度に当てはめた支援を行うと，制度利用の可否に判断が囚われてしまい，適切なアセスメントができず，ニーズ把握ができないままに個別アセスメントが終わってしまう可能性が高いのです。サービスの実施要綱などに利用者の規定があり，それに基づいて支援が行われている場合などは，まさにこのような支援のもれが生じる可能性が考えられます。自分自身が担当している業務だけで支援を考えるのではなく，利用者本人のニーズに基づいて支援を考え，その支援が自分の働いている組織にない場合は，他事業所を紹介することができるような視点が求められるのです。

## ┃ 個別課題から地域課題へ転換する視点と方法 ┃

　利用者個人や家族への個別アセスメントにより，そのニーズが把握されますが，そのニーズを個別性に基づいて個別にとらえるだけでなく，そのニーズが他者にも当てはまるものではないかという視点が重要です。その視点は，さまざまな利用者が抱える共通のものとして「課題の普遍化」につながっていきます。「同じ問題を抱えている人はいないか」という問題意識は，常にもっていることが必要でしょう。

　そして，個別課題から地域共通の地域課題へと転換していくためには，第1に，個別ニーズを集約すること。第2に，自分の働いている地域の地域課題と照らし合わせて確認すること。第3に，一人の個別ニーズの場合でも，将来的に多くの人々への支援につながる可能性が高いものであれば，一つのニーズが地域課題になることが考えられます。個別ニーズを集約し，利用者群を顕在化・見える化させることは，地域課題へとつながっていく契機となります。また，個別ニーズを地域課題と照らし合わせることは，個別ニーズが地域課題の

ニーズとして共通性があるかを考えることとなります。共通性があれば，それは地域課題となっていきます。また，個別ニーズの地域全体への影響・状況の重大性を考えることが重要です。一つの個別ニーズがその地域にとって重要な課題の認識となる場合があります。このような視点は，一人ひとりを個別化する視点と脱個別化として課題の普遍化を行う視点との両方をもつことにつながるのです。

　地域福祉の支援において，個別アセスメントと地域アセスメントは一体的に実施される必要があります。個別アセスメントを行うとともに，地域アセスメントを行い，地域課題と利用者本人の個別課題を結びつけることによって，より効果的な支援計画を作成することができます。個別アセスメントを適切に行う力を身につけることは，地域福祉を推進するうえで重要なこととなっているのです。

 # 2　地域アセスメント

## 地域アセスメントとは？

### ① 地域アセスメントの必要性

　個別支援の時と同様，地域支援においても「見立て」（アセスメント）の段階で十分な情報を得なければ，それに続く「手立て」（援助計画，プランニング）も狭くなり，住民や福祉当事者が感じているニーズと支援の間にズレが生じてしまいます。地域生活課題を（すでに起きているものだけでなく，潜在的なものも含めて）把握すること，また解決資源となる有形無形のものを見つけ出すのが「地域アセスメント」です。

　地域アセスメントでは事前の情報把握・分析・評価を行うのですが，コミュニティワーカーなどが専門職のレベルで行うもの，住民や関係団体などが自分たちの活動のために地域を調べる（また，それをコミュニティワーカーが手伝う）ものなど，いろいろなレベルがあります。情報把握と一口にいっても，アンケートやインタビューなどの社会調査を行うものから，まち歩き，福祉マップづくり，タウンミーティング，住民座談会などによるものまで幅広く，アセス

メントを通して地域を学ぶ教育的な意味や，主体間の協働のための基盤づくりになるなど，豊かな地域福祉実践の布石となるのが地域アセスメントです。

　地域アセスメントは，コミュニティワークの方法の一つです。歴史的に見ても，コミュニティワーカー（もしくはソーシャルワーカー）にとって，コミュニティを把握することは実践の前提として重視されてきました。A. ダナムは，「あらゆるソーシャルワーカーにとって，コミュニティの基本的な状況の把握は不可欠で，それなしによい実践を行うことはできない」と述べ，地理的状況，歴史，人口，行政，住宅と計画，経済水準，教育，健康，レクリエーション，社会福祉，宗教，コミュニティの態度や関係について理解しておくことの重要性を主張しています（Dunham 1958）。また，E. C. リンデマンは，地域ごとの特徴を次のように分類しています（Harper and Dunham eds. 1959）。①大都市部，②産業地区，③商業地区，④行政機能の中枢地区，⑤教育機関の集中する地区，⑥医療機関などの公共機関の多い地区，⑦大都市郊外の住宅地，⑧海・山などのリゾート地区，⑨農村地区，⑩宗教・思想・芸術的傾向の共通する地区などです。こうして見ると，地区によって特徴がかなり違い，住民の暮らしや気質，生活課題も違うので，画一的な対策やサービスでは解決しません。なるべく個別的に「地域性」をとらえることが，アセスメントでは重要なのです。

　地域福祉の実践では，福祉当事者に対する個別支援をする時もあれば，組織化・支援ネットワークづくりや居場所・サービス・人材育成などの資源開発のようなアプローチをする時もあります。そのため，地域アセスメントの必要性を整理すると次のようになります。

　・個別支援を行ううえでの活用可能な社会資源を探す
　・個別ニーズが地域ニーズであるかを検証する（課題の普遍化）
　・地域単位でのニーズの傾向・動向をつかむ
　・住民や関係者に理解と協力を求める時に，地域状況を伝える資料として活用する（問題の共有化）
　・住民活動を起こす時に，実現可能性と活動の他の事業等への波及の可能性を探る
　・新しい事業や資源開発を提案する
　・理想的な「まち」に近づけるための必要条件を探る

② 地域福祉にとっての圏域

　ところで，漠然と「地域」といっても，具体的なとらえ方はさまざまです。たとえば地元の集まりで地域の問題について話し合っていても，ある住民は町内会・自治会のエリアを，別の人は普段の買物や通院など自分の行動範囲（生活圏）を思い浮かべるかもしれません。一方，行政の人は役所の支所を置いて管轄する範囲など（行政区）を想定し，ケアマネジャーや地域包括支援センターの職員は，自分の担当エリアや福祉サービス圏域のことを話しているかもしれません。

　民生委員が近くの町内会と連携しようとしても，それぞれの地区割りが一致していないため，うまくいかない例も散見されます。このような成り立ちは，地域によって異なるため，画一的なとらえ方は避けるに越したことはありません。とはいえ，政策化・予算化するとなるとある程度の枠組みが必要なので，たとえば地域包括ケアシステムの場合は「日常生活圏域」（概ね中学校区を想定），生活支援コーディネーターの場合は「第1層」「第2層」「第3層」という具合に提示されています。

　図12.2は，2008年に「『これからの地域福祉のあり方に関する研究会』報告書」で示されたモデルですが，このように地域を重層的にとらえ，どの圏域で何をするのかを検討する必要があります。たとえば，住民が日常的に見守り・声かけ訪問する場合は1～2層ぐらいでないと負担が大き過ぎますし，大規模な資源開発なら4～5層くらいで考えることが多いでしょう。

　地域アセスメントや，それに続く活動計画づくりにおいては，こうした重層的な圏域において，フォーマル資源・インフォーマル資源，もしくは自助・共助・公助（第8章参照）がどう動いているか，どういう連携や支援が必要なのかを，構造的につかむことが重要です。

## アセスメントの対象

① 何をアセスメントするか

　地域アセスメントを行う時には，既存の資料を調べたり，調査（住民へのアンケート，関係者へのインタビューやヒアリングなど）をするなどして情報を集めます。タウンミーティングや住民懇談会のように，多くの人が集まって地元の問題点や将来への課題などを話し合う場や，まち歩きや福祉マップづくりのよ

（ある自治体を参考に作成したものであり、地域により多様な設定がありうる）

県域・広域の利用施設・市町村間で共用するサービス等

県域・広域

県の機関

**5層：市町村全域**

市町村全域を対象とした総合的な施策の企画・調整をする範囲
＊市町村全域を対象とした
公的機関の相談・支援

児童相談所　など

地域包括支援センター
障害者相談支援事業所
福祉事務所
社会福祉協議会　など

**4層：市町村の支所の圏域**

総合相談窓口や福祉施設がある範囲
＊公的な相談と支援をブランチで実施

**3層：学区・校区の圏域**

住民自治活動（公民館等）の拠点施設がある範囲
＊住民の地域福祉活動に関する情報交換・
連携、専門家による支援・活動計画の作成や参加

地域包括支援センター
のブランチ　など

**2層：自治会・町内会の圏域**

自治会・町内会の範囲
＊自治会・町内会の防災・防災活動、民生委員活動、
ふれあいいきいきサロン等の日常的支援の実施

地域福祉推進の地区レ
ベルのブラットホーム
（住民自治協議会福祉部
地区社会福祉協議会
など）

**1層：自治会・町内会の基礎的な範囲　班の圏域**

要支援者の発見、見守り、災害時支援などの実施
＊見守りのネットワーク活動などの実施

（出所）　厚生労働省「「これからの地域福祉のあり方に関する研究会」報告書」2008 年。

うに，楽しみながら地域について知り，協力し合う機運を高める手法も有効です。つまり情報には数値で測るもの（量的データ），性質でつかむもの（質的データ）があり，どちらも重要なのです。皆さんも，まずはホームページで自治体の統計データや，地元の福祉施設，気になる問題などを検索してみてください。

② 地域特性のアセスメント

アセスメントの手始めに，地域という空間やコミュニティという人の集まりが，全体としてどのような特徴をもっているのかを把握します。いわば，コミュニティワークのためのもっとも基本的な情報の収集です。具体的には，以下のような項目について調べていきます。

・人口動態……人口・世帯数，タイプ（人口増加型・人口安定型・人口減少型）など

・福祉ニーズをもつ人々の数……高齢者数（独居数，老老世帯数など含む），高齢化率，障害者（手帳所持者）数，待機児童数，ひとり親家庭数，生活保護受給世帯数・受給率，外国籍住民人口など

・時間軸的な特徴……人口推移，高齢者の推移など

・空間軸的な特徴……地域特性（行政地区・農業地区・工業地区・商業地区・旧市街地・新興住宅地区など）

・地域の歴史・文化……伝統的な産業，祭り・行事，宗教など，住民の暮らしぶりや気質，住民同士を結びつける紐帯や誇りとなるものなど

③ 社会資源，地域集団・組織のアセスメント

地域にはさまざまな住民集団・組織，公的機関・施設，企業・商店街，大学など，地域福祉の活動主体となりうる社会資源はいくつもあります。専門機関について調べることに加え，一見すると福祉とは関係のない主体についても調べてみると，福祉（制度）の限界を打破するきっかけが見出せることがあります。「福祉×農業」「福祉×住まい」「福祉×教育」など，福祉が異分野へと「越境」してコラボレーションをすると斬新な発想が生まれることがよくあります。フードバンク，学習支援などはまさにその典型例といえます。「福祉活動の次の担い手が見つからない」といった嘆きはよく聞かれますが，閉塞状況にある時こそ広い視野でネットワークを広げたいものです。アセスメントの項目としては次のようなものがあるでしょう。Aは，地域福祉に関わりのありそ

うな集団・組織にはどのようなものがあるかの，いわば「洗い出し」，Bは，それらがどのような運営状況なのかの「健康診断」といえます。

A 地域福祉を推進する集団・組織

① 住民集団……町内会・自治会，高齢者関係（老人クラブ，一人暮らし高齢者の会，家族介護者の会，教養・趣味サークルなど），児童関係（PTA，子ども会，子育て支援の会，スポーツクラブ，子ども図書館，母子・父子家庭の会など），障害児・者関係（当事者の会，家族の会など），その他NPO・ボランティア団体など。

② 福祉関係の公的機関……行政，社協，社会福祉施設・機関など。

③ 福祉隣接領域の機関……医療機関，教育・住宅・雇用に関する機関など。

④ 福祉以外の集団・組織……地元企業・商店街など。

⑤ その他の資源の状況……利用者の生きがいや社会参加を支援していくための「活動」「参加」を支援するプログラム，関係機関・団体のネットワークの状況など。

B 各集団・組織の運営状況

会員の組織率・参加率，活動内容，運営・経営の状況など。

以上のようなことについて情報を集めていくのですが，地域の実情に即して，**表12.1**のようなアセスメント・シートを作成するとよいでしょう。

## ニーズ・資源の把握方法

ニーズ把握のためには，上で述べたようにインターネットや各種資料などですぐに調べられるものもあれば，社会調査の手法を用いて情報を集める方法もあります。アンケートのように，多数の傾向・動向を統計的につかむ量的調査もあれば，インタビューやヒアリング，タウンミーティング・住民座談会，町歩き・フィールドワーク，参与観察，事例分析などで住民や当事者の一人ひとりの生活感覚を知る質的調査もあります。

また，援助者にとっての情報把握はそれだけでなく，日々の利用者との関わりで得られるものも，貴重なデータになります。利用者や当事者一人ひとりの「思い」や「語り」についてもっとも知っているのは援助者で，信頼関係のうえではじめて得られる情報です。また，実践現場での日常的な活動記録も，第三者では決して手にすることのできないものです。「どういう相手に」「どうい

**地域福祉圏域別　基礎データ**

〇年〇月〇日現在

| 項　目 | | 圏域内数 | 全市数 | 入手先 |
|---|---|---|---|---|
| 人口 | | 人 | 人 | |
| | 年少人口<br>0〜14歳（年少人口率） | 人<br>（　　%） | 人<br>（　　%） | |
| | 生産年齢人口<br>15〜64歳（生産年齢人口率） | 人<br>（　　%） | 人<br>（　　%） | |
| | 老齢人口<br>65歳以上（高齢化率） | 人<br>（　　%） | 人<br>（　　%） | |
| 自治会数 | | | | |
| 世帯数 | | 世帯 | 世帯 | |
| 民生委員児童委員数 | | 人 | 人 | |
| | 主任児童委員数 | 人 | 人 | |
| 単位老人クラブ数 | | | | |
| 要介護認定者数 | | 人 | 人 | |
| | 要支援1・2 | 人 | 人 | |
| | 要介護1 | 人 | 人 | |
| | 要介護2 | 人 | 人 | |
| | 要介護3 | 人 | 人 | |
| | 要介護4 | 人 | 人 | |
| | 要介護5 | 人 | 人 | |
| 障害者手帳所持者数 | | | | |
| | 身体障害者手帳 | 人 | 人 | |
| | 療育手帳 | 人 | 人 | |
| | 精神保健福祉手帳 | 人 | 人 | |
| 高齢者世帯数 | | 世帯 | 世帯 | |
| | 独居世帯数 | 世帯 | 世帯 | |
| | 高齢者二人（夫婦）世帯数 | 世帯 | 世帯 | |
| ひとり親世帯数（児童扶養手当受給者） | | 世帯 | 世帯 | |
| 小学校数 | | 校 | 校 | |
| | 児童数 | 人 | 人 | |
| 中学校数 | | 校 | 校 | |
| | 生徒数 | 人 | 人 | |
| 高等学校数 | | 校 | 校 | |
| | 生徒数 | 人 | 人 | |
| 特別支援学校数 | | 校 | 校 | |
| 不登校児童・生徒数 | | 人 | 人 | |
| 保育園数 | | | | |
| | 私立保育園 | 園 | 園 | |
| | 公立保育園 | 園 | 園 | |
| | 児童館 | 館 | 館 | |
| 幼稚園数 | | 園 | 園 | |

**社会資源リスト**

| 項　目 | | 名　称　等 |
|---|---|---|
| 社会福祉施設等 | 高齢者福祉施設 | |
| | 障害児・者福祉施設 | |
| | 児童福祉施設 | |
| | その他 | |

| 活動拠点 | 共同利用施設・地域利用施設等 | |
| | 自治会館等 | |
| | 学校関係 | |
| | その他 | |
| 公園 | | |
| 医療機関 | 往診可能な病院 | |
| 生活関連機関等 | よく利用されている商店等 | |
| 教育施設 | | |
| その他活用可能な社会資源 | | |

**人的資源リスト**

| 項　目 | | 名　称　等 |
|---|---|---|
| 団体・グループ | 福祉活動団体（地区社協含む） | |
| | ボランティアグループ | |
| | NPO | |
| | その他の団体 | |
| 個人 | コミュニティ活動 | |
| | 福祉活動 | |
| | その他 | |

**地域課題**

**A. 高齢者問題**

| 課　題 | |
|---|---|
| 要　因 | |
| 援助目標（1年） | |
| 援助目標（3年） | |

**B. 障害者問題**

| 課　題 | |
|---|---|
| 要　因 | |
| 援助目標（1年） | |
| 援助目標（3年） | |

**C. 児童問題**

| 課　題 | |
|---|---|
| 要　因 | |
| 援助目標（1年） | |
| 援助目標（3年） | |

**D. その他**

| 課　題 | |
|---|---|
| 要　因 | |
| 援助目標（1年） | |
| 援助目標（3年） | |

**その他特記事項**

| |
|---|
| |

（出所）　栃木県社会福祉協議会・とちぎ社協コミュニティワーク研究会編（2009：96-99）より，一部修正・抜粋。

うことをしたか」「その結果どうなったか」を集計，記述するだけでも，新たな実践のための根拠として十分な量的・質的データになることも少なくありません。

## 実践向上のための根拠として

　地域アセスメントでの分析に基づき，地域福祉計画・（小）地域福祉活動計画などを立て，よりニーズにマッチした実践へと展開させていきます。

　ソーシャルワーカーは，制度で決められたことを決められたとおりにするだけでなく，むしろ，社会的に弱い立場にある人々の「誰にも知られていない生きづらさ」に気づき，援助の方途を創出することにこそ本分があるといえます。そのためには，より広い視点で理解・協力を得ることも不可欠で，そのためにもアセスメントのデータは大きな役割を果たします。

　新しい課題に気づき，開発的に実践しようとしても，所属組織内でコンセンサスが得られない（援助が必要だと認められない）こともしばしばあります。また，多くの住民に協力を呼びかけたり，行政に施策化・予算化を訴えなければならない場面もあります。そういう場合，数値・グラフなどで視覚的に示すことで説得力が増しますので，広報紙やプレゼンテーション資料などの「見せ方」にも注意が必要です（もちろん，不正確なデータや捏造は論外ですが）。データに基づいて実践を向上させていくことを，EBP（evidence based practice：根拠に基づいた実践）といい，地域アセスメントはそのためにも欠かせない技術です。

 # 地域福祉計画

## 住民・当事者と一緒に地域の将来を描く

　「地域福祉計画」は，自治体が策定主体となる福祉計画ですが，自治体だけでつくるのではなく，どのような地域をこれからめざすのか，地域福祉をどのように推進していくのか，を住民や福祉当事者と一緒に考え，決めていくものです。市町村で策定する「市町村地域福祉計画」と，都道府県による「都道府県地域福祉支援計画」があります。2000年の改正社会福祉法成立時に法的に

規定され，全国で策定が進みました。2017年の同法改正では，それまで自治体の任意とされていた策定が努力義務となったこと，また，それまで高齢者，障害者，児童などに分かれていた各分野に「共通して取り組むべき事項」について定めることが示されました。

　ところで地域福祉計画は，法的根拠を得る以前から，先駆的な自治体や社協によって策定されてきた経緯があります。武川正吾はその系譜を，①社協主導の段階（1980年代末まで），②行政化の段階（1980年代末から90年代），③地域福祉計画の段階（2000年以降）と分類しています（武川 2007）。もともと地域福祉計画は，主に社協の活動の基礎理論であるコミュニティ・オーガニゼーションの技術の一つと認識されていました。全社協の牧賢一は，1953年の『社会福祉協議会読本』において，地域の課題解決のための福祉計画（共同計画）の必要性を主張したほか，71年には「地域福祉計画」の語を，コミュニティ・オーガニゼーションにおける目標設定として使用しました。こうして，地域福祉計画の概念は1970年代から確立されてきました。

　1980年代になると，在宅福祉サービスが社協の重要な戦略となったことを機に，市町村社協が83年の社会福祉事業法改正で法制化されました。このような時期に，社協が備えるべき専門技術としての地域福祉計画がますます重要視されるようになり，全国社会福祉協議会は84年に『地域福祉計画──理論と方法』を刊行しました。これにより地域福祉計画の概念が具体化され，住民・当事者参加による策定の技法も確立されていったのです。

　1989年には，東京都が「三相計画」構想を打ち出しました。これは，地域福祉推進計画等検討委員会による『東京都における地域福祉推進計画の基本的あり方について（答申）』で提起されたもので，都が策定する「地域福祉推進計画」，区市町村が策定する「区市町村福祉計画」，区市町村社協や住民が策定する「住民活動計画」の3つをつくり，相互に補完し合って地域福祉を推進させることを提唱し，のちの地域福祉計画や地域福祉活動計画（後述）の考え方に大きな影響を与えました。

## 社会福祉法における地域福祉計画

　市町村は，住民に身近な自治体であり，地域生活課題やニーズに即した地域福祉のありようを示すべき立場にあるといえます。必要なサービスの内容・量

や基盤整備などを地域福祉計画に盛り込むことによって，公私協働による地域福祉推進の第1ステップとすることができるでしょう。また，都道府県は広域的な行政として，市町村単独での対応が困難な課題などに鑑み，市町村を支援する施策を計画に盛り込むことなどが必要といえます。

このようなことから，2018年4月1日施行の改正社会福祉法では，市町村と都道府県の地域福祉（支援）計画の規定は**表12.2**のようになっています。

このように，第107条，第108条ともに，住民などの関係者の意見を反映することの必要性が謳われています。行政計画とはいっても，同法第4条で規定する「協力者，推進者」としてのこれらの主体の実質的な参加を策定過程において担保することが，自治体には求められるのです。

## 地域福祉計画の新たな展開

現在は，「我が事・丸ごと」地域共生社会の実現に向け，政策・実践両面において取組みが求められています。住民レベルでは，周囲の問題に関心を寄せ，自分（たち）の問題としてとらえる価値意識・視点や行動規範を養うこと，また自分たちが住み続けたい地域，楽しめる活動づくりに参画することが求められており，行政や専門機関のレベルでは，縦割りの制度・サービスの仕組みに横断的な運用のできる仕組みをつくり，多様な分野の主体と連携できる体制づくりが，従来以上に必要とされています。

また，社会福祉法人には地域における公益的な取組みが求められるようになり，利用者へのサービス以外に，制度の狭間に埋もれた問題・ニーズの発見・支援など，地域生活課題への対応が進んでいます。加えて，急速に増加する空き家や空き店舗・空き教室を拠点とした取組み，企業など営利セクターによる社会貢献活動なども盛んに行われています。

このような状況下，地域福祉計画には，多様な主体による総合的な福祉の推進をデザインすることが求められます。もう少しかみ砕いていえば，以下のようなことがあるでしょう。福祉内各分野（高齢者，障害者，児童など）をつなぐ，あるいは福祉と福祉以外の分野（医療，教育，雇用，住宅などの福祉隣接分野から，一見すると福祉とは関係が薄く思われる商業，農業などの分野まで）を取り結ぶ総合化，住民・当事者参加を促進し，支え合い機能の向上を図ること，実際の福祉活動のための圏域の設定，そしてめざすべき福祉コミュニティの姿をゴールと

---

**市町村地域福祉計画**

第 107 条

1　市町村は，地域福祉の推進に関する事項として次に掲げる事項を一体的に定める計画（以下「市町村地域福祉計画」という。）を策定するよう努めるものとする。

一　地域における高齢者の福祉，障害者の福祉，児童の福祉その他の福祉に関し，共通して取り組むべき事項

二　地域における福祉サービスの適切な利用の推進に関する事項

三　地域における社会福祉を目的とする事業の健全な発達に関する事項

四　地域福祉に関する活動への住民の参加の促進に関する事項

五　前条第 1 項各号*に掲げる事業を実施する場合には，同項各号に掲げる事業に関する事項

2　市町村は，市町村地域福祉計画を策定し，又は変更しようとするときは，あらかじめ，地域住民等の意見を反映させるよう努めるとともに，その内容を公表するよう努めるものとする。

3　市町村は，定期的に，その策定した市町村地域福祉計画について，調査，分析及び評価を行うよう努めるとともに，必要があると認めるときは，当該市町村地域福祉計画を変更するものとする。

**都道府県地域福祉支援計画**

第 108 条

1　都道府県は，市町村地域福祉計画の達成に資するために，各市町村を通ずる広域的な見地から，市町村の地域福祉の支援に関する事項として次に掲げる事項を一体的に定める計画（以下「都道府県地域福祉支援計画」という。）を策定するよう努めるものとする。

一　地域における高齢者の福祉，障害者の福祉，児童の福祉その他の福祉に関し，共通して取り組むべき事項

二　市町村の地域福祉の推進を支援するための基本的方針に関する事項

三　社会福祉を目的とする事業に従事する者の確保又は資質の向上に関する事項

四　福祉サービスの適切な利用の推進及び社会福祉を目的とする事業の健全な発達のための基盤整備に関する事項

五　市町村による第 106 条の 3 第 1 項各号*に掲げる事業の実施の支援に関する事項

2　都道府県は，都道府県地域福祉支援計画を策定し，又は変更しようとするときは，あらかじめ，公聴会の開催等住民その他の者の意見を反映させるよう努めるとともに，その内容を公表するよう努めるものとする。

3　都道府県は，定期的に，その策定した都道府県地域福祉支援計画について，調査，分析及び評価を行うよう努めるとともに，必要があると認めるときは，当該都道府県地域福祉支援計画を変更するものとする。

---

（注）　*は，市町村が取り組む「包括的な支援体制の整備」に関する条文のこと。

して示すこと，などがあります（佐甲 2018：211-13）。

　先の社会福祉法改正でも「高齢者の福祉，障害者の福祉，児童の福祉その他の福祉に関し，共通して取り組むべき事項」（第 107 条 1 項 1 号・第 108 条 1 項 1 号）が盛り込まれたのですが，こうした時代背景を映し出すものだといえます。

共通事項の内容としては，以下のようなことが想定されています（佐甲 2018：214-15）。

- ・さまざまな課題を抱える者の就労や活躍の場の確保等を目的とした，福祉以外のさまざまな分野との連携
- ・福祉分野のうち，とくに重点的に取り組む分野
- ・制度の狭間の問題や生活困窮者への相談対応の体制や共生型サービスの展開など各分野横断的な相談体制や福祉サービス等の展開
- ・居住や就労に困難を抱える者等への横断的な支援
- ・市民後見人等の育成や活動支援，判断能力に不安がある者等への権利擁護のあり方
- ・高齢者や障害者，子どもに対する虐待への対応や支援等のあり方
- ・保健医療・福祉等の支援を必要とする犯罪をした者等への社会復帰支援
- ・地域住民等が集う拠点の整備や既存施設等の活用
- ・圏域の考え方の整理（「我が事・丸ごと」の地域づくり，各福祉分野や福祉以外の分野の圏域の整理等）
- ・地域づくりにおける官民協働の促進や地域福祉への関心の喚起を視野に入れた寄附や共同募金等の取組みの推進と地域づくりに資する複数の事業を一体的に実施するための補助事業等を有効に活用した連携体制
- ・役所・役場内の全庁的な体制整備

なお，本改正において，地域福祉計画策定は自治体の「努力義務」（それまでは任意）となったほか，自治体の各福祉計画の「上位計画」と位置づけられました。

### 他の計画との連動

自治体では，「高齢者保健福祉計画」「障害者福祉計画」「児童育成計画」など対象別の計画を策定するほか，「まちづくり」「防災」「教育」「健康づくり」など，福祉に隣接する分野の計画も立てて施策につなげています。地域福祉計画は，これらの分野別計画の一つではなく，諸施策を横断的につなぎ，地域づくりを総合的に推進する役割が求められています。厚生労働省も，2002年の『市町村地域福祉計画及び都道府県地域福祉支援計画策定指針の在り方について（一人ひとりの地域住民への訴え）』において，地域福祉計画と他の福祉関係計

画の関係について「高齢者，障害者，児童等に係る計画との整合性及び連携を図り，これらの既存計画を内包する計画」という性格を強調しています。

　そのほかにも，市町村社協が中心となって策定する民間計画の「地域福祉活動計画」というものもあります。地域で福祉活動を進める住民・住民組織（町内会・自治会やNPO・ボランティア団体など），関係団体などで策定するもので，法的規定はないものの，多くの社協で策定されています。行政計画である地域福祉計画は，地域福祉活動計画との連動が望まれています。たとえば，ある市の自治体が策定する地域福祉計画を「理念計画」（地域の課題や実情をふまえ，めざすべき地域の姿や地域福祉の考え方などを示す）と位置づけ，その市の社協が策定主体となる地域福祉活動計画を「行動計画」（理念を実現するため，誰が・いつ・何を担うかなどを示す）とするなどによって，一体的な取組みが可能になります。

## ┃ 策定の体制と方法 ┃

　さて，実際に地域福祉計画を立てようとするときには，一般的に，「策定委員会」という組織（名称は自治体によりさまざまです）をつくり，数カ月から1〜2年間程度をかけて策定します。策定委員会の委員は，福祉関係者（行政の担当者，社協・福祉施設の職員，民生委員・児童委員，町内会・自治会の代表者など），その他の分野の関係者（保健，まちづくりなど）といったメンバーで構成するのですが，住民参加・当事者参加を重んじるという計画の特性に鑑み，福祉当事者・支援団体や公募による一般住民などを委員に含めることがよくあります。

　また，委員会の下に「分科会」（作業部会，ワーキンググループなど）を設け，計画に盛り込むべき内容をより詳細に検討するなどの作業を行うことが一般的です。分科会には，障害，子育てなどの「テーマ（課題）別」や「地区別」などの形態があります。

　策定にあたり，まずは地域の状況や課題などの情報を集めます。行政の統計データ（地区別の人口構成，福祉当事者の人数など），住民アンケート，福祉当事者・支援者へのヒアリングといった調査手法のほか，「まち歩き」や「福祉マップ」づくりを行うと，情報収集しながらも参加者の間で担い手としての自覚や人脈が生まれます（詳細は前節の地域アセスメントを参照）。また，地区別に「住民懇談会」などと呼ばれる集会を開き，より多くの住民や当事者から意見

　地域福祉計画の策定においては，住民や福祉当事者がどれだけ参加できたかが成否を握っているといっても過言ではありません。そのための代表的な方法として，住民懇談会などを開いて「ワークショップ」を行うことを本章でも紹介しました。ワークショップとは，少人数での話し合いやゲームなどのアクティビティ（活動）を通して参加者が互いの考え方や意見を学び合い，問題や解決策を明らかにしたり，市民としての主体的な意識や協働的な態度を養おうとする手法で，まちづくり，生涯学習，アートなどさまざまな分野で用いられています。

　通常，ワークショップの場には，「ファシリテーター」と呼ばれる人がいます。ファシリテーターは，話し合いや進行を促す人のことですが，決して先生役ではなく，また参加者の意見の良し悪しを評価することもしません。ワークショップでは，「参加するすべての人が先生であり，生徒でもある」という関係性の中で，多様な価値観や視点，知識などを柔軟に受け入れ，刺激を与え合うことがねらいだからです。

　山本克彦によれば，ファシリテーターの役割には，①集団全体の把握とともに，そこに存在する個人の状況を把握する，②〝状況〟に対し，最適な方法で柔軟にアプローチする，③集団の中の個人が，周囲と関係を築く支援をする，④学びの意識化を促進する，⑤全体を通して〝距離感〟を配慮する，があります。

　住民懇談会などでは，時間的制約があり，初対面の人ばかりということも多いので，最初に緊張をほぐし，楽しい雰囲気の中で活発に意見交換できるように，ファシリテーターは心配りをするのです。

を募ることも効果的な方法です。そこでは，ワークショップなどの方法により，参加者が自由に地域のことを話し合えるように配慮します。

　策定作業が大詰めを迎える時期には，「素案」という形で公開し，住民向けフォーラムやパブリック・コメントなどの機会を設けて広く意見を募ります。そこで得られた修正意見などを計画に反映できるか吟味して，いよいよ計画書が完成します。計画書のことをより多くの人に理解してもらえるよう，要点を簡潔にまとめた「概要版」が同時に発行されることもよくあります。通常，計画期間は有限（5年間前後）で，その期間中に誰が何をするかが示されます（ス

ケジュールや役割分担が不明瞭だと，なかなか物事が進みません）。計画期間の終盤には，次の期の計画策定に向けた準備が始まる，というサイクルになっています。

　地域福祉計画は，「どんな計画をつくるか」以上に「いかにしてつくるか」，つまり多くの住民や当事者が参加し，意見聴取できたか，地域福祉推進の機運を醸成する契機となったかが大事だといわれます。また，「絵に描いた餅にしないこと」，つまり計画をつくることがゴールでなく，計画を足がかりにして地域の福祉を前へ進めることこそがゴールです。何事においても plan（計画）─do（実施）─check（確認）─action（改善）の PDCA サイクルが重要で，地域福祉計画でも，立てた計画の進行管理や評価が必要です。そのため，策定後は「推進委員会」などを組織して，計画に沿って施策や実践・活動が進められているかの評価や，次の期の計画への提言などを行い，改善の好循環を生んでいきます。

# 4 ボランティアコーディネート

## ▎地域福祉推進におけるボランティアコーディネートの意義 ▎

　ボランティアセンターでは，ボランティアをしたい人と，してほしい人をつなげる働きをしてきました。また，ボランティアをしたい人に幅広い理解を深めるための研修会や講習会を開催しており，活動中の事故等を補償するためのボランティア保険の手続きや寄附の受付も行ってきました。しかし，このような社会福祉協議会が運営するボランティアセンターの役割は，平常時においてはほとんどその必要性を失いつつあります。なぜなら，インターネットの発達により，ボランティアをしたい人は，インターネット上でいくらでもボランティアを募集している人の情報を得ることができます。また，ホームページやSNS を通じて，相互にやり取りをして，ボランティアに応募することも可能です。つまり，単なるボランティア活動をしたい人と，してほしい人を結びつけるだけのボランティアセンター機能は，災害時を除いては，ほぼその役割を終えたと筆者は考えています。

では，もうボランティアセンターは必要ないのでしょうか。また，ボランティアコーディネート機能は，不要なのでしょうか。そんなことはありません。改めて，地域に顕在化，潜在化している地域課題を地域住民に伝えていくことが重要な役割になると考えています。地域にある課題に対応し，ボランティアグループを立ち上げるために研修会を企画することや地域貢献型学習としての福祉教育プログラムを企画し，子ども・若者が参加して地域問題を解決することに貢献しながら学習していくサービスラーニング（地域貢献型学習）を行うことも重要なボランティアコーディネートの機能です。このような地域課題に対応しないで，従来のボランティアグループや活動を維持するだけのボランティアセンターは，すでに相談者も減少し，閑古鳥が鳴いていることでしょう。ボランティアをしたい人が来るのを窓口に座って待っていて，従前から相談に来ている一部の障害者や高齢者のためだけにボランティアの需給調整をしているボランティアセンターは，すでに役割を終えていると筆者はいいたいのです。

　現在は，ボランティア入門講座を企画しても，参加者は数名しか集まらないという声が聞こえてきます。その理由は，先に述べたとおりです。ボランティアセンターに期待しているボランティアや市民活動団体のボランティアコーディネート機能と，ボランティアセンターで働いているボランティアコーディネーターの考えているボランティアコーディネート機能は異なっているのでしょうか。ボランティア・市民活動を行う地域住民が求めているボランティアコーディネート機能とは何なのかを考えていくこととしましょう。

## ボランティアコーディネーターの8つの機能

　では，改めて，これまでボランティアコーディネート機能を発揮するボランティアコーディネーターは，どのような役割を発揮するものといわれてきたのでしょうか。特定非営利活動法人日本ボランティアコーディネーター協会では，ボランティアコーディネーターについて，次のように定義をしています。

　　ボランティアコーディネーターとは，「一人ひとりが社会を構成する重要な一員であることを自覚し，主体的・自発的に社会のさまざまな課題やテーマに取り組む」というボランティア活動を理解してその意義を認め，その活動のプロセスで多様な人や組織が相互に対等な関係でつながり，新

たな力を生み出せるように調整することにより，一人ひとりが市民社会づくりに参加することを可能にするというボランティアコーディネーションの役割を，仕事として担っている人材（スタッフ）のことをいう（日本ボランティアコーディネーター協会 HP 2019）。

　同協会は，上記のようなボランティアコーディネーターの定義をしたうえで，その機能として 8 つの機能を示しています。

1. 受け止める　市民・団体からの多様な相談の受け止め
2. 求める　活動の場やボランティアの募集・開拓
3. 集める　情報の収集と整理
4. つなぐ　調整や紹介
5. 高める　気づきや学びの機会の提供
6. 創り出す　新たなネットワークづくりやプログラム開発
7. まとめる　記録・統計
8. 発信する　情報発信，提言，アドボカシー

　さらに，次のように指摘しています。「実際には，この 8 つの役割は，互いに関連しあっています。とくに『つなぐ』は残り 7 つの役割の中心に位置づけられるものです」（日本ボランティアコーディネーター協会 HP 2019）（図 12.3 参照）。

## ボランティアの意味とボランタリズム

　ボランティアの原語は，英語の volunteer です。この言葉は英語の will にあたる，ラテン語の volo（「ウォロ」と読みます）を起源とし，「志す」「進んで行動する」の意味をもちます。ボランティアと深く関連する用語にボランタリズムという言葉があります。Y のないボランタリズムと Y のあるボランタリズムの 2 つがあり，ボランタリズムは，「主意主義（voluntarism）」という人間がもっている「意志」を重要視する意味と，国家からの自立を求め権力から自由な教会や結社の自由などの考え方を起源とするボランタリイズム（voluntaryism）の 2 つの意味があります。この「自由意志」と「権力からの自由」という 2 つの意味には，ボランティアが個人の自由な意志に基づいている

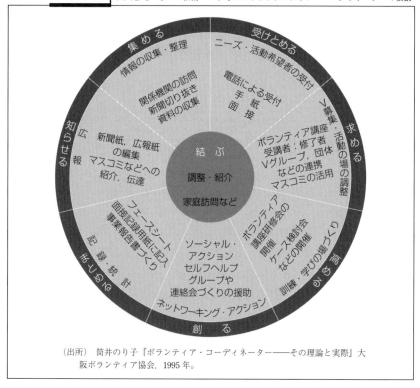

（出所）　筒井のり子『ボランティア・コーディネーター——その理論と実際』大阪ボランティア協会，1995年。

ことと，権力などから活動を強制されないというボランティア活動の基本理念が示されています。

　また，ボランティア活動とよく一緒に使われる「市民活動」という言葉があります。この「市民」とは，行政区域である市の住民という意味のほか，「社会問題の存在を自覚し，その解決に主体的に取り組む人々」という意味があります。「市民活動」とは，後者の意味から行われている活動であることを大切にしてください。

　次に，ボランティア活動の性格について考えてみましょう。第1に，ボランティアの基本理念に基づいて「自発性・主体性」が挙げられます。誰かから強制されるものではなく，自ら行う活動であることが重要です。第2に，「公共性・社会性（連帯性・福祉性）」です。その活動が社会的に開かれたものであり，人々の連帯に基づいていることをさします。これは，行政のように住民に公平に提供されることを意味しているのではなく，「まちづくり活動」のように社

会問題の解決のために状況に応じて柔軟に活動に参加するという公共の福祉につながる活動を意味しています。第3に，「無償性」です。この意味は，ボランティア活動に報酬や経済的な対価を求めないことです。使命（ミッション）や社会的な自己実現のために取り組まれる活動を意味します。「有償ボランティア」という言葉が使われますが，活動実費を超えて対価をもらう活動は，ボランティアではありません。しかし，近年，NPOや市民活動の中でボランティア活動が行われるようになり，その活動の「非営利性」や「継続性」が重視される中で，一定の経費や謝礼を容認する考え方も増えてきています。さらに，これらの考え方に，「創造性・先駆性・変革性」などを加えることもあります。つまり，ボランティア活動は，ボランタリズムの「自由意志」と「権力からの自由」に基づいた市民による社会的な活動なのです。

## ┃ ボランティアコーディネーターの職場 ┃

　ボランティアコーディネーターが働いている職場は，社会福祉協議会のボランティアセンターだけではありません。ボランティア協会やNPOセンター，社会福祉施設，学校，企業などでボランティアセンター機能を発揮している団体もあります。ボランティアコーディネーターが働いている職場は，大きく3つに分類することができます。「①中間支援組織型，②ボランティア受け入れ組織型，③ボランティア送り出し組織型」の3類型です（大阪ボランティア協会・岡本・筒井・早瀬ほか編 2004：61）。

　中間支援組織型とは，活動希望者と社会のさまざまなニーズをつなぐことを役割とする団体におけるタイプです。ボランティアコーディネーターは「ボランティアの応援を求める市民」と「ボランティアとして活動を希望する市民（組織）」との中間の位置にあり，第三者性がより強い立場になります。活動希望者も活動内容ともに非限定的です。

　ボランティア受け入れ組織型とは，施設，病院，NPOなど自ら活動や事業を展開している団体で，ボランティアを受け入れ，支援するタイプです。組織内でボランティア受け入れの目的や内容を明確にし，それに沿って，オリエンテーションや研修を行います。組織の目的や事業内容により，活動者や活動内容がある程度想定されます。

　ボランティア送り出し組織型とは，学校，企業など自らの設置目的と事業を

もちつつ，構成メンバーがボランティア活動にも参加する団体で，メンバーの自発性を引き出すための情報提供や働きかけが重要です。活動者は構成メンバーに限定されますが，活動内容は個々の希望に合わせて多様です（大阪ボランティア協会・岡本・筒井・早瀬ほか編 2004：61）。

ボランティアコーディネート機能は，上記のような職場で展開されています。地域福祉は，多様な組織や団体が参加することが求められます。そのためには，それらの組織，団体をコーディネートするボランティアコーディネート機能が求められるのです。その機能が発揮される職場は，上記のように多様化しているのです。

## ┃ 災害時におけるボランティアコーディネート機能

1995 年に発生した阪神・淡路大震災では，130 万人を超えるボランティアが活動し，この 1995 年は「ボランティア元年」といわれました。2011 年に発生した東日本大震災では，154 万 5667 人が岩手県，宮城県，福島県の 3 県で活動をしています（2018 年 3 月現在，全国社会福祉協議会全国ボランティア・市民活動振興センター調べ）。約 155 万人のボランティア活動者が被災地で活躍をしているのです。

多くのボランティアが被災地で活動することは大変素晴らしいことですが，これだけ多くのボランティアが駆けつけた場合，ボランティアコーディネートは誰が行うのでしょうか。東日本大震災の被災地の場合，東北では人口数千の町もありました。その町での平時のボランティア活動は，1 日数件のボランティアコーディネートをすれば，日常的な業務としては十分だったでしょう。しかし，災害時には，1 日 100 名，多い場合には 1 日数百名を超えるボランティアが被災地に応援にやってくるのです。個人のボランティアだけではなく，災害支援に詳しい NPO やはじめて被災地支援に取り組む企業や団体もあるかもしれません。そのような災害時のボランティアコーディネートは，どのように行われるのでしょうか。

第 1 に，災害ボランティアセンターを立ち上げます。なぜなら，通常のボランティアセンターだけでは，災害時に被災地の応援に来てくれるボランティアや組織・団体をコーディネートできないからです。災害ボランティアセンターと通常のボランティアセンターの違いは何でしょうか。それは，たとえば，社

会福祉協議会ボランティアセンターの事務所に，NPO等他団体のスタッフが
ボランティアコーディネーターとして常駐し，社会福祉協議会のボランティア
コーディネーターと一緒に活動する状況が災害ボランティアセンターです。災
害ボランティアセンターは，社会福祉協議会ボランティアセンターを拡充して
災害ボランティアセンターを立ち上げることが一般的です。つまり，災害ボラ
ンティアセンターとは，社会福祉協議会のボランティアコーディネート機能を
地域社会に開き，応援を頼み，多様な団体やスタッフと共に災害時のボラン
ティアコーディネートにあたっていくことなのです。

　第2に，災害ボランティアコーディネートを行う人材の確保です。大規模災
害時には，災害に詳しい有能なスタッフが必要です。被災地には，地域防災計
画で災害時のボランティアコーディネートについて想定していたとしても，そ
の想定を超える被災状況になる場合が多いのです。大規模災害の際には，中央
共同募金会から災害ボランティアコーディネートに詳しいスタッフが派遣され，
全国社会福祉協議会ボランティア・市民活動振興センターも全国の社会福祉協
議会に応援を依頼し，ブロック単位で災害ボランティアコーディネートの経験
がある有能なスタッフを被災地に派遣してくれます。災害ボランティアセン
ターは，現地スタッフだけで運営することは困難です。継続的な人材派遣の仕
組みが確保されてこそ，災害ボランティアセンターは機能することができます。
しかし，災害ボランティアセンターに応援に来るスタッフは，現地のことを詳
しく知りません。他県から来るボランティアが安全に活動するためには，地元
ボランティアセンターのボランティアコーディネーターの力は不可欠なのです。
そのため，大きな負担に地元スタッフが押しつぶされてしまわないように，全
国からボランティアコーディネーターとして派遣されるスタッフは，地元のボ
ランティアコーディネーターを精神的にも身体的にも支えていくことが求めら
れるのです。

　第3に，活動財源・資金です。災害時のボランティアコーディネーターの人
材確保や災害ボランティアセンターの運営資金のために，多くの財源が必要と
なります。財源は，共同募金の災害等準備金が災害当日から活用され，その後，
国による補正予算により災害ボランティアコーディネーターの人件費や活動費
が確保されます。

　第4に，市町村を超える広域支援の視点です。これまで述べてきたように，

災害時のボランティアコーディネートは，市町村単位での地域福祉支援を超えます。自分の自治体だけでは，支援を行うことができない場合には，近隣市町村や都道府県，国の応援が必要となります。東日本大震災においても，岩手県では遠野市にボランティア支援拠点を設け，沿岸部釜石市などの市町村を支援していきました。この考え方は，行政レベルの支援においても活用されました。災害時のボランティアコーディネートには，広域支援の視点は不可欠なのです。

　以上のように，災害時のボランティアコーディネート機能は，たいへん重要です。災害時にボランティアコーディネーターが活躍するためには，平時からボランティアコーディネート機能が発揮される環境が確保されていなければ，ボランティアコーディネーターは活動を続けていくことができません。平時のボランティアセンターは，地域課題を発見し，それを地域住民に提示し，必要なボランティアグループを立ち上げるなどの地域づくりの取組みを進めていくことが求められます。このような平時のボランティアコーディネート機能が有効に機能していてこそ，災害時にもボランティアコーディネート機能が発揮されるのです。ボランティアセンターに新人職員を配置して学ばせることも大切かもしれませんが，ボランティアセンターこそ地域住民と共に地域課題を共有し，共に活動していく場であるとの認識を再確認しなければならないのではないでしょうか。地域福祉は，住民主体による実践です。ボランティアコーディネートは，その実践を支える重要な機能なのです。

　ある大規模災害の際のボランティア活動のエピソードです。

## EPISODE ④

　高校生がはじめてボランティア活動に参加をしていました。その女子高校生は，自宅にいる高齢者の代わりに，市役所が避難所で配布する救援物資をもらうために長蛇の列に並んで，その救援物資を受け取って高齢者宅まで届けるボランティア活動を行うことになりました。

　ある日，その女子高校生が泣きながら災害ボランティアセンターに帰ってきました。理由を聞くと，「何時間も並んで救援物資を届けたのに，高齢者宅に行って玄関のチャイムを鳴らしても出てきてくれない。本人に会えないので玄関先に救援物資を置いて帰ってきたが，こんなことならボランティア活動をやめたい」とのことでした。

　ボランティアコーディネーターは，高齢者宅に電話をして様子を聞いてみることを女子高校生に伝え，その日は自宅に帰るよう伝えました。ボランティアコーディネーターは，その日の夜に高齢者宅へ電話をし，女子高校生が話していることを伝えました。すると，その高齢者は「2 階建ての家で，1 階は地震で暮らせる状況ではない

ので２階で暮らしている。しかし，膝が痛いので動けないため，玄関のチャイムが鳴っても，１階に降りて玄関に出ることができない。その高校生には，たいへん申し訳ないことをした。これからは，２階の窓から顔を出すようにします」とのことでした。

このことを翌日，女子高校生に伝えると「わかりました。頑張って並んで届けます」と笑顔で答えて，ボランティア活動を続けてくれました。

ボランティアコーディネートは，このような役割を担うことが大切なのです。ボランティアは，熱い思いを抱いて活動に参加します。しかし，その思いが伝わっていないと感じることがあれば，活動意欲を失ってしまうこともあるのです。また，支援を受けている人々も，その感謝の気持ちをうまく表現できずにいる場合もあるのです。ボランティアコーディネーターは，このような思いや機能を結びつけていく重要な役割を担っているのです。

# ⑤　社会資源開発

## ▎社会資源開発の必要性

社会福祉問題を解決する仕組みは，初めから整っていたわけではありません。社会福祉問題に向き合ってきた先輩方の数多くの実践によって，現在ある制度やシステムは取り組まれ開発されてきたのです。

地域福祉は，制度が不十分なときには地域住民同士の支え合いやボランティア活動などによって，その課題を解決してきました。地域福祉を推進していくためには，ソーシャルワーク実践が不可欠であり，社会資源開発はそのソーシャルワークにおいて重要なものです。地域福祉が制度だけでは成り立たないことを，本書では繰り返し述べてきました。地域にある多様な課題を解決していくためには，既存の制度や社会資源のみをパッケージ化して支援するだけでは不十分な場合があります。その際には，すでにある社会資源を活用するとともに，新たに社会資源を開発することも求められるのです。

社会資源開発を考えるとき，「ソーシャルワーカーとしての自分の立ち位置を理解すること」が大切になります。なぜなら，ソーシャルワーカーである自

分自身も社会資源となるからです。そして，自分と地域との関係，地域における生活者としての自分，組織の中の自分などを自己覚知することによって，自分と地域における社会資源との関係が見えてきます。利用者を支援するために，自分の働いている地域にはどのような資源があり，自分はそれをどれだけ理解し，活用できているのかを知る必要があるのです。そのうえで，「当事者（利用者）や住民を地域の中の生活者であるとして見つめる視点が大切」になります。ソーシャルワーカーは，福祉の専門職であり，福祉に関する知識は地域住民よりも豊富です。しかし，地域で生活している「生活者」の視点をもっているでしょうか。「燃えるごみの日は何曜日か知っていますか」「その地域の盆踊りは何月何日に行われているのでしょうか」などは，その地域で生活している人であれば知っていることです。しかし，電車で通勤をして仕事のためにその地域に来ているソーシャルワーカーは，福祉専門職ではありますが生活者ではないかもしれません。だからこそ，生活者である地域住民とつながり，その地域のことを教わり，共に活動をしていく必要があるのです。

また，自分が所属している組織は社会福祉協議会なのか，高齢者施設，病院，市役所なのかによっても地域住民との関係性は違ってきます。つまり，自分自身だけではなく，自分が所属する組織との関係性においても社会資源とのつながりは違うことに気づく必要があります。そのために，自分自身を見つめ，社会資源を知ることが必要となるのです。

また，新しい資源を開発するだけが社会資源開発ではありません。すでにある社会資源の意味づけを新しくしたり，資源同士の関係性を構築していくことも社会資源開発となります。社会資源開発は，敷居が高く，特別なことのように考えられることがありますが，そうではありません。身近にある社会資源を見つめ直すことから取り組んでみましょう。

## 社会資源の定義と考え方

ここまで，社会資源との関係を知るために自分の職場や地域との関係性など自分自身の立ち位置を知ること，既存の制度や社会資源のみをパッケージ化して支援をすることだけでは，課題を解決するソーシャルワークを行うことは難しいことを述べてきました。社会資源開発は，複合的な課題や制度の狭間の問題等において既存の制度やサービスでは対応できない場合には，常に社会資源

を開発して支援を行う視点が不可欠なのです。

　改めて，社会資源とは何をさすのでしょうか。田中英樹（2015：161）は，「社会資源とは，利用者の抱えたニーズを充足・解決するために動員・活用される有形無形の人的・物的・制度的・情報的資源を総称したものである。おおよそ福祉に関連する知識や情報，施設や機関，法律や制度，設備や資金・物品，ボランティアや専門職などの人材および人材の有する技術や能力のすべてが含まれる」と定義しています。また，社会資源について分類するという点では，市川一宏（2006：158）によって，「人，もの，金，とき，知らせ」とわかりやすく整理されています。地域のニーズに即した各種の社会資源を改善・開発していくためにも，社会資源に関する理解が必要となるのです。

　また，社会資源開発を学ぶ際には，個別課題を地域課題にする視点を学ぶ必要があります。利用者が抱えている個別課題は，複合的で多様なため，既存の制度やサービスを当てはめるだけの支援では解決しないことが多くなってきました。また，個別課題を地域課題にしなければ，同じ支援を繰り返すこととなります。その場限りの対応を繰り返していると，同じ対応を何度も行うこととなり，ソーシャルワーカーも疲弊していきます。たとえば，「児童相談所が虐待通告を受けてから 48 時間以内に対応する」というシステムは，埼玉県の児童相談所の仕組みを全国の児童相談所で行うようになったものといわれています。このような個別対応をシステム化することで，児童虐待という地域課題に対応できるようになり，同じ問題を繰り返さない仕組みが構築されていくのです。

## ┃ 社会資源開発とソーシャルアクション ┃

　社会資源開発は，新たな仕組みをつくりだします。既存の制度にはないものをつくることは，それまで多くの人々には重視されていなかったものを重要だと投げかけることにもなります。つまり，ソーシャルアクションにつながるのです。これまでハンセン病や薬害エイズ問題がありましたが，近年では「社会的孤立」の問題を地域全体で共有していくことが必要です。地域住民の支え合い活動を行っていく際，多くの住民は「貧困であること」「介護が必要であること」「障害があること」などを活動の理由にします。たとえば，定年退職後に年金収入は豊かにあるがやることが見つからず，何年も地域を目的もなく歩

いている男性は支援の対象となるでしょうか。また，夫もいて収入も安定しているが高齢出産をした母親が育児の失敗を恐れ不安を抱えている場合，経済的に困っていないから支援の対象とはしないということになるでしょうか。現在は，これらの人々は地域の支援対象からは外れてしまうことが多いのです。現在の地域課題としていえば，前者の事例は「介護予防・生活支援」の対象であり，後者は「子育て支援」の対象です。このように，新たな課題を地域に投げかけ，理解してもらうことも社会資源開発であり，それはソーシャルアクションにつながるのです。

　野口定久（2006：361）は，「ソーシャルアクションは社会的に弱い立場にある人の権利擁護を主体に，その必要に対する社会資源の創出，社会参加の促進，社会環境の改善，政策形成等のソーシャルワークの過程の重要な援助及び支援方法の一つである」と定義しています。社会資源開発は，その地域社会を良くしていくためのソーシャルアクションの取組みへとつながるものであることを理解することが必要なのです。

## ｜ 社会資源開発の基本的視点 ｜

　改めて，社会資源開発をしていくためには，どのような視点を大切にしていくとよいのでしょうか。コミュニティソーシャルワーク実践研究会（2013）による『コミュニティソーシャルワークと社会資源開発』という著書の中での整理を筆者がまとめると，①社会資源を開発しようとする志向性，②生活に困っている人への支援は人間関係を育むこと，③その人の問題を，地域みんなの問題にする，④社会資源を開発するためには，スクラップ・優先順位も必要，⑤社会資源開発の出発には，(i)当事者・家族のニーズに応えるベクトル，(ii)ボランタリーな地域住民からのベクトルがある，⑥その人らしく生きたいという願いをカタチにする，⑦新規事業を立ち上げるだけが開発ではない，⑧社会資源開発にもレベルの違いがある，となります。

　これらの意味していることは，社会資源を開発したいと思っていなければ開発することはできないし，人間関係を育むことなくしては社会資源開発が生まれないことを示しています。さらに，地域みんなの問題にする視点や優先順位，考え方，レベルの差などに言及しています。社会資源開発は，新規事業を開発するだけが開発ではないことは，筆者がこれまで述べてきたことです。既存の

社会資源を地域アセスメントによって見つめ直し，発見し，それらを結びつけることや意味づけを変えることも社会資源開発です。社会資源開発は難しいことと思われ，取り組むことを躊躇することが多いといわれます。身近なことから見つめ直し，利用者によい支援を行うために社会資源開発に取り組むことが求められています。

# 福祉教育

## 福祉教育が求められる背景——互いに支え合う地域共生社会の実現をめざして

　社会福祉は，障害のある人や貧しい人など特定の人を対象とするものから，1998年の社会福祉基礎構造改革を経て，「国民すべての人を対象とするもの」となりました。保育サービスや介護サービスは，国民誰もが利用するものとなったのです。

　福祉教育は，子どもたちが学校で福祉のことを学ぶことと考える人が多いかもしれません。しかし，福祉教育は，学校だけではなく，地域で子どもから高齢者まですべての世代の人々が学ぶ必要があるものです。地域福祉を進めていくためには，「地域の課題を知ること」や「そこで暮らしているお互いを知ること」が必要で，そのためには福祉教育が欠かせないのです。これからの地域福祉は，国の「ニッポン一億総活躍プラン」で示されている「地域共生社会の実現」が重要な目標です。地域共生社会は，すべての人に役割と出番があり，障害のある人もない人も，高齢者も子どもも，外国にルーツのある人も，すべての人が地域福祉の担い手になり，また受け手にもなる社会をめざしています。そのためには，互いのことを学び合う福祉教育が大切なのです。2019年ラグビーワールドカップ日本代表は，さまざまな国にルーツのある人々が日本代表としてワンチームとなり活躍しました。このラグビー日本代表のような姿がこれからの日本のめざす方向性です。

　一方で，地域には，「生活に困難を抱える人々をお互いに支え励ます側面」があるのと同時に，「自分たちと異なる人々を排除したり，抑圧するなど，冷たく恐ろしい側面」もあります。この地域の二面性を社会福祉関係者は理解し，

いわれのない差別や偏見，そして無関心と向き合っていかなければなりません。このような問題の多くは，知らないことから生じています。そのために，社会福祉関係者は社会福祉に関するさまざまなメッセージを発信し続けてきました。それは，広報や啓発活動といわれるものです。インターネットやSNSを始め，さまざまな媒体が生まれ，情報を発信することは多様になりました。しかし，情報を発信するだけでは，「人の意識や行動を変容させること」は難しいのです。そのためには，「教育・学習」活動によって，地域住民が自分のことであると認識し，内発的に地域の活動に関わり，自分の街を良くしたいと思い共に地域福祉活動に参加していくという地域住民の主体形成が求められます。それは，子どもから高齢者まで，あらゆる世代に求められる主体的な学びの機会なのです。福祉教育は，ソーシャルワーカーやケアワーカーである社会福祉関係者が，自らの責任として果たしていかなければならない役割であると考えています。社会福祉関係者は，生活に困難を抱えている人々の近くにおり，寄り添いながら支援を続けています。その社会福祉関係者だからこそ，伝えられる教育・学習の実践があるのです。その営みが「多くの人々の意識や行動を変容させる契機となる」と考えています。

## 福祉教育の定義と考え方

　福祉教育の定義は，1980年の全国社会福祉協議会福祉教育研究委員会（大橋謙策委員長）によるものが多く使用されてきました。福祉教育とは，「憲法第13条，第25条等に規定された基本的人権を前提にして成り立つ平和と民主主義社会を作りあげるために，歴史的にも，社会的にも，疎外されてきた社会福祉問題を素材として学習することであり，それらとの切り結びを通して社会福祉制度，活動への関心と理解を進め，自らの人間形成を図りつつ，社会福祉サービスを受給している人々を社会から，地域から疎外することなく，共に手をたずさえて豊かに生きていく力，社会福祉問題を解決する実践力を身につけることを目的に行われる意図的な活動である」（大橋 1989：113）とされてきました。

　この福祉教育の定義でも，社会福祉問題を学ぶことの大切さや社会福祉問題を解決する実践力を身につけることの必要性が指摘されています。そして，憲法第25条の生存権のみならず，憲法第13条の幸福追求権が基本的人権として

大切にすることとして最初に述べられているのです。「すべての国民に幸福を追求する権利がある」ことは，私たちが忘れてはならないことです。どんなに重たい障害があっても，どんなに過酷な環境で育ってきた子どもにも幸福を追求する権利はあるのです。この前提で福祉教育を考えていかなければなりません。

　原田正樹（2009：55）は，福祉を学ぶことは「ふ（ふだんの），く（くらしの），し（しあわせ）」を学ぶことであるとし，「ふくし」として，子どもたちにもわかりやすく整理をしています。そして，「共に生きる心を育むこと」を福祉教育の目標としています。「『共生の文化』を地域につくり出すこと」とも指摘しています。さらに，ケアリングコミュニティにも言及しています。原田は，「ケアリングコミュニティとは，『共に生き，相互に支え合うことができる地域』のことである」としています（原田 2014：100）。さらに，「筆者は，それを地域福祉の基盤づくりであると考えている。そのためには，共に生きるという価値を大切にし，実際に地域で相互に支え合うという行為が営まれ，必要なシステムが構築されなければならない」と述べています。そして，「こうしたケアリングコミュニティは，①ケアの当事者性（エンパワメント），②地域自立生活支援（トータルケアシステム），③参加・協働（ローカルガバナンス），④共生社会のケア制度政策（ソーシャルインクルージョン），⑤地域経営（ローカルマネジメント）といった5つの構成要素により成立している」と整理しています。このように，「共に生き，相互に支え合うことができる地域」である「ケアリングコミュニティ」を創造していくことが大切になるのです。

　大橋や原田が取り上げている「共に生き，相互に支え合うことができる地域」としての「ケアリングコミュニティ」を創造していくことが重要なのです。

## 豊かな福祉観を伝えるために

　岡村重夫（1976：31-35）は，福祉教育の目的について，①福祉的人間観の理解と体得，②現行社会制度の批判的評価，③新しい社会福祉援助方式の発見，の3つに整理しています。そのうえで，次のように述べています。「福祉教育の目的は，単に現行の社会福祉制度の普及・周知や『不幸の人びと』に対する同情を求めることではなくして，社会福祉の原理ともいうべき人間像ないしは人間生活の原点についての省察を深めることであり，この省察にもとづく新し

い社会観と人類文明の批判をも含まなくてはならないであろう。さらに言うならば、このような新しい社会観や生活観にもとづく具体的な対策行動の動機づけによって、福祉教育の目的は完結するものである。」

　福祉教育プログラムの代表的なものに、「車いす体験」や「アイマスク体験」があります。障害を理解するプログラムとして「障害の疑似体験」を目的としたものです。子どもたちは、アイマスク体験を通して、視覚障害がいかに大変かを体験し、その見えない「不便さ」「怖さ」「不安」を実感し、目の見える私たちは、目の見えない気の毒な視覚障害者を助けてあげようと感想を話し合い、先生もそのようにまとめるのが一般的です。しかしこれは、岡村が指摘する「不幸の人びとに対する同情」としての学びになってしまっていないかを反省しなければならないのです。これを「貧困な福祉観を伝えている」と考え、福祉教育を実践する人たちは、互いに気をつけながら福祉教育プログラムを考えています。子どもたちにわかりやすく伝えようとするあまり、間違った福祉の考え方を伝えてはいけないのです。視覚障害の「見えない不便さ、怖さ、不安」のみを教える実践は、障害のマイナス面しか伝えていません。

　たとえば、視覚障害者も包丁を使って料理をしますし、赤ちゃんのおむつ交換もします。買物にも行きますから、スーパーでガイドをしてくれる店員さんがいたらたいへん助かります。車いすを利用している人もカラオケボックスに行きますし、居酒屋にも行きます。車いすで飛行機や新幹線に乗るときは、どのようにしているのでしょうか。仕事に行くときは電車で通勤するのでしょうか。自家用車でしょうか。その自家用車は、福祉車両として手だけで運転できるように改造されているかもしれません。私たちはふだんの暮らしから学んでいくことが大切です。福祉教育プログラムは、当事者のふだんの暮らしから、その人が抱えるプラス面とマイナス面の両方を伝えていく「豊かな福祉観」に留意しなければならないのです。

## ┃ サービスラーニングの考え方と方法 ┃

　アメリカの学校では「サービスラーニング」という教育活動として福祉教育実践が取り組まれています。この実践は、「全国および地域サービス信託法1993」（National and Community Service Trust Act of 1993）という法律を根拠に取り組まれています。アメリカのスラム街などで生活する子ども・若者たちは、

なぜ国語や数学などの教科を学ぶのか，その意味を見出せませんでした。そこで，自分の行ったことが具体的に地域の役に立ち，それが学びにつながるサービスラーニングの手法が用いられるようになったのです。

サービスラーニングは，地域貢献型学習ともいわれますが，日本の大学や高校などでも取り組まれるようになってきました。それは，生徒にもボランティアとしてではなく，コミュニティサービスとして「地域の一員として果たすべき役割と義務がある」ことを教え学ぶ実践としての学習なのです。

サービスラーニングについて，村上徹也は「学習活動と社会貢献活動を意図的，計画的に結びつけ相乗効果を生むことにより，社会の主体としての市民を育むことを目的とした教育プログラム」と述べています。さらに，「サービスラーニングは，自分自身の学びが社会に役立つ喜びを経験させてくれます。学びの成果は，自分の成績向上や進路開拓に役立つ知識にとどまらず，他者や社会のために活かすことができる知恵になり，主体的に自己実現と社会貢献を行う市民を育みます」と整理しています（村上 2008：35）。

地域共生社会を実現していくためには，子どもから高齢者まで地域の課題に気づき，その課題を解決していく過程に参加し経験しながら福祉課題を学んでいくことが重要です。この実践がサービスラーニングです。近年の福祉教育実践では，このサービスラーニングを手法とした福祉教育実践が求められています。この実践を進めるためには，協同実践として福祉教育推進プラットフォームを組織（目的を共有する人や組織が主体的に自由に参加）することが欠かせません。そして，リフレーミング（振り返り）の機会が確保されていることが重要です。福祉教育実践は，私たちの地域での暮らしの中にある課題や現状に気づき，それらを学び，深めていく実践なのです。

#  サービス評価

## 福祉サービス評価が求められた背景

福祉サービス評価は，どのような背景から求められるようになったのでしょうか。第1に，介護保険制度の導入と社会福祉基礎構造改革の実施によって，

措置制度から利用者と事業者の契約に基づきサービスを利用する契約制度へと転換したこと。第2に，高齢者介護や障害者福祉等の分野において，規制緩和により，営利企業やNPO法人等の多様な事業者の参入が進んだこと。第3に，サービス供給体制の変化により，サービスの質の確保に関して，従来の法令に基づく規制（施設の最低基準等）と監査という方法のみでは十分な対応が困難となり，新たな方法を開発し活用することが必要となったこと，などが考えられます。

　また，地域福祉においてサービスの質の評価とは，どのような点を重視すべきなのでしょうか。「福祉サービスの質は，①サービス提供の根拠となる制度の質，②サービス提供に伴う経営の質，③サービスの質（職種が提供する「知識」「技術」「倫理観」の総体）という三段階がある」とされています（高橋2006：482）。地域福祉サービスにおけるサービスの質では，サービスの質を決定づけるこれらの要素に，地域住民の意向や視点という要素が大きな比重を占めます。すなわち地域住民が地域に住み続けるために求める標準的なサービスの水準ともいえるのです。したがって，地域においてサービスの質を向上させるためには，地域住民，サービス利用者の意向が，その地域における制度の運用，組織の経営，サービス提供の方法に反映されることが大切です。地域福祉計画における理念や目標の樹立においても，地域住民が標準的と考えるサービスの質をどのようにとらえるかが重要であり，地域福祉計画策定に住民参加が求められる理由でもあるのです。

　サービス評価の枠組みは，①投入資源（input），②過程（process），③産出（output），④結果（outcome，効果ともいう），⑤効率性（efficiency）の5つに整理することができます。表12.3のように，評価の次元や階層，タイプの違いによって，評価するポイントが異なることとなります。

　また，福祉におけるサービス評価はたいへん難しく，地域における「結果の評価」の困難性としては，「①結果を数量的に測定することが難しい。②サービス提供と結果（すなわちニード充足）の因果関係を証明することが難しい。③期待される結果は長期的なものである」ことが指摘されています。よって，これらの理由から結果の評価が困難な場合が少なくなく，結果の評価に代わって，投入資源の評価，過程の評価，産出の評価，効率性の評価が実施されることが多くなっています。

| サービスの側面<br>（次元，階層） | 評価のタイプ | 説　明 |
|---|---|---|
| 投入資源 | 投入資源の評価 | サービスのために投入される資源の多寡（予算の額，建物・部屋の面積，職員の人数など）に着目して行う評価 |
| 過　程 | 過程の評価 | サービスが，適切な手順，方法によって実施されているかどうかに着目して行う評価 |
| 産　出 | 産出の評価 | 実施されるサービスの量（回数，時間数など）に着目して行う評価 |
| 結果（効果） | 結果（効果）の評価 | サービスの目標とされるニード充足がどの程度まで実現したかに着目して行う評価 |
| 効率性 | 効率性の評価 | 費用と効果の関係に着目して行う評価 |

（出所）　『社会福祉学習双書』編集委員会編（2009：120）より引用。

## サービス評価の実際と内容

　サービス評価の実際としては，①利用者評価，②サービスを提供する組織の自己評価，③利用者や組織の利害に影響を受けない第三者評価，があります。利用者評価は，サービスの質と価格およびサービスに対する事前期待と事後結果とを比較して行われます。その評価は，個人差のある主観的な評価であり，直接サービスの提供にあたる人材の質や外形的な要素に評価が偏る傾向があるものの利用者満足を測る観点で重要な指標といえます。

　次に，サービスを提供する組織の自己評価は，「社会福祉事業の経営者は，自らその提供する福祉サービスの質の評価を行うことその他の措置を講ずることにより，常に福祉サービスを受ける者の立場に立って良質かつ適切な福祉サービスを提供するよう努めなければならない」（社会福祉法第78条1項）とされており，自己評価はサービス提供組織の責務とされ，地域社会，利用者に対する説明責任の観点からも基本的な機能です。しかし，自己評価の内容や評価方法は，組織の裁量に委ねられ，自己評価の詳細は一般に公表されることはありません。また，サービス実施の当事者による評価という点で利用者評価と同様に主観的な評価に分類されることとなります。

　3つ目に，利用者や組織の利害に影響を受けない第三者評価があります。代表的なものが「福祉サービス第三者評価事業」です（図12.4）。都道府県が運

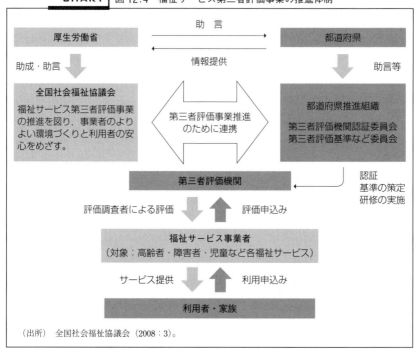

**CHART** | 図12.4 福祉サービス第三者評価事業の推進体制

助 言

厚生労働省 ⇄ 都道府県
（助言 / 情報提供）

助成・助言

全国社会福祉協議会
福祉サービス第三者評価事業の推進を図り，事業者のよりよい環境づくりと利用者の安心をめざす。

第三者評価事業推進のために連携

助言等

都道府県推進組織
第三者評価機関認証委員会
第三者評価基準など委員会

第三者評価機関

認証
基準の策定
研修の実施

評価調査者による評価 　 評価申込み

福祉サービス事業者
（対象：高齢者・障害者・児童など各福祉サービス）

サービス提供 　 利用申込み

利用者・家族

（出所）　全国社会福祉協議会（2008：3）。

営しており，全国社会福祉協議会のガイドラインに基づき，第三者評価機関による客観的な評価を受けることができます。社会福祉法第78条に規定されていますが，この第三者評価を受ける義務的規定はありません。しかし，2012年度以降，社会的養護関係施設（乳児院，児童養護施設，児童自立支援施設，児童心理治療施設〔旧称：情緒障害児短期治療施設〕，母子生活支援施設）は，3年に1回以上第三者評価を受けなければならないこととなっています。

　その他の第三者評価としては，「介護保険地域密着型サービス外部評価」が都道府県の運営で，全国社会福祉協議会のガイドラインに基づき，2015年度以降に行われています。対象は，「認知症対応型共同生活介護事業所」のみが対象です。指定小規模多機能型居宅介護支援事業所，指定看護小規模多機能型居宅介護事業所は自己評価を行い，運営推進会議に報告し，評価の結果を公表することとなっています。

　また，第三者評価として「介護サービス情報の公表」があります。都道府県が運営し，全国社会福祉協議会のガイドラインに基づいて評価が行われます。すべての介護サービスで公表が義務づけられており，原則として，6年に1回

訪問調査が 2012 年度から実施されています。

　近年，経営学の領域で用いられる PDCA サイクル（plan〔計画〕—do〔実施〕—check〔確認〕—action〔改善〕）で評価を行うことの意義が，個別支援の計画においても，行政が作成する地域福祉計画等においても指摘されています。計画を策定したままにすることなく，PDCA サイクルによる計画の進行管理等が重要視されているのです。

　地域福祉計画では，進行管理のためにブレインストーミング，KJ 法，デルファイ法，PERT 法などが用いられ，近年では企業等で活用されている SWOT 分析やベンチマーク法，実験計画法，シングル・システム・デザイン法などの手法が評価方法として用いられるようになってきています。

　ブレインストーミングは，企業の商品開発などで自由にアイデアを多く出すときに使われる方法で，福祉分野の会議でもよく使われます。たくさんのアイデアを出すことを目的としているため，出された意見をすべて否定しないことがルールとなります。自分の意見が否定されないため安心して意見を言うことができ，多くのアイデアが出されるというメリットがあります。

　KJ 法は，川喜多二郎が開発したデータをまとめる方法です。考えなどのデータをカードに記入し，そのカードをグルーピングしていくことで図に表していく方法です。地域懇談会や地域福祉計画策定の住民座談会などでよく活用されます。

　PERT 法は，目標を時間どおりに完成させるために，作業工程を矢印で表記して，図にして分析する方法です。目標達成までのプロセスがイメージしやすい方法です。

　SWOT 分析は，新しい事業への参入の可否を検討する場合などに，その組織の「強み（strength）」「弱み（weakness）」「機会（opportunity）」「脅威（threat）」の 4 つの軸から評価する方法です。「内部環境」と「外部環境」とに分けて分析しつつ，その組織にとって必要かを判断します。たとえば，社会福祉協議会が生活困窮者自立支援事業に参入すべきかを検討する際に使用されました。

　ベンチマーク法は，「基準」という意味で，その取組みを行っていくうえでの指標や基準となる数値を設定し，相対的に評価する方法です。地域福祉計画等で数値目標を設定して進行管理等を行う際に用いられています。

　実験計画法は，効率的で客観的な結論が得られるように実験を計画すること

です。最適な実験方法を考えて，実験により得られたデータを最適な方法で分析します。

　シングル・システム・デザイン法（SSD 法）は，単一事例実験計画法ともいい，福祉の実践現場において，1 つの事例から実践の効果を科学的に測定する方法の一つです。

　以上のように，地域福祉計画の策定や事例分析等において，このような評価方法が活用されていますので，現場で使えるように学んでいきましょう。

第 **13** 章

# 地域福祉のサービスと活動

## STORY

　いつもの食卓。今日は子どもの頃から大好きなカレーライスだ。子どもの頃は甘口カレーしか食べられなかったけれど，今はピリッと香辛料が利いたカレーが美味しいと感じる。両親と一緒に食べていると，美咲はふと思い出した。

　「そういえば最近，テレビでよく〝子ども食堂〟って見たりするけど，あれって子どもだけでやってる食堂なの？」

　博子に聞くと，「違うわよ」と笑って教えてくれた。

　「〝子ども食堂〟は，子どもたちのための食堂っていう意味なのよ。最近は，親が働いていたり，生活に困っていたりして，ちゃんとした食事をとっていない子どもも多くなってしまったから，みんなでそういう子どもを支えよう，ということで，各地で始められてるの」

「へー，そうなんだ。だけど，誰がやってるの？　市役所の人たち？」

「主には，地域のおじさん，おばさんたちね。自分の暮らしている地域の子どもたちにおいしい食事を食べさせたいって，ボランティアで頑張っているの。今じゃ，子どもだけでなく，大人も集まってきて，賑わっているみたいよ」

美咲は小さい子どもからおじいちゃん，おばあちゃんまで，大勢の人で賑わう食堂をイメージして，わくわくしてきた。

「すごいなあ。みんなでワイワイつくって食べると，一人で食べるよりもずっと美味しいもんね」

「地域の人の力って本当にすごいのよ。なんでもかんでも行政に頼るだけじゃなく，自分たちでできることはやろうって，頑張っている人がたくさんいるの。行政は行政，市民は市民で役割分担をするっていう感じかな」

食堂でカレーライスをつくったり，小さい子どもたちと遊んだりするなら，美咲にもできそうだ。まだ学生だし，できることは少ないと思っていたけれど，自分も地域の役に立つ力をいろいろもっているのかもしれない……，と美咲は思い始めた。

# 1　誰が地域を支えるのか？

⫸ 地域包括ケアシステム

この植木鉢から芽が出ている図（図 13.1）を見たことがありますか。何を意味しているのでしょうか。これは「地域包括ケアシステム」を示しています。「地域包括ケアシステム」とは，一定の小さな範囲の中で，介護が必要な高齢者や生活するうえでさまざまな問題を抱えた人々が，必要な時に医療や介護などの社会制度上のサービスを受けられたり，また住民同士が助け合うという態勢づくりのことです。

「地域包括ケアシステム」では，問題を抱えた人が地域で暮らし続けるために「自助」「互助」「共助」「公助」が，どのような役割分担で，どんなサービスを提供し，どんな活動を行っていくのかということが示されています。国としては，法制度を整備し，「公助」を進めるとしながらも，「互助」や「自助」を強調しています。とりわけ，地域社会がさまざまな活動を行って互いに助け

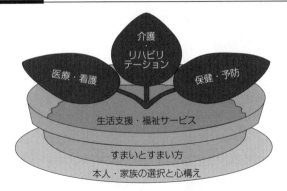

「介護」「医療」「予防」という専門的なサービスと，その前提としての「住まい」と「生活支援・福祉サービス」が相互に関係し，連携しながら在宅の生活を支えている。

**すまいとすまい方**
・生活の基盤として必要な住まいが整備され，本人の希望と経済力にかなった住まい方が確保されていることが地域包括ケアシステムの前提。高齢者のプライバシーと尊厳が十分に守られた住環境が必要。

**生活支援・福祉サービス**
・心身の能力の低下，経済的理由，家族関係の変化などでも尊厳ある生活が継続できるよう生活支援を行う。
・生活支援には，食事の準備など，サービス化できる支援から，近隣住民の声かけや見守りなどのインフォーマルな支援まで幅広く，担い手も多様。生活困窮者などには，福祉サービスとしての提供も。

**介護・医療・予防**
・個々人の抱える課題にあわせて「介護・リハビリテーション」「医療・看護」「保健・予防」が専門職によって提供される（有機的に連携し，一体的に提供）。ケアマネジメントに基づき，必要に応じて生活支援と一体的に提供。

**本人・家族の選択と心構え**
・単身・高齢者のみ世帯が主流になる中で，在宅生活を選択することの意味を，本人家族が理解し，そのための心構えをもつことが重要。

（出所）　厚生労働省 HP。

合う仕組みをつくっていくことを求めています。

　何かあっても自分が暮らす地域（日常生活圏域）において，医療や介護（この図の葉の部分）が受けられるためには，社会保障制度の充実が必要となります。しかし，それだけでは地域で暮らし続けることはできません。芽を支える土（生活支援・福祉サービス）がしっかりしたものでなくてはなりません。

　それでは，「生活支援」とは何でしょうか。厚生労働省はとくに定義していませんが，生活をしていくうえでの「ちょっとした手助け」といえるでしょう。地域包括ケアシステムにおいては，「生活支援・介護予防」の担い手として，

東京都北区 UR 豊島 5 丁目団地自治会
によるボランティア募集のちらし

「老人クラブ・自治会・ボランティア・NPO 等」が挙げられています。これらは地域住民で組織されている団体です。ここが「互助」として期待されているわけです。

たとえば，電球を取り換える，体調の悪い時だけ家事を助ける，庭の草花に水をやる，大掃除だけ手伝う，といったことは専門職でなくても誰でもができる「ちょっとした手助け」といえます。しかし，実際にはこうしたことができないために，自宅での生活を続けることができなくなる人も少なくありません。この部分を地域住民が「お互いさま」と言い合いながら助け合おうということが「生活支援」として示されているのです。

しかし，近隣関係が希薄となっている地域においては，こうした「ちょっとした手助け」すら求めることも，手を差し伸べることも難しくなってきています。そのことから，「ちょっとした手助け」を，心遣いではなく，「住民活動」として取り組むところが増えてきています。

また，地域の中で孤立した状態（社会的孤立）の人を生み出さないために，住民誰もが集える居場所づくりの取組みも多くの地域で始まっています（山本2017）。

##  困ったときに守ってくれるか？

### ▌日常生活自立支援事業▐

皆さんは，「ふりこめさぎ」なる言葉を聞いたことがあるでしょう。犯罪集団が高齢者の子どもを騙ってお金をだまし取る詐欺が後を絶ちません。また，高齢者宅を突然訪問し，不要な修理工事を行って費用を請求する悪質な詐欺も年々増えています。

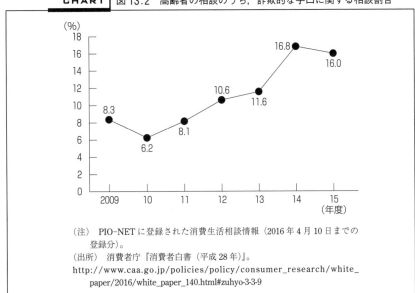

（注）　PIO-NET に登録された消費生活相談情報（2016 年 4 月 10 日までの登録分）。
（出所）　消費者庁『消費者白書（平成 28 年）』。
http://www.caa.go.jp/policies/policy/consumer_research/white_paper/2016/white_paper_140.html#zuhyo-3-3-9

　図13.2 は 65 歳以上の高齢者からの相談のうち，詐欺にあった割合です。相談については，2010 年からは右肩上がりで上昇し，16％程度は詐欺の相談となっています。これらの被害者の中には軽度の認知症や判断力が鈍くなってきた人も含まれており，犯罪のターゲットになりやすい人々が狙われています。

　これまでは，判断力が衰えてきたような状況にある高齢者は，彼らの子どもたちによって守られてきました。しかし，現在では単身世帯の増加や子どもたちがいても頼れない・頼らないといった生き方をする人も増えています。そうした高齢者を守るのが，「日常生活自立支援事業」です。いわば生活の「守り人」の役割を果たす事業です。

　日常生活自立支援事業は，認知症高齢者や知的障害者，精神障害者など判断能力が不十分な人々を対象として，福祉サービスを利用することを助けたり，金銭を管理したりする事業です。こうした事業があれば，高齢者や障害者を狙った悪質な犯罪から守ることができるようになります。

## 成年後見制度

　この事業と似たような機能をもつ「成年後見制度」があります。
　成年後見制度は，法律に基づく「後見人」が，財産を管理したり，生活その

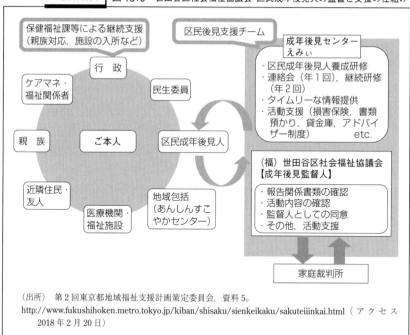

**CHART** 図13.3　世田谷区社会福祉協議会 区民成年後見人の監督と支援の仕組み

保健福祉課等による継続支援
（親族対応，施設の入所など）

区民後見支援チーム

成年後見センター
えみぃ
・区民成年後見人養成研修
・連絡会（年1回），継続研修
　（年2回）
・タイムリーな情報提供
・活動支援（損害保険，書類
　預かり，貸金庫，アドバイ
　ザー制度）　　　　etc.

行　政

ケアマネ・
福祉関係者

民生委員

親　族

ご本人

区民成年後見人

（福）世田谷区社会福祉協議会
【成年後見監督人】
・報告関係書類の確認
・活動内容の確認
・監督人としての同意
・その他，活動支援

近隣住民・
友人

地域包括
（あんしんすこ
やかセンター）

医療機関・
福祉施設

家庭裁判所

（出所）　第2回東京都地域福祉支援計画策定委員会，資料5。
http://www.fukushihoken.metro.tokyo.jp/kiban/shisaku/sienkeikaku/sakuteiiinkai.html（アクセス
2018年2月20日）

ものをサポートします。そのため重大な責任を伴います。後見人には，本人の親族のほか，弁護士，司法書士，社会福祉士などの専門家がなりますが，専門家は数が少ないことや市民ならではの支援が必要な場合があることなどから，一般の市民の中から後見人を選ぶことも増えています。これを「市民後見人」と呼んでいます。これも，市民同士の支え合い活動といえるでしょう。

　たとえば，東京都世田谷区では，「区民成年後見人」を育成しています。応募資格は，「成年後見制度及び高齢者や障がい者に対する福祉活動に理解と熱意があり，心身ともに健康な方」です。12日間，55時間の養成研修講座を受講することが必須です。区民成年後見人は，社会福祉協議会の職員と連携しながら，サポートを必要とする人々の日常生活を同じ区民の立場で支えています。

　もちろん，こうした事業や制度だけで高齢者や障害者を支えることは困難でしょう。地域の中で，何か困ったとき，迷ったときには信頼できる人に相談できるという普段からの身近な関係性をつくっていくことが重要なのです。

# 3 貧困は他人事か？

## ▍生活困窮者自立支援制度の内容 ▍

2013年「生活困窮者自立支援法」が制定され，15年4月より「生活困窮者自立支援制度」が施行されました。「第1条　この法律は，生活困窮者自立相談支援事業の実施，生活困窮者住居確保給付金の支給その他の生活困窮者に対する自立の支援に関する措置を講ずることにより，生活困窮者の自立の促進を図ることを目的とする」となっています。つまり，生活に困ったらまず相談に来てください，という制度を定めたのです。この事業は，増え続ける生活保護受給者対策として制定されたという側面もあります。2020年に発生したコロナウィルスによって仕事や住まいを失った人々のために，この制度の一つである住宅確保給付金事業が役割を果たしています。

この中で「自立相談支援事業」は必須事業となっていますが，相談に来た個人に対して支援を行うのみではなく，「地域」に対しても「地域ネットワークの強化・社会資源の開発など地域づくりも担う」とされています。生活困窮者自立支援法では，生活困窮とは「経済的困窮」に限定されて定義されていますが，この法律制定に先だつ特別委員会では，生活困窮者について，社会的に孤立している人や複合的課題を抱えている人も含まれていました。地域づくりも担うとされたのは，社会的孤立も生活困窮の大きな要素であることを認識しているといえるでしょう。

東京都社会福祉協議会が2017年に区市の職員に行った調査によると，生活困窮者自立支援制度の窓口に訪れた人の全体イメージは，「社会的に孤立している人」「どちらかというと一人暮らしの人」「若年層よりも中高年層」「複数課題を抱えている人」となっています（東京都社会福祉協議会 2017）。

生活困窮者の多くが一人で暮らし，相談に乗ってくれる人もおらず，複数の問題を抱えている人物像が浮かんできます。しかし，この窓口まで相談に来られた人はまだよかったのかもしれません。相談窓口があることを知らない人や，知っていても来られない人はより大きな課題を抱えているともいえるでしょう。

こうした人々をいかに相談窓口につなげられるか，その発見，つなぎは地域でも取り組めるのではないでしょうか。

## 「地域づくり」がもっとも難しい？

　さらに，先述した東京都社会福祉協議会の調査からは，「地域づくり」をめぐって以下のような課題を抱えていることも明らかとなりました。

　①地域からそれぞれの家庭の状況が見えづらい，②既存の地縁組織（町会・自治会等）とつながらない層が増えている，③生活困窮に至るプロセスや実情が地域住民に「我が事」と理解されにくい。④生きづらさを抱える人が社会参加できる場が地域に少ない。

　これら①から④について，6〜7割の区市が課題として挙げていました。

　現在，国は「地域共生社会　我が事・丸ごと」を掲げていますが，まだまだ生活困窮に陥ることは「他人事」としてとらえられているのです。また，それは，以前のような近所づきあいが減り，隣の家庭のことも知らないし，知ろうともしないという意識や態度から生じている実情ともいえます。

　私たちは，よく知っている知人や友人であれば，困ったことが起こったときにはなるべく力になろうとします。知らない人には力を貸すことはできません。まず地域の人を「知る」，そして自分自身のことも「知ってもらう」ことから始める必要があるでしょう。「地域づくり」には確かに専門職である自治体や社会福祉協議会，民生委員・児童委員，社会福祉法人，NPO法人などの力が発揮されなければなりません。しかし，この困窮化が進むといわれる社会において，私たち一人ひとりの意識もまた変えていくことが求められています。

## 住民のもつ底力

　冒頭の美咲とお母さんの会話を思い出してください。

　子どもたちに向けた「子ども食堂」は，住民自身が立ち上がって始められ，今や全国で取り組まれています。また，フードバンクやフードドライブといった，食料品や日常品を市民や業者から集めて，生活に困った家庭に渡そうという動きも広まってきています。私たち一人ひとりは，生活困窮問題には手出しができないと思われていましたが，今や大きくその考え方は変化しています。

　生活困窮世帯の子どもたちへの学習支援に関する活動は，今回の生活困窮者

"先生も生徒も千葉県市川市市民" 認定 NPO 法人ガンバの会 学習支援
「夢塾」（認定 NPO 法人ガンバの会提供）

自立支援制度の中に取り入れられました。生活困窮の世帯では，民間の学習塾に通わせる経済的余裕がなかったり，学習環境が整えられない家庭も少なくありません。そのために子どもたちは高等教育を受ける機会がなく貧困は再生産される可能性が高くなっていくのです。この悪循環を断ち切るために，北海道釧路市や東京都江戸川区などのように早くから学習支援に取り組んできた地域もあります。これらの取組みは福祉事務所のケースワーカーが率先して進めてきた活動ですが，そこでは多くの市民が参加して子どもたちを支えてきました。

　こうした学習塾は単に勉強を教える場というだけにとどまっていません。自宅と学校以外に行くところがない子どもたちの居場所にもなり，そこにいる大人たちは頼れる存在として彼らの「ロール（役割）モデル」（「あんな大人になりたいな」というモデル）にもなっているのです。アメリカの社会学者ロバート・D・パットナムは次のように書いています。「地域的な助言プログラムはアメリカ中の多くのコミュニティに存在するが，貧しい子ども自身が，成人によるさらなる助言を切望している。そのようなプログラムが劇的に拡大されれば，機会格差の縮小に向けて本質的な違いを生み出すことができるだろう」（パットナム 2017：288）。あらゆる機会を生活困窮の子どもたちにも提供すること，これがのちに大きな効果をもたらすことを著書の中でパットナムは証明しているのです。

# 4 「居住の権利」は認められているか？

### 新たな住宅セーフティネット制度

「住宅確保要配慮者」というちょっと舌をかみそうな言葉を聞いたことがありますか。

「住まいを確保することが困難な人々」という意味です。「空き家がたくさんあって困っていると前にニュースで言ってたけど……」という人はよく勉強していますね。そのとおり。ではなぜ一方では住まいが余っており，他方では住まいがない人が多くいるのでしょうか。「住まいを確保することが困難な人々」とは，高齢者や障害者，生活困窮者，母子世帯，外国人など，何らかの生活課題を抱えているという特性があります。そのことが，彼らの多くが入居する民間賃貸住宅市場では敬遠されてしまうのです。

図 13.4 を見てください。

「生活保護を受給しているような人は生活態度に問題があるのではないか」「障害者は何か近隣トラブルを起こすのではないか」「高齢者は孤独死するのではないか」という不安に基づいて大家や不動産業者が家を貸すことを拒否してしまうという傾向があります。しかし，これは大家や不動産業者が悪いという単純な図式だけでは語れません。私たちの社会全体が，そのような風潮を生み出しているということに思いをいたす必要があります。また，もう少し考えれば，経済的に困難で民間市場では住まいを借りることが難しいなら，なぜ公的に提供された住まいを選択しないのでしょうか。「数が少ないから入れない？」と答えたあなたは正解です。日本は公営住宅が全住宅に占める割合が非常に少なく，3.8%しかありません。だから入居したくても入れないというのが現状なのです。また，民間賃貸住宅に入居する人に対して家賃を補助するという国の制度も十分ではありません。これは日本においては，安心して住み続けることのできる住まいを得る権利という「居住の権利」が確立していないからと考えられます。

もう一度思い出してください。地域包括ケアシステムの真ん中には何が書いてあったでしょうか。「住まい」です。しかし，その住まいは自分で確保して

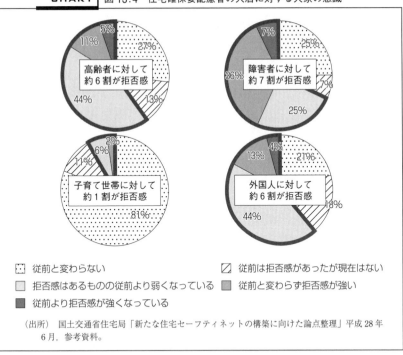

図13.4 住宅確保要配慮者の入居に対する大家の意識

凡例：
- 従前と変わらない
- 従前は拒否感があったが現在はない
- 拒否感はあるものの従前より弱くなっている
- 従前と変わらず拒否感が強い
- 従前より拒否感が強くなっている

（出所）国土交通省住宅局「新たな住宅セーフティネットの構築に向けた論点整理」平成28年6月，参考資料。

くださいということなのでしょうか。自分で確保するのが困難な人はどこに住めばよいのでしょうか。

　国は，2017年に「新たな住宅セーフティネット制度」を策定し，民間賃貸住宅を利用して，住宅確保要配慮者が排除されることなく住まいを借りられるようにしなさいと地方自治体に働きかけています。

　この制度では，高齢者や障害者を拒まない住宅の登録を行ったり，日常生活での何らかの手伝いを必要とする場合には，生活支援を提供する団体と連携することを制度として実施することになっています。誰もが安心して住める質の良い住まいが社会の中に多く存在し，そして必要な人には生活を支援してくれる団体が手伝う。そうした仕組みづくりが必要になっています。

　岡山市にあるNPO法人おかやまUFEでは，「疾患や障害のある人々をはじめ，すべての人が安心してその人らしい生活を送ることができる地域づくりを目指して，住まいの確保や空き家を活用した様々な取組」みを行っています。その一つとして，空き家の活用に悩んでいる人と住まいが見つからずに困って

　2020年にパンデミックを起こした新型コロナウイルスが，社会のあらゆるところに弊害をもたらしています。外出自粛などによって仕事を失うと同時に住まいも失った人々がいます。ネットカフェなどに「暮らしていた」人たちも，ネットカフェの閉鎖によって，路上生活を余儀なくされる事例も生じています。自宅にいる時間が長期化したことによって親からの虐待を受け自宅を出て，居場所をなくす少年少女もいます。生活基盤がぜい弱であった人たちをこのコロナウイルスは直撃する形ですが，本当は，もともと何らかの支援を必要としていた人たちでもあったのです。今こそ，生活保護制度をはじめ，住宅確保給付金制度，緊急小口資金の特例貸し付け制度といったさまざまな社会制度や，民間支援団体，ボランティアが行っている多くの支援事業や活動を総動員することが重要です。これを機に「助け合う社会」の構築こそが求められているのです。

いる人の相談窓口として「住まいと暮らしのサポートセンターおかやま（すまサポおかやま）」を運営しています。ここでは，住まいに関する多様な相談や困りごとに対し，宅地建物取引士をはじめ弁護士，社会福祉士，行政書士，社会保険労務士の資格をもつ相談員が対応し，相談の内容に応じて，岡山市社会福祉協議会や不動産業界などの関係機関と連携して対応を行っています。このNPO法人のメンバーで不動産会社を経営する阪井ひとみ氏は，精神障害者など，住宅確保要配慮者への賃貸住宅の仲介を20年以上も前から続けています。また，入居後も毎月の家賃の支払いや建物の管理などの機会を通じて，入居者とのコミュニケーションを図り，医療や福祉を必要とする場合には支援者などと連携して対応を行い，居住者が地域で暮らし続けることをサポートしています。

　こうした取組みは少しずつ広がってきてはいます。国は，各自治体に居住支援協議会を設置し，住宅確保要配慮者に民間賃貸住宅に住める態勢を取るように促しています。しかし，住まいは提供できても，その後の生活を支えてくれる人がいなければ地域での生活を継続することができません。「住まい＋生活支援」のセットの支援を誰が，どのように行うのかが問われています。

「うてんて」　空き家をリメイクして居場所をつくる

# ⑤　増える空き家をどうしたらよいか？

　日本には今，空き家が約 850 万戸（総務省平成 30 年住宅・土地統計調査）もあるのです。2014 年「空家等対策の推進に関する特別措置法」が制定され，市町村は空き家等に対しての対策を立てることとなりました。空き家は放っておくと崩れて危険なだけでなく，草が生えたり，動物が住処にするなど環境も悪くなります。また，どうしても空き家が多くなると街全体もさみしくなります。

　そこで，今，空き家を使って地域交流の場にしようという動きが全国的に広がっています。高齢者や子育て世代を対象にしたサロン活動の取組みや空き家を住民の主体的な地域の交流の場にしたり，住まいに困っている人へ提供したりする方法が考えられています。

　先述した NPO 法人おかやま UFE では，空き家を活用して，「うてんて」という地域交流の場を設けています。法人名の「UFE」はイタリア語の「utenti（当事者）」「familiari（当事者家族）」「esperti（専門家）」の頭文字を取ったもので，場所の名前である「うてんて」は，このイタリア語の「うてんて（当事者）」に由来しています。「うてんて」では，「すまサポおかやま」の相談窓口のほか，精神障害者などの地域の居場所として，「よるカフェうてんて」などに活用されています。「よるカフェうてんて」では，病院や事業所がお休みで行く場所

がないために気持ちが不安定になりがちな精神障害者の方々が，土日の夕方から夜にかけて気軽に立ち寄れる場所となっています。

　空き家を「負の財産」ではなく，地域の財産とできるか，私たち一人ひとりのアイデアを出さなければならない時です。

● 動　画：NPO 法人おかやま UFE の阪井ひとみさんへのインタビュー ─────
　このインタビューは，写真にある地域の拠点「うてんて」で行いました。「うてんて」を設置した理由，おかやま UFE の活動内容，阪井さんの精神障害者支援に対する強い思い，ソーシャルワーカーへの要望と期待などを忌憚なくお話しいただきました。インタビューは数時間にわたって行われましたが，ここでは 15 分程度にまとめています。

# 第14章

# 住民主体のまちづくり・活動

## STORY

「美咲, 近所の松井さんのおばあちゃんの所に行って, 台所の電球を替えて来て」

自分の部屋でレポート作成をしていると, 母・博子から突然頼まれ, 美咲は驚いてしまった。……台所の電球!?

「本当は山口さんが行く予定だったんだけど, 山口さんの体調があまり良くないらしくて。代わりに行ってもらえないかしら」

山口さんは, 博子が勤めている社会福祉協議会が推進している「支え合い活動」のメンバーだ。地域の困りごとをお互いにサポートしようという活動をしているグループで, 今日は近所の松井さんのおばあちゃんの「困りごと」をサポートする予定だったらしい。

「わかったー, 行ってくる」

レポートを中断して，美咲は家を出ると松井さんを訪ねた。「あれ，美咲ちゃんが来てくれたの。ありがとねぇ」と松井さんのおばあちゃんは嬉しそうに迎え入れてくれた。そして美咲が電球の交換を難なくこなすと，

　「本当にありがとう。暗くて料理ができなくて，困っていたのよ」

と何度も頭を下げながら，見送ってくれた。そんな松井さんのおばちゃんが，美咲には少し小さく見えた。

　「おばあちゃん，大丈夫よ。困ったらいつでも声をかけてね」

　美咲は手を振って，自宅に戻った。

　その数日後，大学の授業の一環で，地域の「サロン活動」を見学する機会があった。山中先生に引率されて，学生たちは美咲の住む市内にある「サロン風街（かぜまち）」を訪問した。会場にたどり着くと，何人かの高齢者が楽しそうに談笑していたが，美咲はその中に松井さんのおばあちゃんの姿を見つけた。おばあちゃんはサロンに来ている高齢者に，コーヒーを淹（い）れたり手作りのお菓子を供していた。

　「松井さんのおばあちゃん!? おばあちゃんもここに来てるんだね」

　美咲が声をかけると，他の参加者の方々が「あら，お知り合いなの？」「かわいいお友達ね」と松井さんを見た。そして，美咲に向かって口々にこう言う。

　「松井さんの淹れたコーヒーは本当においしいのよ」

　「そうそう，マドレーヌもとってもおいしいの」

　松井さんのおばあちゃんは，少し恥ずかしそうに微笑んで，美咲に「ゆっくりしていってね」と声をかけて，またテキパキとお菓子をお皿に分け始めた。

　美咲は電球を交換しに行ったときの松井さんのおばあちゃんと，「サロン風街」でコーヒーを淹れるときのおばあちゃんの姿を重ね合わせ，そのギャップに少し驚きながら，地域の助け合いの意味を考えるのだった。

# 1　住民が「主体」となって福祉活動に取り組む意味

　国は来たるべき新たな地域社会の姿である「地域共生社会」の実現に向けてさまざまな制度改正や整備を進めています。地域共生社会とは，「子供・高齢者・障害者など全ての人々が地域，暮らし，生きがいを共に創り，高め合うことのできる」地域社会（地域力強化検討会 2017：4）のことをさします。この地域共生社会実現を標榜する背景には，地域生活課題と呼ばれる「８０５０（はちまるごーまる）問

題」やダブルケア，障害のある子の親が高齢化し介護を要する世帯，生活が困窮化している世帯など社会的孤立状態にある住民が顕在化していることが挙げられます。このような課題を解決する新しい地域社会のあり方が「地域共生社会」といえますが，この実現に向けては「個人の尊厳が尊重され，多様性を認め合うことのできる地域社会をつくりだしていくこと。それは住民主体による地域づくりを高めていくこと」（地域力強化検討会 2017：4）であるとしています。つまり「地域共生社会」の実現には，住民主体のさまざまな活動が不可欠な要件となっているのです。とはいえ，住民主体の活動がなぜ，「地域共生社会」の実現に求められているのでしょうか。そして住民主体の「活動」にはどのような形態があり，どのような住民がその活動に取り組むのでしょうか。本章では，住民が主体となって取り組む「意味」や「活動」，そして「主体」について考えていくことにします。

## 地域の福祉課題解決に向けて住民「主体」の必要な理由

　ではそもそもなぜ，住民「主体」の活動に住民が取り組む必要があるのでしょうか。地域住民は税金を払っており，その税金は居住する行政の財源となっています。地域生活課題をはじめとした福祉課題の解決には行政機関がその役割を果たすことが求められており，社会福祉法第6条には国や地方公共団体の責務が明示されています。また先に触れた「8050問題」やダブルケアのようなさまざまな問題が輻輳した問題，いわゆる「制度の狭間」の問題は，住民で解決することは困難であり，実際，コミュニティソーシャルワーカーのような専門職が求められる根拠にもなっています。そのように考えるとなぜ，住民が課題解決に向けて主体的に活動する必要があるのでしょうか。本来は行政や専門職が解決に向けて取り組む必要があるのではないかという「そもそも」を確認しておく必要があります。

　たとえば，次のような事故が二度と起きないようにするためにはどうすればよいのでしょうか。

**EPISODE ⑤**

　小学校低学年の少年が，友人数名と川のほとりで遊んでいる時に，誤って足を滑らせ溺れそうになった。幸い大事には至らなかったが，一つ間違えると大事故になりかねなかった。

上記のような事故が起きると恐らく地域の中で話題となり，再発防止に向けて対策が講じられますが，どのような防止策を考えることができるでしょうか。

　もっとも典型的な解決方法の一つは，「行政が対策を講じる」ことです。たとえば，川の危険箇所に「危険」等の看板を設置する，さらに進んで川の中に子どもが入らないように「柵」を設置する，監視員等を配置して危険箇所を巡回するなどの方法が考えられます。

　また2つ目の解決策として，「子ども自身が自己防衛をする」方法も考えられます。具体的には，学校や家庭等で川の危険性を子どもに認識させて，川のほとりでは遊ばないようにするという方法となるでしょう。

　これらの解決策は一見，適切な方法のように見えますが，いくつかの難点もあります。

　まず「行政が対策を講じる」方法ですが，看板や柵の設置には金が掛かるということが挙げられます。川に柵等を設置することはかなりの予算を必要とするため，現在，自治体の多くは財政が逼迫している状況にある中では，十分な施設を整備することが困難な状況が考えられます。また財源の問題だけではなく，「景観」の問題もあります。柵を設置することで子どもの安全を確保することはできますが，川岸の景観は損なわれることもあります。

　次に「子ども自身が自己防衛する」方法も，自ら安全を守るという観点からは重要です。しかしながら難点もあります。子どもの発達・成長には経験が重要であり，川の水で遊んだり，川の生物を採取する経験も同様に大切な経験です。「子ども自身が自己防衛する」ことが行き過ぎれば，川で遊ぶという重要な経験を遠ざけることになり，それは決して対策として良い方法ではないのです。

　このように考えると「行政が対策を講じる」「子ども自身が自己防衛する」という解決策は最善の方法ではないといえます。それではほかに方法はあるのでしょうか。3つ目の選択肢として考えられるのは，「住民が川で遊ぶ子どもを見守る」方法です。この方法では行政が看板や柵を設置する場合も最低限の費用での設置で済み，かつ何よりも川岸の景観を保全することができます。また，住民が子どもを見守ることによって，子どもが川で遊ぶことをやめさせることがなくなりますので，川で遊ぶ経験を担保することもできます。

　いうまでもなく，「住民が川で遊ぶ子どもを見守る」方法で，子どもの川遊

びの安全を十全に保障することはできないですし，見守る中で，事故が生じた場合の責任の所在も明確にする必要があります。とはいえ，少なくとも「住民が川で遊ぶ子どもを見守る方法」は，行政や自己防衛ではもちえない利点を有しており，換言すれば「住民にしかできない」問題解決方法といえるのです。たとえば 1995 年に発生した阪神・淡路大震災では，7 割弱が家族を含む自力での脱出，3 割が隣人等によって救出され，行政による救出は数パーセントであったことが報告されていますが（内閣府 2018：31），まさに住民主体の活動の利点を示した事例です。

　このことから住民主体でなければできない問題解決方法があり，その方法が他の問題解決方法にない利点を有していること，これこそが住民主体の活動が重要である理由であるといえるでしょう。

### ┃ 住民主体の活動基盤とその特徴 ┃

　住民主体の活動は，地域のさまざまな問題を解決する可能性を有しています。

とはいえその前提として住民同士が「つながって」いなければ，その力は発揮されません。たとえば先の「子どもの見守り」も組織的に見守るからこそ力を発揮するのであって，住民個々が子どもを見守ることには限界があります。そのような意味で住民が「つながって」活動を行うことが重要となりますが，どのように地域住民はつながるのでしょうか。

そもそも地域で人がつながるためには，2つのことが必要となります。一つがつながるための「契機」です。かつての地域社会においてつながるための契機として大きなものが，①「労働＝共に働く」でした。たとえば農業という協働行為がそこに暮らす人々をつなげ，さまざまな主体的活動を生み出してきました。また，②「居住＝共に住む」もつながるためには重要な契機となりえました。さらに子育てに悩んでいるといった，③「境遇＝同じ立場にある」も重要な契機となりますし，高齢者介護に関心をもって地域の要介護高齢者を支えるといった，④「関心＝同じ課題・テーマに関心を寄せる」も重要な契機となります。

また，地域で人がつながるために必要な2つ目は，「仕掛け」です。「仕掛け」とは，「契機」を形にする装置のことをさします。たとえば，②「居住＝共に住む」という契機を形にした代表的な仕掛けが，町内会・自治会となります（熊田 2015：13）。

住民主体の活動基盤は，「契機」と「仕掛け」によってさまざまな様相を呈します。図 14.1 は，住民主体の活動を支える基盤を整理したものです。

地域住民の活動基盤には大別して，参加形態が「自動・全員加入」となるものと「任意・部分加入」となるもの，参加メンバーに対して「包括的・多面的な機能」を有するものと「部分的・個別的な機能」を有するものに大別することができます。この中で「自動・全員加入」で「包括的・多面的な機能」を有する代表的活動基盤が，町内会・自治会です。

なお第9章では，町内会・自治会などを「地縁型組織」として整理しています（住民が主たる活動者－住民の間で共通するニーズ）。住民－当事者といった活動主体の特性と，共通－特定といったニーズの特徴からのインフォーマル主体の類型化です。本章では加入条件・機能という集団・組織の特徴に着目した整理を試みています。町内会・自治会は地域福祉において重要な住民組織であるため，第9章もあわせて読んで理解を深めてください。

自動・全員加入

集合住宅の管理組合
消防分団
子ども会

町内会・自治会

部分的・個別的な機能 ―――――――――――― 包括的・多面的な機能

社会教育団体
NPO
ボランティア団体

生活協同組合

任意・部分加入

（出所）　熊田作成。

　町内会・自治会は，日本独自の住民組織であるとされており，その性格として，①加入単位が個人ではなく世帯であること，②全戸の強制的な加入であること，③活動目的が多岐にわたり包括的な機能をもつこと，④行政の末端補完機能を果たすことの4点が挙げられます（倉沢 1998：50）。

　またその機能として，①運動会や祭礼などの親睦機能，②防災や防火などの共同防衛機能，③下水や道路の維持・管理などの環境整備機能，④行政連絡の伝達や募金協力などの行政補完機能，⑤行政への陳情や要望などの圧力団体機能，⑥町内会の統合・調整機能であるとされています（倉沢 1998：50）。

　つまり町内会・自治会は，特定の地域に住んでいるという「契機」において強制加入が行われ，運動会などの親睦やゴミ出しといった環境保全，そして地震への対応といった共同防衛など生活全般にわたってさまざまな役割を果たす住民をつなぐ「仕掛け」であり，住民の主体的活動の基盤となっています。また「自動・全員加入」ではありますが，ある特定の目的の特化した「部分的・個別的な機能」を有した活動基盤として，消防分団や子ども会，集合住宅の管理組合等もありますが，町内会・自治会の一つのバリエーションとしてとらえることができます。ただ町内会・自治会のように包括的・多面的な機能を有していない点は留意が必要です。

　とはいえ，この町内会・自治会にも大きな変化が生じてきています。

　町内会・自治会に関する全国的な統計データが存在しないため，ここでは東京都を例に挙げますが，町内会や自治会の加入率は減少の一途を辿っています。

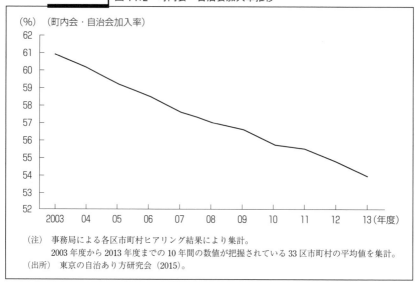

**CHART** 図14.2　町内会・自治会加入率推移

(%)　(町内会・自治会加入率)

(注)　事務局による各区市町村ヒアリング結果により集計。
　　　2003年度から2013年度までの10年間の数値が把握されている33区市町村の平均値を集計。
(出所)　東京の自治あり方研究会 (2015)。

　図14.2は、東京都における町内会・自治会の加入率の推移を示したものです。この図からも明らかなように全戸強制加入を特徴とする町内会・自治会においても2003年から13年の10年間で7%近く加入率が低下しています（東京の自治あり方研究会 2015：24）。

　住民主体の活動基盤の中心を担ってきた町内会・自治会が大きく変化する中で、既存の活動基盤にこだわらない新しいつながりづくりも模索されています。その一つの傾向が「任意・部分加入」で「部分的・個別的な機能」を有した住民活動基盤の台頭が挙げられます。具体的には公民館をベースに誕生した社会教育団体やボランティア団体、そしてNPO、近年では社会的企業と呼ばれる組織も新しい活動基盤として注目を集めています。いうまでもなく、これらの集団・組織は、社会教育、環境、地域文化、福祉、さらには福祉の中でも障害者・児童・高齢者等、多様に細分化した特定課題に関心をもつ者が、特定の課題の目的の実現（ミッション）を掲げて活動基盤を組織し、さまざまな主体的な活動を展開しています。このバリエーションとして、「任意・部分加入」であるものの、「包括的・多面的な機能」を有する生活協同組合を挙げることができます。

　このように住民の活動基盤にもさまざまな特徴があることを見てきましたが、活動基盤には、大別するとコミュニティベースの活動基盤とイッシューベース

の活動基盤がある（小林 2015：52-56）ことを確認しておきたいと思います。

コミュニティベースの活動基盤とは，町内会・自治会を典型とするもので，そもそも地域社会が存在することのみに着目して成立した活動基盤であり，包括的性格を有するがゆえに課題対応への柔軟性があります。とはいえ特定の圏域における生活課題が優先されたり，特定の地域有力者によって運営されたり負担の平等性から輪番制による役員の編成が行われたりすることがよくあり，それが参加率の減少につながっているといえます。

一方，イッシューベースの活動基盤とは，地域社会の中の特定の課題や問題，そして関心があって設立されたもので，NPO がその典型となります。たとえば，「障害者の移動支援」という課題に対応するために設立された団体の場合，「障害者の移動支援」というイッシューに基づいて活動が行われるため，その活動範囲が特定地域に限定されることはありませんし，活動やメンバーの活動目的も明確です。一方で課題が明確であるがゆえに，たとえば，「高齢者の介護問題」に関心を寄せないことも少なくないですし，「障害者の移動支援」の問題が解決されればその団体は役割を終えたともいえます。

以上のように住民が主体的に活動を行うには，それを支える基盤が必要になりますが，基盤にもコミュニティベースとイッシューベースがあること，とくにこれまで住民の活動基盤の主力を担ってきたコミュニティベースの町内会・自治会の加入率の減少や弱体化が近年進んでいることを見てきました。次にこれらの活動基盤をベースとしてどのような活動が行われているのかについて確認していきます。

 ## 住民主体の活動の諸形態

コミュニティベース，イッシューベースの活動基盤からどのような住民主体の活動が展開されているのでしょうか。ここでは住民懇談会，サロン・居場所，見守り・声かけ，助け合い活動といった住民主体の代表的な活動についてその内実を見ていくことにします。

## 話し合う――住民懇談会

地域の中で何が起きているのか，誰がどのように解決に向けて活動を行うのか，地域の中で地域のことを話し合う「場」が必要です。コミュニティベースの町内会・自治会が機能している場合，町内会・自治会として「会議体」を有していますが，町内会や自治会が弱体化している，あるいは解散している地域では，地域の課題を話し合う場がないことも事実です。

現在，社会福祉協議会が中心となって，住民懇談会や地域社会福祉協議会，校区福祉委員会などさまざまな名称で，①住民が地域の福祉課題を発見したり知ったりする，②課題を知ったり発見したりする過程の中で住民同士が課題の解決方法を話し合う，③課題の解決に向け住民自身で何ができるかメンバーで考える，④住民自身でできることに自分たちで取り組んでみる，⑤住民の力だけで解決困難な課題の場合，専門家と連携して解決に取り組む，といったプロセスで問題解決を進める会議体が設置されています。

たとえば，ある社会福祉協議会の住民懇談会で，以下のようなことがありました。

### EPISODE ⑥

　　ある住民懇談会では，会を毎月開催し，集まった住民から近所で気になることを話し合っています。その住民懇談会では毎回地域包括支援センターの職員も参加し，さまざまな情報提供や気になることへの助言を行っています。住民懇談会の中心メンバーである世話人の方々は，普段から近隣で困っている人はいないか気に掛けています。

　　世話人の一人Ａさんは，自治会の会費を頂くために近隣のお宅を訪問しました。
　　ある家で，チラリと室内が見え，ゴミが捨てられずに溜まっていました。この家は老夫婦世帯で，Ａさんは最近外で見かけなくなったことを気にしていました。
　　Ａさんは，住民懇談会でこのことを報告しました。
　　住民懇談会で報告を聞いた地域包括支援センター職員は早速その老夫婦宅を訪問しました。すると老夫婦のお子さんと会うことができました。状況を伺うと，夫婦は先週からお子さん世帯と同居をし始め，週末に部屋の片づけをしている，ということがわかりました。地域包括支援センター職員はＡさんに報告し，Ａさんも状況を理解して安心しました。　　　　　　　　　　　　　　（出所）　Ｚ社会福祉協議会（2018）。

上記の事例から明らかなように住民懇談会のような話し合いの中でとくに重要となるのは，「問題発見機能」です。Ａさんは近隣に住む老夫婦の生活の変

化に気づき，住民懇談会で共有化したことが，老夫婦の支援につながっていま
す。この事例では，老夫婦は子ども世帯との同居を始めており，事なきを得て
いますが，地域でどのような問題が起きているのか，どのような課題があるの
かを発見し，他の地域住民と共有化することで，問題・課題が大きくなること
を未然に防ぐことができるのです。

　また住民懇談会には専門機関や専門職も参加していたことが重要です。地域
包括支援センターの職員は，上記のような問題解決に介入することが業務とな
りますが，老夫婦宅で起きている問題まで，詳細に把握することは困難です。
そのような意味で住民懇談会には専門機関も参加することが重要であるといえ
ます。

　近年，このような地域での話し合いの場をプラットフォームと呼んで，住民
や NPO・社会福祉法人，自治体や福祉関係事業者，さらには福祉分野を超え
て多様な領域の関係者が情報・意見を交換し，学び合える場が重要と考えられ
ています（図14.3）。

## ▌集う──居場所・サロン▐

　現在，社会福祉の領域を超えて，居場所やサロン，コミュニティカフェと呼
ばれるさまざまな「場」が地域の中でつくりだされています。居場所は「いる
ところ，いどころ」を表す言葉ですが，「居場所」の本質的性格について論じ
ている R. オルデンバーグはファーストプレイスである家庭，セカンドプレイ
スである職場・学校に続き，居場所を「サードプレイス」と位置づけて，その
特質を説明しています（Oldenburg 1999=2013：59）。

　つまり居場所とは，「家庭や職場・学校ではない，多様な人が自発的に出入
りし交流することのできる場の総称」と規定することができます。とはいえ，
たとえば近年，注目を集めている代表的な居場所の一つである「子ども食堂」
の中には，貧困児童限定で食事を供するところもあり，居場所にも多様性があ
ります。

　そのような場を暫定的に整理したものが，図14.4です。

　図14.4では，居場所にも「コミュニティ形成志向−問題解決志向」および
「ターゲット限定的傾向−ターゲット非限定的傾向」の居場所があり，このよ
うな多様性が住民主体による居場所実践の広がりにつながっていると考えるこ

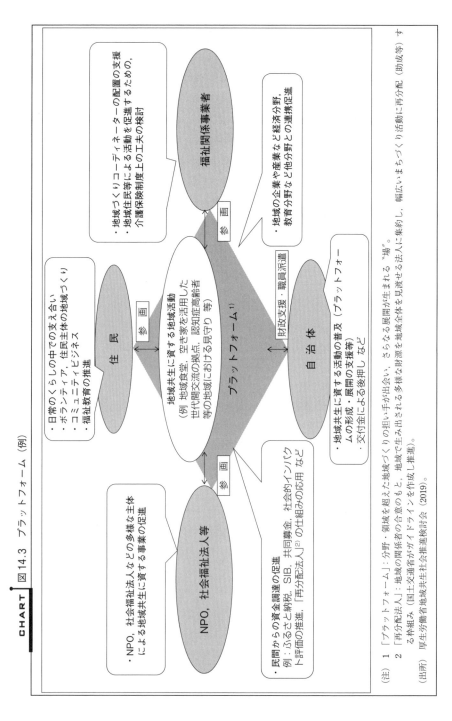

・地域づくりコーディネーターの配置の支援のための、
・地域住民等による活動を促進するための、
　介護保険制度上の工夫の検討

**福祉関係事業者**

・地域の企業や産業など経済分野、
　教育分野など他分野との連携促進

・日常のくらしの中での支え合い
・ボランティア、住民主体の地域づくり
・コミュニティネス
・福祉教育の推進

**住　民**

参　画

参　画

**プラットフォーム[1]**

地域共生に資する地域活動
（例）地域食堂、空き家を活用した
世代間交流の拠点、認知症高齢者
等の地域における見守り 等

参　画

**自　治　体**

財政支援・職員派遣

・地域共生に資する活動の普及（プラットフォー
　ムの形成・展開の支援等）
・交付金による後押し など

**NPO、社会福祉法人等**

・NPO、社会福祉法人などの多様な主体
　による地域共生に資する事業の促進

・民間からの資金調達の促進
　例：ふるさと納税、SIB、共同募金、社会的インパク
　　ト評価の推進、「再分配法人」[2]の仕組みの応用 など

（注）1 「プラットフォーム」：分野・領域を超えた地域づくりの担い手が出会い、さらなる展開が生まれる "場"。
　　　2 「再分配法人」：地域の関係者の合意のもと、地域で生み出される多様な財源を地域全体を見渡せる法人に集約し、幅広いまちづくり活動に再分配（助成等）す
　　　　る枠組み（国土交通省がガイドラインを作成し推進。
（出所）厚生労働省地域共生社会推進検討会（2019）。

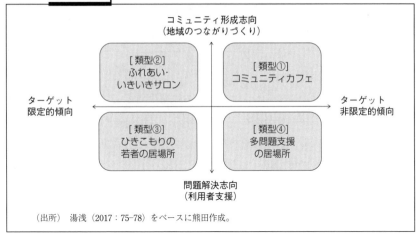

**CHART** 図 14.4 社会福祉領域の居場所の布置

コミュニティ形成志向
（地域のつながりづくり）

[類型②]
ふれあい・
いきいきサロン

[類型①]
コミュニティカフェ

ターゲット
限定的傾向

ターゲット
非限定的傾向

[類型③]
ひきこもりの
若者の居場所

[類型④]
多問題支援
の居場所

問題解決志向
（利用者支援）

（出所）　湯浅（2017：75-78）をベースに熊田作成。

とができます。

　それでは居場所にはどのような役割があるのでしょうか。これもある社会福祉協議会のサロンの一コマです。

　地域で生活している高齢者 B さんの相談を，社会福祉協議会職員が受けました。地域との関係が希薄なため，地域の方と交流する機会を求めているという内容でした。この相談を受けた職員は，付き合いのあるサロンの関係者に相談して，B さんに参加していただくことになり，職員が B さんと共にサロンに出掛けました。

　するとそこでは，同じような年齢の人が集まり，楽しそうに話をしていました。次の週から B さんは一人でサロンに出掛けるようになりました。毎週通ううちに，サロンの方とお話もできるようになり，楽しくなってきました。B さんは，以前からの悩みである，高いところの片づけができず困っていることをサロン内で話してみました。

　B さんにサロンを紹介した職員は，その後定期的にサロンに参加していたので，サロンのオーナーから B さんの困りごとの相談を受けました。職員は早速ボランティアをコーディネートして，ボランティアは B さんが困っていた高いところの荷物の片づけを手伝ってくれました。サロンは B さんにとって，安心していられて，困りごとを相談できる場所になっています。

（出所）　Z 社会福祉協議会（2018）を一部改変。

　藤井博志は居場所の福祉的機能には交流，活動，相談，ケアの 4 つの機能があることを指摘しています（藤井 2018：15）。上記の事例では，近隣に知り合いのいない孤立化した B さんがサロンとつながることで，「交流」や「活動」

が行われ，さらには「高いところの片づけができない」といった生活上の課題をサロンが受け止めるという，「相談」機能も発揮された事例となります。このようにサロンは，①交流，活動，相談，ケア等のさまざまな機能を有していることと併せて，団体・組織への加入の場合，役割を担わされることを恐れて参加しない住民が多いのですが，サロンでの役割は「そこにいること」であり地域への参加の敷居が低くなるという特徴があります。このような②地域へのインターフェイス機能が居場所やサロンという取組みが広がりを見せる一因となっています（熊田 2018：30）。

## 気を配る──見守り・声かけ

　見守り・声かけも住民主体の活動では近年，注目を集めている取組みです。

　そもそも見守りとは「日頃顔を合わせる家族や友人，職場の同僚や関係者の間で健康状態や生活の様子を伺う行為」（小林 2013：159）ですが，住民主体の活動では，①家族や友人がいない／いても関係が良好ではないことや各種支援やサービスに結びついていない／結びつかないといった「見守る者の不在（対象）」，②生活上のリスクがある／リスクを抱える可能性があるといった「リスクをもつ見守られる者（状態）」，そして，③見守られる本人とは直接関わりのない第三者としての地域住民が変化に気づくといった「第三者の気づき（主体）」という点があり，①対象－②状態－③主体の各点から一般の見守りとは異なる行為であるといえます。

　たとえば，以下は見守りの取組み事例の一コマです。

### EPISODE ⑧

　ある酷暑の夏に，エアコンのないアパートに住むCさんのことが見守り協力員のDさんは気になり，「緩やかな見守り」を続けていました。

　DさんはCさんに会った際，Dさんが見守り協力員をしていることをCさんに伝え，希望があれば「担当による見守り」を行いたい旨を伝えました。Cさんも健康に不安があるため，Dさんの申し出を受け入れました。

　DさんがCさんのお宅を定期的に訪問するようになってから近隣住民がCさんの状況を知るところとなり，近隣住民もCさんの「緩やかな見守り」を行うようになりました。

　たとえば上記の事例では，はじめにDさんは「緩やかな見守り」を行って

います。「緩やかな見守り」とは，日常生活の中で「いつもと違う」「何か違う」と気づくという見守りのことをさします。また「担当による見守り」とは定期的な安否確認や声かけについて担当を決めて見守ることですが，Dさんは後に「担当による見守り」に移行しています（東京都福祉保健局 2013：3）。このように見守りにもさまざまな形態があり，見守りの成果としてCさんの状態を他の近隣住民も気づき，その結果，見守りの取組みの輪が広がったケースです。

　ただ見守りを行うには一つ前提があります。すなわち，たとえば「隣人の家に人の気配がなく，郵便受けに新聞が溜まったままとなっていた」時や，「最近，隣人と偶然顔を合わせたが，痩せていて顔色が悪かった」時に，見守る住民がどのように対応するかということです。恐らく多くの場合は気がついてもそのままの状態であることが少なくないと考えられます。なぜなら「新聞が溜まっているだけ」「顔色が悪く痩せているだけ」であれば本当にそうなのか確証がもてず，それ以上立ち入れないからです。つまり，見守りには，単なる監視にならないような①住民同士の関係づくりと，②住民の気づいた異変を受け止める地域包括支援センターや社会福祉協議会などの専門相談機関の存在等，それが機能するシステムが重要となるのです。

## 支え合う――助け合い活動

　住民同士で困ったことを支え合う活動は，住民主体の活動の中でももっとも求められる活動の一つです。古くは 1981 年に，東京都武蔵野市福祉公社で始められた有償家事援助サービスや，82 年神戸市内のキリスト教関係の団体が設立した「神戸ライフケアー協会」，83 年の灘神戸生活協同組合が始めた「コープくらしの助け合いの会」など，住民参加型在宅福祉サービス団体の立ち上げから本格化したものです。当時まだホームヘルプサービスが法定化されていない時代に，在宅で生活する高齢者の家事や介護を「有償」で住民が担うという点に特徴があります。このような団体で取り組まれていた実践の一部は，現在，介護保険サービスによって担われています。しかし現在の助け合い活動に求められているものは，介護保険サービスのメニューになっていないが，生活上必要なサポートの交換のことです。具体的には，「窓を拭いてほしい」「電灯のカバーを拭いてほしい」「室内の照明がつかなくなったので取り替えてほ

しい」「一緒にサロンまで同行してほしい」「入院中に花に水やりをしてほしい」といった，日常の動作を本人に代わってサポートすることが求められているのです。

　たとえば，以下は見守りの取組み事例の一コマです。

　住民Eさんから「サロンに行きたいのだけれども，長らく都心で働いていたのでこの近辺のことがわからず，土地勘もないためサロンに辿り着けない。なのでサロンに連れて行ってほしい」という相談が入りました。

　Eさんのサロンへの同行について助け合い活動を担っている住民に引き受けていただき，Eさんはサロンに通えるようになりました。

　Eさんは，何回か通ううちに道にも慣れてきたため，一人でサロンに通うことになりました。ところがある時，「次のサロンはいつだからね」と伝えてもEさんは来ませんでした。そこでサロンで知り合った民生委員が気になってEさんの家を訪問したところ，予定を完全に忘れていました。このような出来事が何度か続く中でEさんは認知症を発症していることがわかりました。今後，訪問介護等の介護保険を利用しながら，今まで通っていたサロンにも助け合い活動を担う住民のサポートを得て通うことになっています。　　　　　　（出所）　Z社会福祉協議会（2018）を一部改変。

　この事例では，助け合い活動としては「サロンへの同行」支援となります。とはいえこの助け合い活動が足掛かりとなって，Eさんの異変に気づき，最終的には介護保険サービスを利用しながらサロンにも継続的に通えるようになったというように，さまざまな住民主体の活動が複合的に結びついています。このような取組みは，相談受付と調整を行う「コーディネーター」と，依頼された活動を行う「活動者」によって構成されます。とくにどのような技量や特技を有する活動者を確保できるかによって相談者からの依頼に応じることのできる内容は規定されます。コーディネーターの役割も住民が担えるようになることが住民主体の活動の深化につながるといえます。

# 3 まちづくりに向けた住民主体「活動」の一体化とその意味

## 住民主体の活動の連動性と一体化

ここまで住民主体の代表的な活動である住民懇談会，居場所・サロン，見守り・声かけ，助け合いの内実について確認してきました。それではこれらの活動はどのような関係性にあるのでしょうか。

居場所・サロン，見守り・声かけ，助け合いは活動の形態は異なるものの，いくつかの関係性を有しています。

たとえば次のような事例が典型となります。

---

**EPISODE ⑩**

Ｆさんは，週２回ヘルパーを利用しています。それ以外は日中一人で過ごしていることが多く，Ｆさん本人は若い時に脳卒中を起こしていて難聴のため，言葉が聞き取りにくく，グループでの活動が苦手です。Ｆさんは庭に花や木を植えていますが，その手入れが十分にできないため，社会福祉協議会に相談しました。

社協の依頼を受けて，近所の「助け合い活動」をしている住民メンバーが４人体制で庭の手入れを行っています。たまたまメンバーが玄関で出会った時に，Ｆさんはずっとメンバーに話をしていました。Ｆさんは発語と難聴に不安をかかえているため，サロンに行くことを躊躇し，サロンもＦさんにどのように声をかけてよいか悩んでいました。

「助け合い活動」のメンバーとサロンのメンバーが知り合いだったため，相談した結果，「助け合い活動」のメンバーが仲介役となってＦさんはサロンに通えるようになりました。また「助け合い活動のメンバー」もＦさん宅に関わるようになってから，Ｆさん宅の近隣住民と仲良くなり，つながりも広がっています。

---

この事例は，発語の不安と難聴で人と関わることの苦手なＦさんが，「助け合い活動」のメンバーの仲介によってサロンに通えるようになったというケースです。もしこの地域で，「助け合い活動」だけ，あるいは「サロン活動」だけが住民主体で行われていたならば，Ｆさんの社会的孤立の解消にはつながらなかったでしょう。また，「助け合い活動」のメンバーと「サロン活動」のメンバーが知り合いだったということが，支援の幅を広げたともいえます。さらにはＦさんへの「助け合い活動」を通して「助け合い活動」のメンバーは地

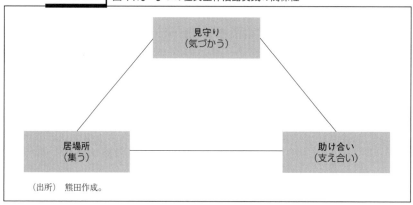

**CHART** 図14.5 3つの住民主体活動実践の関係性

見守り
（気づかう）

居場所
（集う）

助け合い
（支え合い）

（出所）　熊田作成。

域のつながりを広げています。

　このように「居場所（来る）」「見守り（外・玄関で見守る）」「助け合い（利用者宅に行く）」の各活動は相互補完的な関係となっており，それらが一体的に進められることで，シナジー（相乗）効果を発揮するといえます（**図14.5**）。

　またさらには「住民懇談会」のような住民同士が話し合うというプロセスも重要です。

　本章の始めに住民主体の活動を進めるためには「契機」と「仕掛け」が必要であると述べました。当然，それまで機能していた活動基盤が変質していく中で，どのように新たな地域のつながりを築いていくのかが重要な課題といえますが，先に挙げた住民主体の活動実践が深化していくことで，地域に新たなつながりが構築され，活動基盤が生起していくといえます。すなわち，「かけがえのない誰か」である住民の課題を「見守り」「居場所」「助け合い」といった活動を通して受け止めつつ，「住民懇談会」でそのような体験やエピソードの共有化を進めることや「行事・イベント」等でともに住む意識を高めることで，「見守り」「居場所」「助け合い」の各取組みが深化し，さらに地域の関係性が深まっていきます。そのような意味で，これらの活動実践を効果的に結びつけることが，活動基盤の強化につながるとともにひいてはまちづくりにつながるといえます（**図14.6**）。

## 住民主体の活動の本質的意味

　住民主体の活動の本質的意味とは何なのでしょうか。それは本章冒頭の

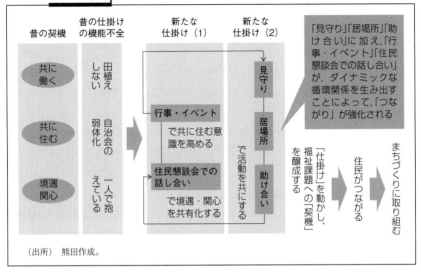

昔の契機

昔の仕掛けの機能不全

新たな仕掛け（1）

新たな仕掛け（2）

「見守り」「居場所」「助け合い」に加え、「行事・イベント」「住民懇談会での話し合い」が、ダイナミックな循環関係を生み出すことによって、「つながり」が強化される

共に働く

共に住む

境遇関心

田植えしない

自治会の弱体化

一人で抱えている

行事・イベント

で共に住む意識を高める

住民懇談会での話し合い

で境遇・関心を共有化する

見守り

居場所

助け合い

で活動を共にする

「仕掛け」を動かし、福祉課題への「契機」を醸成する

住民がつながる

まちづくりに取り組む

（出所）　熊田作成。

STORY でも触れていますが，支え手と受け手といった固定的な関係に分かれるのではなく，「助け合い活動」ではサポートを受けていた住民が，サロン活動の時は，お茶やお菓子を供するなどして支え手となることが重要であるといえます。特技等がない場合でも，この受け手－支え手の相互互換的な関係性を構築することは可能です。たとえば本節のFさんの事例で，Fさんは，一見，受け手の役割しか果たしていないように見受けられますが，「助け合いのメンバー」とFさんの近隣に住むメンバーとをつなぐという重要な役割を果たしています。つまり，常に受け手ではなく，支え手としても自己実現を図ることのできるまちづくり，換言すれば，支え手が受け手になっても安心して生活できるまちづくりこそが，住民主体の活動を進める本質的意味であるといえるのです。その際，受け手と支え手になれるような仕掛けをどのように地域の中につくり込んでいけるのかが重要な課題となります。

第 **15** 章

# 地域福祉の財源

## STORY

　10月に入ると，駅前では赤い羽根の募金活動をしている人たちを見かけるようになった。大学の講義で福祉にかかるお金について学び始めた美咲は，夕食時に社会福祉協議会で働いている母・博子に話しかけた。

　「お母さん，最近赤い羽根の募金活動を見かけるようになったけど，あの募金は福祉に使われているんだよね？」

　「そうよ。お母さんが働いているあさひ市の社会福祉協議会でも，赤い羽根の募金活動を行っているのよ」

　「ポスターとかに『自分の町をよくするしくみ』って書いてあるけど，どういう意味なの？」

　「募金したお金が，自分の町のために使われるという意味ね」

「どんなことに使われるの？」

「地域福祉や災害，福祉施設やNPOなどの支援にも使われているのよ」

美咲は頭の中で，募金箱に入ったお金がどういうふうに動いていくのかを想像してみた。

「大学で少し勉強したんだけど，赤い羽根共同募金は民間財源になるんだよね。でも，市役所などの福祉で使われているお金と何が違うの？」

「公的なお金は税金で，赤い羽根は募金だから寄附で集められたお金。福祉に使われているお金には，税金や保険料などの公的財源と，赤い羽根共同募金みたいな募金や寄附などで集められた民間財源とがあるのよ」

「ふうん。お金の話ってあまり興味なかったけど，やっぱり福祉にもお金が必要なんだよね。でも，日本は福祉にあまり税金を使っていないよね？」

美咲のこの言葉に，博子は少し苦笑して，こう続けた。

「美咲のように，日本は福祉にお金をあまり使っていないと思っている人は多いのよね。でも実は，市役所が1年間に使っているお金の中では，福祉のお金の割合が一番多いのよ」

「えー，本当⁉ 信じられない！」

「本当よ。福祉の予算は民生費というの。市役所のホームページで調べてみたら？」

「うん，調べてみる……。あと，お母さん，やっぱり人口が多い市町村ほどお金があって，福祉にたくさん取り組めるのかな。都会はいいけど，地方は大変なのかな」

すると，それまで黙々と焼き魚をつついていた父・修一が突然口を開いた。

「美咲もそんなことを考えるようになったのか。都市と地方の違いなんて」

感動したように言う修一に，博子が笑う。

「ふふふ，本当ね。頼もしくなったわ。……そうね，確かに人口が多い市町村は，たくさんお金を集められそうよね。でも，人口の少ないところにも，子どもやお年寄り，障害者などいろんな人がいるわよね。だから福祉のお金は必要よね。それをどうしていると思う？」

「人口の少ないところには，どこかからお金をもっていく。もしかして，だから赤い羽根があるってこと？」

「うーん，ちょっと違うけど，どこかからもっていくというのは面白いわね。ヒントは，消費税やふるさと納税……。これ以上言うと美咲の勉強にならないわね。自分で福祉のお金のこと，調べてみたら？」

修一が「ええ～っ，全部教えてやれよ」と母に抗議するのを横目で見ながら，美咲は「わかった，調べてみるね」と答えた。

# 1 地域福祉の主体と財源の考え方

　地域福祉の財源を考えていくときには，税と保険料，利用料からなる公的財源と，赤い羽根共同募金や民間助成財団，クラウドファンディングなどの民間財源の2つの面から考えていく必要があります。

　地方自治体は，生活保護制度や児童福祉，障害者福祉など税を財源として制度が組み立てられているものと，介護保険制度や医療保険制度など保険料や利用料と税とで構成される社会保険制度という公的財源に基づいて施策が行われています。地域福祉の担い手として，地方自治体は公的財源に基づいて地域福祉を進めているため，地方自治体の財政に関する基本的な理解が必要となります。最近では，ふるさと納税が地方自治体の財源確保で話題となっていますので，この点についても触れていきます。

　次に，地域福祉の主体である社会福祉協議会は，地域福祉を進めるための財源として，行政からの補助金，介護保険制度等の事業収入，会費，赤い羽根共同募金等の寄附や募金収入から構成されています。社会福祉協議会が地域福祉を進めていくためには，運営資金をいかに確保していくかが大きな課題となっています。

　また，赤い羽根共同募金を実施している共同募金会や福祉医療機構，民間助成財団など，地域福祉活動を財源面から支援している団体を通して地域福祉の財源を考えていく必要があります。

　さらに，施設を経営する社会福祉法人やNPO，ボランティア，生活協同組合，農業協同組合，株式会社等の営利法人など，本来であれば多様な主体ごとに財源について述べていく必要がありますが，ここでは地方自治体における公的財源の仕組みと社会福祉協議会を中心とした取組みとの関係で共同募金や民間助成団体，クラウドファンディングなどの新たな財源の仕組み等について論じていくこととします。

# ② 地域福祉の公的財源

　日本の社会福祉の財源は，社会福祉基礎構造改革が行われるまで，措置費（各法律に基づく福祉の措置に要する経費，税）によって賄われていました。措置は，対象者が福祉サービスを受ける要件を満たしているかを都道府県や市（行政）が判断し，措置決定に基づいて利用を開始する仕組みです。現在は，児童養護施設や養護老人ホーム等で措置制度が行われています。また，生活保護制度は，措置とは異なりますが，保護として税金によって行われています。2000年以降，介護保険制度がスタートし，社会保険の仕組みによる支援が始まりました。障害福祉サービスも支援費制度，障害者自立支援法を経て，現在の障害者総合支援法となり，措置制度から契約方式に移行しています。このように，福祉サービスの利用方式が措置（児童養護施設，養護老人ホーム等），契約（介護保険サービス，障害福祉サービス），保護（生活保護），利用（保育所等）と異なる中で，公的財源が確保されているのです。

　地域福祉の公的財源を考えていくときには，国と地方の関係を考えないことには，その全容が見えてきません。ここでは，まず国の財源を見ていきましょう。

　国は，税金（所得税，消費税など），保険料，公債発行（借金），積立金などを財源として福祉予算を確保しています。社会保障給付費（社会保障のために支払われたお金の総額。財源は国と地方が集めた税金＋保険料）は，123.7兆円（2019年度予算ベース，対 GDP 比 21.9％）となり，少子高齢化の進行でその額は年々増加しています。福祉だけを見ても，27.2兆円（対 GDP 比 4.8％）で，社会保障給付費の 22.0％を占めています。これは，1994年に厚生省（当時）の「高齢社会福祉ビジョン懇談会」が行った提言「21世紀福祉ビジョン」によって，それまで年金 5：医療 4：福祉その他 1 だった社会保障給付費の割合を，年金 5：医療 3：福祉その他 2 とする方向性を示したことによります。「21世紀福祉ビジョン」は，介護保険制度を創設して，社会的入院をなくすことによって医療費を減らし，福祉や介護の予算を増やす構想を示したものでした。

　図 15.1 の給付を見ると，年金が 56.9兆円（46.0％），医療が 39.6兆円

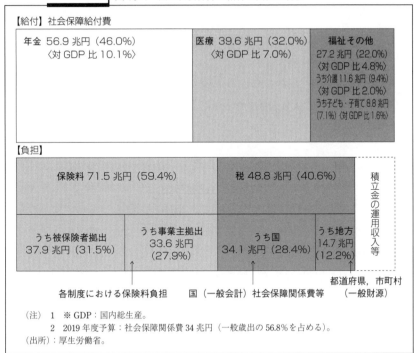

**CHART** 図15.1　国の社会保障の給付と負担の現状

【給付】社会保障給付費

| 年金 56.9 兆円（46.0%）〈対 GDP 比 10.1%〉 | 医療 39.6 兆円（32.0%）〈対 GDP 比 7.0%〉 | 福祉その他 27.2 兆円（22.0%）〈対 GDP 比 4.8%〉 うち介護 11.6 兆円（9.4%）〈対 GDP 比 2.0%〉 うち子ども・子育て 8.8 兆円（7.1%）〈対 GDP 比 1.6%〉 |

【負担】

| 保険料 71.5 兆円（59.4%） | | 税 48.8 兆円（40.6%） | | 積立金の運用収入等 |
| うち被保険者拠出 37.9 兆円（31.5%） | うち事業主拠出 33.6 兆円（27.9%） | うち国 34.1 兆円（28.4%） | うち地方 14.7 兆円（12.2%） | |

各制度における保険料負担　　国（一般会計）社会保障関係費等

都道府県，市町村（一般財源）

（注）　1　※ GDP：国内総生産。
　　　　2　2019 年度予算：社会保障関係費 34 兆円（一般歳出の 56.8%を占める）。
（出所）：厚生労働省。

（32.0%），福祉その他が 27.2 兆円（22.0%）と，「21 世紀福祉ビジョン」が示した割合になっていることがわかります。

　一方，負担は，社会保障給付費の約 6 割を保険料が占め，約 4 割が税金，そして積立金の運用収入等によって構成されています。保険料は，被保険者（個人）と事業主（会社等）が 2 分の 1 ずつ出し合っており，税は国の一般会計（社会保障関係費等）と都道府県・市町村の一般財源とで構成されています。社会保障関係費とは，国が社会保障に出している予算のことで，財源は国が集めた税金です。

　このように，日本は，国が税金の大部分を集めて地方に交付することから「集権的分散システム」ともいわれ，国が歳入・歳出のあり方を決め，地方自治体は国が決めた施策を分散して実施する方式をとってきました。地方自治体の歳入は地方債の発行への国による関与，国庫補助金や地方交付税による国の政策誘導などの影響を受けることとなっていました。そこで，国と地方自治体との関係を改善し，権限と財源を地方に移譲するため，1999 年に「地方分権

の推進を図るための関係法律の整備等に関する法律」（地方分権一括法）が制定され，そして地方の財政主権の確立をめざす三位一体の改革で大幅な見直しが行われたのです。

# ３ 地域福祉財源における国と地方の関係

前節でも述べたように，日本は，国が税金の大部分を集めて地方に交付する集権的分散システムをとってきました。なぜなら，日本は，第二次世界大戦以降，国全体が衰退し貧困状態となった中で，日本国憲法により国の責任のもと，中央集権的に復興しなければならなかったからです。また，戦後の高度経済成長以降，過疎過密化が進行し，都市への人口集中が進むと，人口が多く税収の多い地域から国へ税金を集め，地方交付税交付金（地方自治体の収入の格差を少なくするために交付される資金。国税の一部を財政基盤の弱い地方自治体に交付し地方自治体の財源を補う仕組み。使途の定めはない。所得税，酒税，法人税，消費税，たばこ税の国税５税のうち一定割合を財源として交付税にあてている）によって，人口が少なく税収の少ない地域へ財源を交付しなければ，全国の地方自治体の財政を支えることが難しくなったのです。いわば，地方は都市へ人材を供給し，都市は地方へ財源を供給する関係となったのです。

地方自治体の財政力指数（地方自治体の財政力を示す指数）が１を上回ると，地方交付税交付金の不交付団体，つまり地方交付税交付金を国からもらわない自治体となります。2018年度の地方交付税交付金不交付団体は，都道府県が47都道府県のうち１団体（東京都），市区町村が1741市区町村のうち77団体（川崎市，武蔵野市，三鷹市，女川町，東海村など）となっています。

この間，日本の社会福祉は，武川正吾が「地域福祉の主流化」を提唱したように，1990年の社会福祉関係八法改正以降，基礎自治体である市町村を主体として地域福祉が進められてきました。それらが本格化したのが社会福祉基礎構造改革による2000年の社会福祉法改正と社会福祉法第４条に「地域福祉の推進」が規定されたことでしょう。つまり，市町村を主体として地域福祉が進められるようになり，その市町村を主体とした地域福祉を進めるためには，その権限と財源が市町村に必要となります。

そのため，三位一体の改革が 2000 年代に行われることとなります。三位一体の改革とは，国税から地方税への税源移譲，補助金の廃止・削減，地方交付税の見直しを一体として改革し，国と地方の財政関係を分権的に改めることです。2002 年に「骨太の方針」が打ち出され，国と地方の協議が行われた結果，2005 年に政府・与党間の合意により決着することとなりました。2006 年度を最終年度とし，3 年間かけて実施された三位一体の改革では，4 兆円の補助金改革と 3 兆円の税源移譲という数値目標は達成されたものの，地方自治体の裁量権拡大には結びつかない補助金改革が行われることとなりました。また，2004 〜 2006 年の 3 年間での地方交付税の削減は 5 兆円にも及び，地方分権という視点よりも国の財政再建が優先されたという結果となってしまいました。

　2008 年 3 月に公表された厚生労働省「『これからの地域福祉のあり方に関する研究会』報告書」は，「地域福祉計画に住民の新たな支え合いを位置づける，地域福祉計画の作成に当たって住民が参画する仕組みを作る，地域福祉活動の内容にふさわしい圏域を設定する，また，コーディネーターや拠点など住民の地域福祉活動に必要な環境を整備する」ことを指摘しています。そのうえで，「市町村はそのための財源を確保すべきであり，また，国においても，市町村が財源を確保できるよう支援が求められる」と，国と地方自治体に対して財源確保の重要性を指摘しています。

　地域福祉の公的財源は，補助金・委託費があります。補助金は，国や地方自治体から，民間団体等に対して特定の事務や事業等の実施を補助するために支出されるお金を意味します。公費を適正に支出するために，補助金の使途や支出基準はあらかじめ定められており，補助金を受け取る側の裁量は制限されています。このように，使途を特定した形で支出が行われる補助金を「特定補助金」といい，使途の定めのない補助金を「一般補助金」といいます。地域福祉予算の構成は，「厚生労働省社会・援護局（社会）平成 31 年度概算要求の概要」を見ると，「I 生活困窮者の自立支援の推進，II 生活保護制度の適正実施，III 地域共生の実現に向けた地域づくり，IV 自殺総合対策の更なる推進，V 成年後見制度の利用促進，VI 福祉・介護人材確保対策の推進，VII 社会福祉法人や社会福祉施設等に対する支援」となっており，3 兆 254 億円が概算要求されています。この中で，「III 地域共生の実現に向けた地域づくり」では，「1 包括的な支援体制の整備の推進」として 31 億円が計上されています。この

ような予算が，使途が定められている「特定補助金」となります。一方，「一般補助金」の代表的な例は，地方交付税交付金です。たとえば，「民生委員児童委員活動費」や「福祉活動専門員設置事業費」などがあります。

# 4 ふるさと納税の開始

　三位一体の改革以降も地方への税源移譲の議論は続いています。現在，多くの人々の関心を呼んでいるのが，学生の皆さんにも身近なふるさと納税でしょう。「ふるさと納税」の法的根拠となっているのは，地方税法第37条の2（寄附金税額控除）です。つまり，正しくは税ではなく，寄附なのです。「ふるさと納税」の考え方を整理した「ふるさと納税研究会報告書」（2007）は，次のように「ふるさと納税」の導入の背景を述べています。「『ふるさと納税』の論議は，平成19年5月の総務大臣の問題提起から始まった。多くの国民が，地方のふるさとで生まれ，教育を受け，育ち，進学や就職を機に都会へ出て，そこで納税する。その結果，都会の地方団体は税収を得るが，彼らを育んだ『ふるさと』の地方団体には税収はない。そこで，今は都会に住んでいても，自分を育んでくれた『ふるさと』に，自分の意思で，いくらかでも納税できる制度があっても良いのではないか，という問題提起である」との記述からこの報告書は始まっています。そして，同報告書は，「ふるさと納税」の意義が少なくとも3つあるとして，第1は，納税者の選択，第2は，「ふるさと」の大切さ，第3に，自治意識の進化，という3点を指摘しています。しかし，「ふるさと納税」は，自分のふるさとに納税するというよりも，返礼品を期待してその地方自治体に寄附をするという寄附者の傾向が高く，またその返礼品がその地方自治体と関係のない品物や高額な物であることなどが問題となっています。ふるさと納税は，個人住民税の寄附金税制が拡充されたもので個人住民税所得割の概ね2割（2015年までは1割）を上限とする金額が，所得税と合わせて控除されます。その年中に寄附をした場合は，その年の所得税確定申告により所得控除がなされ，個人住民税は翌年度分が税額控除される仕組みです。

　同報告書は，「ふるさとの概念」について，「『ふるさと』はすべての人に存在するが，出生地なのか，養育地なのか，といった点を納税の条件として厳密

に証明することは必ずしも容易ではない。それ以上に，納税者がどこを『ふる
さと』と考えるか，その意思を尊重することが『ふるさと納税』の思想上，よ
り重要との見地に立ち，納税者が選択するところを『ふるさと』と認める広い
観点をとることとした」と述べていることに注目したいところです。

「ふるさと納税」への賛否はあるものの，ふるさと納税の意義にある「納税
者の選択」と「自治意識の進化」によって，地方自治体の財源について国民の
関心が高まることについては大きな意義があります。そして，それが地方への
財源移譲への大きな力となれば，さらに地域福祉にとっては重要な点となるで
しょう。しかし，「ふるさと納税」は，税ではなく，あくまで寄附の仕組みで
す。根本的な地方自治体への税源移譲の仕組みではありません。また，ふるさ
と納税については反対の意向を示している自治体もあります。返礼品の魅力に
ひかれて寄附をするという視点から，「ふるさとを大切にする」という本来の
意義と地方における財源の格差をどのように解消していくかという本来の議論
を忘れてはならないのです。

# ⑤ 地域福祉の民間財源としての赤い羽根共同募金

赤い羽根共同募金は，第二次世界大戦後の 1947 年に創設されたものです。
社会の変化の中，共同募金は，誰もが住み慣れた地域で安心して暮らすことが
できるよう，さまざまな地域福祉の課題解決に取り組む民間団体を応援する，
「じぶんの町を良くするしくみ」として取り組まれています。2017 年度は，約
179 億円の募金を集めていますが，1995 年の約 266 億円をピークに減少傾向に
あります。1951 年の社会福祉事業法の制定に伴って社会福祉協議会とともに
制度的に明確化された募金活動です。共同募金の活動は，アメリカのオハイオ
州のクリーブランド商業会議所で 1913 年に「慈善博愛連盟」という名で世界
において最初に始められ，1918 年には，ニューヨーク州ロチェスターにおい
て「コミュニティ・チェスト」という名で行われました。

共同募金が創設された背景としては，戦災によりダメージを受け，財政窮乏
に瀕していた民間社会福祉事業に対し，資金的援助が必要であったことと合わ
せて，連合国軍総司令部（GHQ）の指示や憲法第 89 条によって民間社会福祉

事業に対する公的補助が不可能になったことから共同募金による財源支援が緊急の課題であったことが大きな要因の一つです。1996年，21世紀を迎える共同募金のあり方委員会答申「新しい『寄付の文化』の創造をめざして」が出され，寄附の文化を根づかせ，市民社会・福祉社会づくりのために広く財政面で支援を行うことが明記されました。また，社会福祉基礎構造改革によって，社会福祉法第112条に改めて共同募金が，次のように規定されました。

　　　　この法律において「共同募金」とは，都道府県の区域を単位として，毎年一回，厚生労働大臣の定める期間内に限つてあまねく行う寄附金の募集であつて，その区域内における地域福祉の推進を図るため，その寄附金をその区域内において社会福祉事業，更生保護事業その他の社会福祉を目的とする事業を経営する者（国及び地方公共団体を除く。以下この節において同じ。）に配分することを目的とするものをいう。（傍点筆者）

　つまり，①都道府県を単位として寄附金の募集を行い，②年1回，厚生労働大臣が定めた期間に行い，③その区域内の地域福祉の推進を図るため，④その区域内において社会福祉事業，更生保護事業その他の社会福祉を目的とする事業を経営する者に配分することを目的に行う，というものが赤い羽根共同募金です。また，中央共同募金会では，民間の団体や福祉施設から助成申請を受け付けています。地域福祉を推進するために魅力的な活動を行う団体に，全国的な視点から助成を行うことにも取り組んでいます。さらに，「災害ボラサポ」（災害ボランティア・NPO活動サポート募金）を設置し，被災地において被災された方々の支援活動を行うNPO・ボランティアグループなどの活動資金の助成を行っています。また，「じしんほけん『絆』支援金プロジェクト」を実施しており，地震・津波・噴火等の大災害が起こった際，被災地で活動するボランティアやNPOの支援金を，基金としてあらかじめ積み立てています。さらに，特定の課題に支援をしていくプログラムを行っており，現在は「赤い羽根福祉基金『盛和塾 社会人定着応援プログラム』」として，児童養護施設を退所して進学した若者が，社会人として自立していけるよう，就職活動や資格取得などを応援しています。

　共同募金は，第一種社会福祉事業に位置づけられているため，共同募金会以

外の団体が行うことはできません。また，寄附金を区域内の社会福祉事業，更生保護事業その他の社会福祉を目的とする事業を経営する者（国および地方公共団体を除く）に配分することを目的とすることが規定されており，区域外（募金を集めた都道府県外）には配分することができないことになっています。しかし，2000年の社会福祉法改正により災害時や特別の事情があった場合は，区域外（募金を集めた都道府県外）への配分が可能となりました。また，寄附金の配分を明確にするため，配分は翌会計年度中に行わなければならないこととされていますが，この2000年の社会福祉法改正により，災害時などに備えて災害等準備金を積み立てることが可能となりました。大規模災害時などに瞬時に被災地へ支援金を送ることができるようになったのです。災害ボランティアセンターは，災害当日や翌日には創設され動き出します。義援金のように，災害が起きてから寄附を募っていたのでは，お金が被災地に届くまでに時間がかかるため，支援活動を行う人々を支援するお金が間に合いません。共同募金は，このような災害時の支援に大きな力を発揮しているのです。また，共同募金は，税制上，寄附に関する非課税措置の対象団体になっていて，寄附をすることにより確定申告によって税金が控除される仕組みとなっています。このような仕組みがあることによって，寄附をしやすい仕組みとなっているのです。

　共同募金は，戸別募金（世帯をまわることや回覧板などでの寄附の呼びかけ），街頭募金（駅などでの募金活動），学校募金（学校での募金活動），法人募金（企業での募金活動），職域募金（労働組合などによる募金活動），イベント募金（スポーツ選手や芸能人等によるイベントなどによる募金活動）があります。その7割程度が戸別募金によって集められていますが，最近は，ホームページを通じての募金など共同募金会によって多様な方法が工夫されています。

　共同募金会は，募金の計画，募金総額の結果，配分した者の氏名および配分額，準備金などを公告しなければならないことになっているため，募金の使い道が明らかで誰にでもわかりやすい仕組みが心がけられています。そして，募金の配分を決定する配分委員会の設置を義務づけるとともに，区域内の社会福祉事業，更生保護事業その他の社会福祉を目的とする事業を経営する者（国および地方公共団体を除く）への過半数配分規定を廃止し，NPOなど市民活動団体への助成をしやすくして，その区域内の地域福祉の推進を図るよう取り組んでいます。

地域福祉の民間財源と新たな財源の考え方

　独立行政法人福祉医療機構では，NPO やボランティア団体などの民間団体の活動や地域に根差したきめ細かな活動を助成金の支給を通じて支援する「社会福祉振興助成事業」を行っています。28 年間で 1 万 4000 件の事業に約 700 億円を助成してきました。2017 年度実績を見ると，助成規模は，1 団体 50 万 ～ 2000 万円で，年間 152 件に総額 6 億円を助成しています。助成分野別の採択件数の割合は，高齢者・介護者支援が 32.9％，子ども・子育て支援が 26.3％，生活困窮者支援が 25.0％，障害者支援が 12.5％，被災者支援が 3.3％となっています。また，助成金の事業評価を行っており，助成を受けて実施された事業が，「どのような成果を上げ，社会にどのような影響を与えたか」を確認することを目的に，事業評価が行われています。

　それ以外にも，地域福祉の助成として日本生命財団など民間助成財団が地域福祉の先進事例を支えてきた歴史があります。また，特定非営利活動法人に「認定特定非営利活動法人」が位置づけられたことにより，その認定特定非営利活動法人となる条件として，3000 円以上の寄附者を年平均 100 名以上集めることや総収入の 5 分の 1 を寄附金が占めるようにするなどが規定され，NPO においても寄附活動が積極的に行われるようになってきています。

　「地域づくりに資する事業の一体的実施」などにより，分野横断的な取組みが進められています。また，地域福祉活動を推進するために，ファンドレイジング（資金調達）の視点が重要視されるようになってきました。

　ファンドレイジングとは，「NPO が，活動のための資金を個人，法人，政府などから集める行為の総称」と日本ファンドレイジング協会は定義しています（日本ファンドレイジング協会 2012：4）。地域福祉活動を実現するために，ホームページ等を活用して資金を集める「クラウドファンディング」（Column ⑯）や民間資金を活用して革新的な社会課題解決型の事業を実施し，その事業成果を支払の原資とする「ソーシャル・インパクト・ボンド（SIB）」，社会福祉法人による地域における公益的な取組み，企業の社会貢献活動との協働など，地域福祉財源を確保するための多様な活動が広がり始めています。

## Column ⑯　寄附で地域活性化

　地域福祉を推進するための財源は，税金などの公的財源だけではありません。民間財源によっても支えられています。その一つに，クラウドファンディングという方法があります。

　クラウドファンディング（crowdfunding）とは，群衆（crowd）と資金調達（funding）を組み合わせた造語で，インターネットを通して自分の活動や夢を発信することで，想いに共感した人や活動を応援したいと思ってくれる人から資金を募る仕組みです。

　たとえば，千葉県銚子商業高校は，「銚子商業から地域に夢を広げよう！」という想いのもと，地域活性化を目的とした「銚商夢市場プロジェクト」に取り組んでいます。2014年1月に高齢者や生徒の足であった銚子電鉄が脱線事故を起こし，その後修理できないまま走れなくなって半年以上が過ぎていました。同年11月に，その銚子電鉄を復活させようと，銚子商業高校の生徒が企画した「脱線事故で走れなくなった銚子電鉄をもう一度走らせたい！」というプロジェクトを実行し，クラウドファンディングで資金を集め，車両を修理して復活させました。300万円の目標額に対して，484万3000円が集まりました。415人の支援者が寄附をしたのです。現在その車両は，生徒が企画した「バルーン列車」としても，元気に運行しています。2016年9月には，生徒による100万円を目標額としたクラウドファンディング「銚電メイクアッププロジェクト」が129人の支援者により134万9000円集まり成立し，銚子電鉄の駅舎をきれいにするプロジェクトが行われました。銚子商業高校の生徒と飯沼幼稚園の園児がペイントアートで犬吠駅舎や犬吠駅前広場を華やかに彩りました。

　また，地方自治体もクラウドファンディングを活用して福祉に取り組んでいます。財政破綻をした北海道夕張市は，借金を返済するために十分な予算を確保できませんでした。そのため，老朽化した保育園の園舎の立て直しや夕張高校のカリキュラム改正などに取り組むための財源がなかったのです。そこで，夕張市は，ふるさと納税を活用したクラウドファンディング（ガバメントクラウドファンディング：GCF）を実施しました。第一弾となる「夕張高校魅力化プロジェクト」（募集期間：2017年7月から4カ月間）では，夕張の課題を教育資源とし，地域とともに「世界最先端でもっとも難しい問題」にチャレンジ・モア・スピリットで挑む夕張高校生のチャレンジ環境づくりの支援を求めました。その結果，目標額の3倍以上となる2300万円以上の応援が集まりました。夕張市のホームページには，「全国からの温かいメッセージも高校生の心に響いています。寄附者の皆さまの期待に応えられるよう，取り組みを進めてまいります」との言葉が書かれています。

このほかにも，クラウドファンディングでは，途上国支援や商品開発，自伝本の制作など幅広いプロジェクトが実施されています。このように，公的財源だけでなく，市民による自発的な支援によって，地域福祉が推進されていく時代となっているのです。

第 **16** 章

# 美咲＆翔吾が聞く！「今, 学んでほしい地域福祉」

座 談 会

# ROUND-TABLE TALK

- ・日時：2018 年 3 月 28 日
- ・場所：社会福祉法人　福祉楽団・恋する豚研究所
- ・出席者：加山弾（東洋大学）・熊田博喜（武蔵野大学）・中島修（文京学院大学）・山本美香（東洋大学）
- ・聞き手：美咲＆翔吾

**美咲**　今日は，この本の著者 4 人に集まってもらい，座談会を開くことになりました！　ところでここ，明るくてとてもおしゃれなお店ですが，障害者の方々が働くレストランなんですよね。

**加山**　そうなんです。地域の方々と一緒に，さまざまな楽しい取組みをしている社会福祉法人「福祉楽団・恋する豚研究所」が運営しているのがこのレストランです。この法人はほかにもたくさんの社会福祉施設を運営していて，どこも地元のおじさん，おばさん，子どもたち，近くの会社の人たちがわいわい集まっています。まさに自然体で地域づくりが進んでいる，という感じなんです。社会資源というと堅苦しいけど，福祉関係者だけで考えていてもなかなか出てこない視点やアイデアが，地域の人たちとの交わりの中から出てきた，みたいなね。

**美咲**　利用者もスタッフも地域の人も，一緒になって楽しんでいる感じがいいですね！

**中島**　建物がモダンだし，法人の事務所も，今どきの IT 企業のオフィスみたい。

**山本**　スタッフもカジュアルな服装で，くつろいだ雰囲気ですね。

**熊田**　従来の制度的な枠組み，慣習を打ち破っていくというコンセプトも感じますね。本書でも，そんなメッセージを込めたんですよね。

**翔吾**　先生たち，それよりお腹すきませんか？　お客さんたちが食べている豚しゃぶランチ，超おいしそうなんですけど！

美咲　ちょっと翔吾，今日何しに来たかわかってるの!?（怒）

熊田　まあまあ，座談会が終わったら，みんなで食べようね。

翔吾　じゃあ，早く終わりましょうよ！

美咲　アンタ，あとで説教な……。

著者一同　（苦笑）

# 1　地域福祉のオモシロさ

## ▌福祉の仕事はクリエイティブ▐

美咲　先生方はそれぞれ大学で地域福祉を教えているんですよね？　地域福祉の面白さって，どんなことですか？

中島　やっぱり**いろんな人が関われる**っていうことが魅力ですね。そこで暮らしている人たちは「生活者」であって，自分たちの暮らしをよくしていくために，みんなで協力しながらさまざまなことを行う中で〝地域〟というものが見えてくる。地域をよくするには専門職だけじゃなく，いろんな人たちが関わることが大切なんです。そこには障害者もいれば，高齢者も子どももいる。そういう地域という空間の魅力，地域福祉の面白さが学生に伝わればいいなと思っています。分野論でいくと，どうしても支援する人－される人という関係に目がいくけれど，地域福祉って比較的フラットにいろんな人が関われるのがいいんですよ。

山本　私は**事例をいっぱい紹介できる**ところも面白いと思いますよ。

中島　そうそう，学生に実践の話をしながら，一緒にワクワクできますよね。

加山　学生たちとは実践現場で一緒に活動しているんですが，**事例として取り上げた地域に実際に出かけていくのも楽しい**ですね。学生たちも「授業ではピンとこなかったけど，リアルにわかった！」と言ってくれるし，そこの元気な

方たちとの出会いが楽しいですよね。

**熊田**　**福祉の仕事って，ただ人のお世話をするという仕事ではなくて，クリエイティブなもの**なんだって，地域の方々を見ていると実感します。何か新しいものをつくりだそう，新しい価値を生み出そうっていう……。でも，それは住民だけでできるかっていうと，恐らく難しいと思います。だから専門機関とか，さまざまな主体と一緒にやる。そういうことを伝えられるといいなぁと思ってやっています。

**翔吾**　新しい価値を生み出すって，かっこいいっすね。

**美咲**　福祉の仕事をする人は，クリエイターでもあるということですね！

**加山**　この座談会場を運営している法人も，まさにそういうスタンスなんですよ。

**熊田**　あとは，地域福祉の楽しさって，町そのものを考えられることも挙げられると思うんです。たとえば自己紹介するとき，「私は〇〇市（町）に住んでる〇〇です」って言うじゃないですか。ということは，**その地域に住むことはアイデンティティ**なんですよね。そこに他者との関係性があるかどうかはおいておくとしても，どこに住んでいるかというのは重要な条件です。だから自分が住んでいるのはどんな町で，どんな課題があるのかいろいろ調べたりして，解決方法を考えたりするのが好きですね。あと，純粋に町を歩いて，こんなところにこんな店があるんだとか，どうしてこんなところに公園があるんだろうって考えるのも楽しい。学生にもそういうことを感じてもらうのが，地域福祉を教えていて楽しいことですかね。ネットの情報だけではわからない，実際に行かないと絶対手に入らないものがある。そういう形にならないワクワク感がまず前提にありますね。

**山本**　私も移動中なんかに，あちこちキョロキョロするんですけど，地域福祉の研究者って，そういう好奇心をもっているのかもしれない。

**熊田**　そうですね。高齢分野を専門にする人は高齢者にシンパシーを，障害分野の専門の人は障害者にシンパシーをもっているように，地域福祉を専門にしている人は，その町で生きることや，町の成り立ちに対してある程度関心をもっているはずです。

**中島**　まちづくりってどこにどういう建物をつくるか，何があれば生活が豊かになるか，という要素がありますが，その中でとくに，私たちは人に関心があ

るんだと思うんです。人とのつながり，関わり
の中に，まちづくりの魅力を見出しているんで
すよね。

## ▌住民自治のあり方が地価にも影響▐

加山　弾

美咲　さっき，山本先生が「事例をいっぱい紹
介できる」っておっしゃったんですけど，そう
いうのを私たちも知りたいです。

山本　では……。この前，いい話を聞いたんで
す。防災活動をきっかけに，住民同士が交流できるように普段からいろいろな
仕掛けをしているマンションの自治会があるんですが，そのマンションはもう
築30〜40年も経っているのに価格が下がってないんですって。今の時代でも，
自治会活動が盛んで，住民同士の交流が盛んだと価値が下がらないことがある
んですね。そのマンションができた時代には，たとえば誰かが子どもたちのお
世話をしてくれるなど，住民同士でお互い気にかけ合う雰囲気があったと思う
んです。でも時代が変わってそういうことがなくなっていくと，今度は子育て
サポートや高齢者向け配食サービスなど，お金を払って利用する外部のサービ
スが自然に取って代わるようになる。そういう中で，建物は生活の利便性や築
年数などを基準に，価値が下げられていく。

美咲　駅から近いとか，建物が広いとか新しいとかで，建物の価値って決まる
イメージです。でも，そういう数字では測れない価値もあるってことですね。

熊田　つまり，建物というハードの維持・管理も大事だけれど，住民同士がつ
ながり，関係を保つことで，本当の意味でのマンションのメンテナンスができ
ているということですね。いわゆる**社会関係資本**が機能しているという。人の
つながりが強固なら，結果的に建物のメンテナンスも行き届き，値打ちが下が
らない，誰もが住みたがる住宅になっているのかもしれないですね。

加山　今，社会関係資本の話が出たんですけど，住民同士の関係ができてい
るってことは，**犯罪とか災害にも強い**ということなんですよ。人のつながりが
どれだけできているか，個人に置き換えれば，自分の知り合いが近くにどれだ
けいて，そのうち本当に自分とつながっている人が何人いるかで，いざという
ときの対応力が決まっていくんじゃないかな。今のマンションの話のように，

中島　修

それが比較的うまくいく地域もある一方で，ひきこもりやごみ屋敷みたいな問題が放置されていたり，集合住宅で近くにたくさん人が住んでいるはずなのに孤立死がなくならなかったりという地域も多い。

**翔吾**　僕の借りてるアパートも，隣の人がどんな人か全然わからないなぁ。地震や洪水があっても，助け合うイメージは想像できないかも。……えっ，俺そしたら一人で死ぬの⁉　美咲，俺どうしよう⁉

**美咲**　ちょっと落ち着いて……。

**加山**　翔吾くんがそう感じることが，地域福祉への第一歩かもしれませんよ。同じ地域でも，実は排除と包摂は共存することがあるわけです。学生でもそういう問題意識の強い人は多くて，興味をもってくれますよ。

**中島**　マンションの場合は管理組合がありますけど，あれは住民同士が支え合わないと運営できません。でも，住民だけで完全に管理や自治ができるのかというと，いろいろ悩むときもあるし，不動産に詳しい人に聞かないとわからないこともある。そこにコミュニティソーシャルワーカーや社協職員など専門職が出てくることがあるんですが，それは，彼らが「マンションをよくしたい，地域をよくしたい」という人たちの集まりをサポートする人材だからです。

**美咲**　そうやって地域のさまざまな人が関わって支え合うのが，地域福祉のいいところですね。

♪～　（スマホの着メロ）

**翔吾**　あっ，彩加から電話！　もしもし～。

**美咲**　うわぁちょっと翔吾！　……すすすスミマセン！

（しばし中断）

**翔吾**　僕たち，このあとここで豚しゃぶ食べるじゃないですか。僕と美咲だけズルいって，彩加が文句言ってるんですけど。

**山本**　ここのレストラン，土産物コーナーもあって，事業所でつくったハムとかソーセージ，地元の特産品なんかも並べられてるから。みんなにお土産，買って帰ったら？

翔吾　ほんとですか!? ヤバい，どれもおいしそう！ むしろ自分用に買いたい!!

著者一同　（苦笑）

## 過疎地と都市部では地域福祉の課題も変わる

熊田 博喜

美咲　ちょっと聞きたいんですけど……。私が受けた授業では，**過疎地とか中山間地の地域福祉と都市型の地域福祉とでは，違いがあるって**習ったんですけど，よくわからなくて。

中島　僕は地方で人口何千単位の小さな町や村に関わっているんですが，そういう地域では住民同士がみんな顔見知りなんです。だから旅行客が来るとすぐにわかる。それぐらい顔見知りで，そういう地域って安心感があるんですよね。経済的には苦しいことが多く，大学生を送り出すなんて大変なんですが，でも食べ物には困らないという環境です。しかし，そんな顔の見える関係で，みんなが安心して暮らしていた集落も人口が少なくなってきて，だんだん厳しくなってきている。高齢化が進むと，車でちょっと買物や病院に乗せて行ってくれていた近所の人もそれができなくなってきたり。気軽に誰かの家に入って，自然なサロンのように集まっていたのができなくなってきたり……。かつては都会にはないような集落ならではの維持機能があったのに，それが低下してきているんです。もともと役場が果たすような機能を集落はもっていたのに，今は果たせなくなってきたんですね。そこが今，〝集落の看取り〟とかいわれている話にもなってきています。

美咲　なんだか寂しい話ですね。でも，新しい動きもあるんですよね？

中島　はい。一つは，いわゆる〝コンパクトシティ化〟。点在している集落を一つの地域に集めていく発想です。たとえば山の上に１軒だけ家があると生活するのに不安もあるし，降雪地帯ならそこに除雪車が入っていくのも大変なので，集まって住もうという考え方ですね。それから，〝定住自立圏構想〟というのもあります。すべての町や村に医師がいなくても，拠点となるところに病院があり，そこに医師がいれば，複数の自治体がその病院を利用するようにするという考え方です。以前は一つの自治体にすべての機能がないといけないという発想だったんですが，今はそうじゃない。病院の拠点はここ，福祉の拠点

はここというふうに広域的にやって，住み続けられるようにしようというのを，地方では始めているんです。また，拠点まで行けない人のために病院が送迎バスを走らせたり，社協が民間タクシーをコーディネートして乗り合いタクシーを出したりして支援しているんです。

熊田　縮小に向かうベクトルと拡大するベクトル，2つ動いている感じで面白いですね。資源が限られているから，どこかに集中投下するっていう点では同じなのかな。

中島　医療みたいに広域でみるテーマと小さい規模でみる課題とがそれぞれあって，取り組み方が違ってくるんでしょうね。

美咲　なるほど，少しイメージがわきました。都市部のほうでも，都市部ならではの課題があるんですよね。

加山　都市部でも，地域の活動を担っているのはやっぱり町内会みたいな従来型の地縁の結びつきの強い人たちが中心ですよね。マンション住民など新しい層は地縁にアイデンティティをもたない人が多くて，町内会に入らなくなっている。都会は家賃が高いから子どもができたら郊外に引っ越すという人もいますし，転勤族もいて，自分がその地域の一員だと実感できないのもあるでしょうね。だから，地縁の活動は担い手が高齢化して疲弊している。

翔吾　僕も自分が住んでいる場所の町内会の存在自体を知らないな……。

美咲　都会ではそういう空気の中で閉塞感を覚えることもありますね。じゃあ，都市部ならではの新しい動きもあるんですか？

加山　都市部では次の担い手が育っていないってよくいわれるんですが，もちろん，現役世代でも「意識高い系」の人は多くて，子どもの貧困やまちづくりなど，関心のあるテーマではNPOやコミュニティビジネスのような新しい動きが活発です。ただ，その人たちの行動は地縁というよりも，テーマに共感する人同士がつながる感じなので，そこと地縁ベースの福祉をもっと融合していきたいですね。集合住宅で見守りや孤立死防止をしているところに，IT系の団体が参入したりもしているので，そういったことをもっと活性化させられれば……。

山本　都会でも結局，人のぬくもりを求めて，つながろうとする人は結構いるんですよね。ただ，始終べったりじゃなく，ほどほどに，必要なときにつながろうとしたり，楽しみながらやろうという発想は豊かですよね。

熊田　若いうちは悩みも自分のことが多いですが，子どもを育てたり，家族に障害があったりってなったときに，家庭内で抱え込むと悪い方向にしかいきません。震災や犯罪も身近なので，やっぱり都会でも孤立は嫌だっていう雰囲気にはなってきていますよね。

山本 美香

美咲　同じ地域福祉っていっても，地域によってだいぶテーマが違うんですね。

　学生は地域福祉をどう思っている？
▶▶ 人と人とのつながりをつくる地域福祉

加山　反対に聞いてみたいんですけど，学生の2人は地域福祉って，今どう思ってるのかな？

美咲　まさかの逆質問！

翔吾　「美咲＆翔吾が聞く！」っていう企画なんですけど……。

加山　まあまあ（笑）。

翔吾　……急に言われても。ええと，フツーです。

熊田　（笑）。入学前は，地域福祉って言葉は知ってた？

翔吾　全然知らなかったです，僕は。

美咲　私は母が社協で働いているので，一応は知っていました。

熊田　大学で学んでみて，イメージは変わった？

翔吾　まずそもそも福祉って，僕は高齢とか障害とか児童とかの分野しか知らなくて。でも，地域福祉の授業を受けてみると，居場所づくりみたいな要素もあるってわかりました。そういうのは他の科目と違うので，面白かったです。自分の中で新しい発見でした。

中島　実際，どこかに行ってみたのかな？

翔吾　社協でやっているサロンとか，ネットワーク活動とか。**地域福祉って，授業で聴いてるときは漠然としたイメージしかなかったので，結局，現場を見**

ないとわからないんだなぁって思いました。実際どんな人たちがいて，その場所はその人たちにとってどんなに大切なのか，生で見てはじめて理解できるっていう……。その居場所があるからこそ外出する人がいるのを見て，その人の生活に欠かせない場所なんだって感じました。

熊田　ちゃんと学んでるよね。翔吾くんにとって，地域福祉といえば〝居場所〟。

翔吾　僕の中ではそれが一番ですね。**地域の居場所って，そこを運営する人がいて，そこに来る利用者がいて，その関係性が上下関係とかっていうのじゃなくて，一緒に活動をやっていくって感じなのが新鮮でした。**

山本　「支援する人」と「支援される人」じゃない関係性っていう。

美咲　……翔吾，やっといいこと言ったね。

翔吾　いやいやいや！　僕，いいことしか言わないでしょ。毎日２コぐらいは，いいこと言ってるから！

熊田　いやいや発言すべてが深いですよ（笑）。美咲さんは？　地域福祉をどう思う？

美咲　私も大学に入るまでは，福祉っていうと介護が必要な方とか障害がある方とか，言い方が悪いかもしれないんですけど，人の手を必要としている方に対するものだって，思ってた部分がありました。でも大学で社会福祉を学ぶうちに，必ずしもそうではないなって。地域福祉に限っていえば，誰かの手を必要とする前から，いろんな人にとって身近なものなんだなって思えたのが，私は一番大きな学びだったなぁと思います。**福祉って自分には関係ない，縁遠いって思いがちだと思うんですけど，そういうものじゃないんだなぁって。**

加山　なるほど。地域福祉のどんなところに魅力を感じるのかな？

美咲　私の中では地域福祉っていうと，近所の方とすれ違うときにちょっとした言葉を交わすとか。朝，地元の駅の駐輪場で働いているおじさんがいつも「今日も学校頑張ってね」とか声かけてくれたりするんですけど，そういうのも地域福祉の一つだと思ってて……。そういう何気ないちょっとした人との関わりが私，すごくうれしくて好きなので。

加山　何気ない，人との関わり。地域福祉で一番基本的なことかも。

熊田　実習に行くとそう感じる学生も多いですよね。ただ，「何気なさ」が少なくなってきている今，どう「何気ないこと」を自然につくりだせるかが問わ

れているのかなと。

中島　それまで，普段の生活の中で，地域ってあまり意識しなかったかな？

美咲　そもそも地域って，どこからどこまでなのかも私にはよくわかってないです。

中島　ご近所さんとの何気ない会話をしたときに，普通はそれをもって「あ，これが地域だ」とは思わないよね。だけど「地域福祉」という言葉を知ることで，そうした何気ない交流も〝地域福祉〟という言葉に置き換えられるようになる。

美咲　結局は人と人との関わりの話ばっかりになってしまうんですけど。本当にちょっとしたことで，「元気出た！」「明日もがんばろう！」とか，誰かと関わらなきゃ得られないものってあると私はすごく思うので。**いろんな仕掛けをつくって，それを形にしていける地域福祉って創造的だな**って思います。さっきもここの法人がやっていること，デイサービスなのに近所の人が井戸端会議できるスペースがあるとか，中高生が勉強できる部屋があるっていう話を聞いて，びっくりしました。そういうところで毎日顔を合わせてたら，きっと生まれるものもあると思うので。いろんな形でいろんなつながりをつくれるのが，地域福祉だと思います。

翔吾　美咲もちょっとはいいこと言えるようになったんだね。

美咲　当たり前じゃん（怒）！

加山　今はSNSでのコミュニケーションが当たり前じゃないですか。知らない人とコミュニティができて，SNS上で真剣な相談をしたりできる今でも，直接触れ合うことの良さはある？

美咲　SNSだと顔が見えないので，話したときに相手が笑顔を返してくれたり，近所のおばあちゃんが頑張ってねって言ってくれたりといった，そういう温かさがないのはイヤかな。

# ③ 実践と結びつけて地域福祉を教える

## よりリアルにイメージしてもらうために

**美咲** さっき加山先生の質問に答えながら，地域福祉って伝えるのがすごく難しいなって思ったんですけど，私，教職もちょっと考えてるんで聞いておきたいんですが，伝え方の面ではどう工夫されてるんですか？

**山本** そう，本当に伝えるのが難しい分野ではあるんです。まず学生さんや若い人って，地域を理解しにくいですよね。自治会の活動をしているわけでもないし。だから授業で抽象的なことを教えても，文字としては入ってくるけど，リアリティをもって想像することができないですよね。それで私は，ある自治会さんにお願いして，1年生を自治会の人たちと一緒にまち歩きさせてもらっているんです。歩いてみて，ここは空き家になっているけどどうしたらいいかなとか，前は商店街にお店がたくさんあったけどみんな閉めちゃったんだよって話を聞きながら歩くんですね。

**翔吾** 面白そう。教室ばっかじゃ飽きちゃうし。

**山本** 2年生からは地域福祉を授業で教えて，3年生では実習。1年生ですぐにはわからなくても，一つひとつ階段を上がっていけばいいかなって。

**中島** 僕のところでは，2年生ぐらいになるとあちこち見学に連れて行きます。

**熊田** うちも，各教員がそれぞれの現場に連れて行きますね。

**美咲** たしかに，先に現場を見ておいて，後で座学で知って，あれがこうだったんだなってわかるパターンはあると思います。1年生でサロンを見ても，それが何なのかよくわからないと思いますけど，それから授業で聴くと授業もわかりやすいかもしれません。

**加山** 映像などの視覚教材も学生に伝わりやすいですよね。だからこの本でも，実践のイメージづくりの方法を4人で話し合って，動画を入れることにしたんです。

**翔吾** あ，宣伝だ（笑）。

## 地域とつながるための「あとひと押し」って何だろう

**美咲** 先生方は苦労されてると思うんですが，私は知れば知るほど，あと一歩踏み込んでみたいという気持ちがわいてきます。地域福祉について学んでいろいろわかったら，実際に行動に移すほうがもちろんいいんですよね？ 私を含め，自分から地域に関わっていける人って，やっぱり少ないじゃないですか。もちろん忙しくて余裕がないとか，そもそも知らないというのもあるんでしょうけど。でも，誰かが「あなたのその得意分野を活かして手伝ってほしい」って声をかけてくれたら，行くような気がするんですね。いろんな力をもった人がちょっとずつ協力すれば，できることっていっぱいあると思うんです。

**翔吾** 地域には，待機児童とか，雇用の口が足りないとか，ひきこもりとかいろんな課題がありますよね。そういう問題を，たぶんみんな知ってはいるんですよ。でも，それに対してなかなか主体的に動けないのが，一番の課題じゃないかなぁ。みんな「誰かがやればいい」っていう気持ちだと思うんです。そもそも自分の力を必要としている人がいることを知らない場合も多いし。

**美咲** うん，だから「あとひと押し」が必要だなって思うんです。

**加山** 美咲さんや翔吾くんだったら，何が「あとひと押し」になるかな。

**翔吾** 何があれば「自分がやる」って思えるんだろう……。うーん。人によると思うんですけど，美咲が言うみたいに「あなたのこれが必要だからちょっと来て」って誘われたら，割と気軽に行けるかな。たとえばボランティア募集の貼り紙を見て，自分にもできるかもってちょっと思ったとしても，きっかけがなければ「じゃあもういっか」ってなっちゃいます。

**中島** あぁ，わかる気がする。

**加山** 具体的に示すことが大事なんでしょうね。「地域のために町内会にお入りください」といっても拒む人が増えているけど，「あなたが仕事で身につけた技術や特技を活かしてください」と言われたら，〝地域で必要とされている″って実感しやすい。ボランティアセンターのアプローチにも工夫が必要ですね。一度何かに関わることができた人は，そこから地域のいろんな活動に展開していくことが多いですし。

**中島** いいコーディネーターや，声をかけるのが上手な人が必要なんでしょうね。「ちょっと手伝ってよ」と背中を押したり，居場所に連れていったりとい

う。

山本　でも，誘う相手をよく知っていないと，そういうことはできないですよね。

熊田　地域をよく知っていて，「翔吾くんって人がこんなことできるよ」「美咲さんってこういうのが得意だよ」というのがわかっていないと，具体的に誘うのは難しいですよね。専門職は，そういう視点でちゃんと地域を見るということが大事だと思います。

翔吾　募金でも，漠然と「アフリカの子どものために募金してください」って言われるより，「どこどこの誰々ちゃんがこの手術をするためにお金を必要としています」って言われるほうが協力したくなります。自分がこの人の役に立てるっていうイメージが具体的にできるから。そうやって対象を明確化してくれたほうが，動きたい気持ちになると思うんです。

中島　人とのつながりを感じられるというのが，一つポイントなのかもしれませんね。昔の社会って，たとえば田んぼをつくるなら水を引かなきゃいけないから，みんなでお金を出し合って水を確保しようというように，暮らしの中で人と人とが必然的につながることができたと思うんです。でも今の地域では，それぞれに暮らしを成り立たせることができるので，つながる必然性がない。小学校では，登校班をつくって6年生をリーダーにして子どもたちが集まって動くというようなこともありますが，高校生や大学生ぐらいになると，そういうのもなくなりますよね。

翔吾　ないです。地域で集まるって，全然ない。僕なんか今一人暮らしだから，ますますありません。

美咲　私は実家ですけど，自分で何でも完結しちゃう生活になってますね。必要なものは自分で買いに行くし，地元の友達とも連絡は取れるけど，主に大学の友達と遊ぶようになって，地域でつながっているという感じはしません。

中島　そういう中で，学生は学生目線で，社会人は社会人目線で地域福祉を意識化できるように工夫するのが私たちの役割ですね。

# 4 どうなる？ 地域福祉のこれから

## ▌ 時代に合わせて地域福祉も変化が必要 ▌

**美咲** 座談会もアツく盛り上がってきましたね！

**翔吾** お腹もすいてきました……。豚しゃぶはまだですか……。

**美咲** ゴホン！ えーと，ちょっと大きな質問をします。地域福祉がこれからどう広がっていくか，また何が課題になるのかといった，これからのことについて聞かせてください。新しい政策がどんどんつくられて，住民の活動や居場所も工夫されている反面，地域で活動したくない，支援を受けたくないという人も増えているみたいです。「どうなる，地域福祉？」ということで。

**加山** 現代社会ではこれだけ孤立の問題がある中で，一方では地域ばなれが進んできて，地縁のほころびが顕著になっています。今後20年，30年先を考えると，今までの形の踏襲だけでは地域の活動や地域福祉は生き残れないんじゃないか，という心配はありますよね。**NPOのような住民組織と地縁型組織との融合**という課題も，「水と油」とか「新しい課題」とか言われ続けてもう20年ぐらいは経っています。もちろん融合的な取組みは昔からあるわけですけど。今，若手が新しいことをやっていることに，地域福祉がちょっと追いついていない気もします。この座談会場に見られるような，社会福祉施設と地域との自然な共存関係っていうのもそうですし，福祉以外の分野とも互酬的につながっていかないといけないと思います。

**美咲** 時代に合わせて変化しなくてはいけないけれど，地域福祉はまだそこに追いついていないっていうことですか。

**加山** そう感じます。地域組織のあり方も見直しが必要。もう今の50代ぐらいから下の世代では，地縁という動機で動く人は激減するはずなので，アプローチのブラッシュ・アップは緊急課題です。仕事をリタイアした人がこれからも地域活動の主戦力だとしても，現役のうちにわずかでも地域との接点がなければ，「さぁリタイアしたんだから，これからは町会に協力してください！」「民生委員になってください」と言われても，経験も人脈もなかったらいきな

り輪に入ることはできません。

中島　まさにその地縁と NPO の問題は大きいですね。地域福祉ってどうしても，町内会や民生委員，老人クラブといった従来型の組織が中心になっている面があるので，そうじゃない形をどう入れ込んでいくかは大切なポイントです。

翔吾　昔から住んでいる人たちが何かやっているところに，僕みたいに地方から引っ越してきて学生やっていたり，会社に行ったりしている人は入り込みづらいです。っていうか，興味がわかないですよね。

中島　もう一つは，**世代間をつなぐ問題**もあります。地域の活動というと，どうしても高齢者の見守りとかサポートということが中心になってしまい，そういう活動を中心としたボランティア活動となると，主婦層や比較的年齢が高い層になりがちです。でも実は PTA や，親父たちがやってるような野球チームなどでは，30 〜 40 代も意外と地域で活躍しているんですね。だけどそれが，その活動だけで終わってしまっていて，いわゆる福祉といわれる活動とはつながっていない。親父たちは「自分たちの野球チームで育てたアイツが○○高校の野球部に入って」という話を地域の居酒屋でしているんですが，地域福祉というところまでは広がっていかない。もしこれが地域福祉との活動につながっていったら，可能性はもっともっとあるんじゃないかなと思います。

熊田　そうですね。たとえば，地域には環境問題に取り組んでいる団体も多いですが，活動者は大半が高齢者。けれども彼らは福祉のことに対してあまり関心はないし，またそう見られたくないということを言う人もいます。そういう他分野の取組みをする人たちに，どうやって福祉に関心を向けてもらえるようにするかが課題ですよね。若くて福祉に関心のない人でも，いずれは年をとって，おそらく福祉とは向き合わなくてはいけなくなります。それがもし早い段階から福祉が射程に入っていれば，次の展開に結びつきやすくなるはずです。

翔吾　僕もいずれおじいさんになったら，人の手を借りなければ生きられなくなるでしょうしね。

美咲　その前に，子育てをするときに誰かに助けてほしいことも出てくるかもしれないし。そういうときに，福祉を知っていたら「助け合い」っていう意識で自分も「助けて」って声を上げやすくなるかも。

中島　僕は，まちづくり視点でつながれたらいいかなぁと思います。まちづくりと環境問題は絶対切っても切れない問題ですし，ほかにもいろんな活動と交

われる視点だと思います。僕は地域福祉について話すときに，最初から高齢者とか障害者の話を持ち出さなくてもいいと思ってるんですよ。たとえば，ごみ問題から外国人との話に行ったっていい。日本ほどごみの分別をきちんとやる国はないんじゃないかというくらい，分別ルールは細かいですけれど，じゃあ外国の人はどうしてるんだろうねっていうきっかけで，外国人に関わる福祉につながっていくこともできるかなと。福祉って今，生活全般にどんどんウィングを広げているじゃないですか。だからそれぞれの人がとっつきやすいところから話していけば，福祉とクロスするところが出てくるのではと思うんです。従来の地域福祉ってどうしても，認知症や高齢者といった核心に目がいきがちですが，もっと視野を広げられないかなと考えています。

熊田　あと，たとえば社会教育的な場なら喜んで参加するのに，福祉ボランティアだとちょっと，という人も多いですよね。やっていることはそんなに変わらないのに，福祉色が強い入口だと敬遠されるということがあります。これは，とくにバリバリの企業人に多いような気がします。社会教育で学ぶというのは，結果的に居場所づくりといった福祉的な内容にたどりつくこともあるのですが。

加山　入口は違っても，行き着くところは同じだったりするんですけどね。

中島　福祉というと，なんだか偽善っぽく感じてしまう人は今も少なくないんでしょうね。

## ▎マイノリティにも目を向けよう▕

山本　もう一つ，私が課題に感じていることは，地域福祉って大多数の住民のためには熱心だけれども，本当の生活困窮者の方々にはどうして向いてないのかということです。課題があることは認識されていても，たいてい何もせずに終わってしまうのが現状です。生活困窮の方から，自治会活動をしたいけれど敷居が高いという話も聞いたことがあって。

加山　たしかに，住民参加，住民主体というときに，想定する住民層が狭い気がしますよね。

山本　はい。たとえば民間賃貸住宅に住んでいるような人は，自治会側も誘うのをあきらめていて，置き去りにしているようなこともあるんですね。

中島　マイノリティの問題には，本当にしっかり向き合っていかないといけま

せんね。住民の合意形成を重視すると，どうしても合意が得やすい高齢者の問題に集中しやすくなる。そうやって取り組んできた歴史が長くあるけれども，それだけでいいのか，ということですよね。

**加山** ここ数年，学生の卒論の傾向を見ていると，外国人やLGBTといったマイノリティをテーマに選ぶ人がどんどん増えてきています。学生のほうが敏感だし，変な先入観がないですね。日本は政策的に六法的な枠組みがまずそそり立っていますが，でも海外では必ずしもそうでもない。「住民」にはマイノリティも当然含まれていて，しかも地域で孤立して課題を抱えていることを，学生たちはよく知っています。

**翔吾** なんだかホメられている気分……。

**山本** まぁマス的にもテーマ性の高い高齢者はとくに合意を得やすいですよね。それは当然なんですが，でもそこにカテゴライズされない人が大勢いることも忘れてはいけないですね。

**加山** 地縁に依拠していることにも良し悪しがあって，地縁組織ではやはり「共通課題に対する共同的解決」というのが前提になります。でも少数者の問題，とくに町内会非加入世帯が抱える問題に対しては，「個人の問題」「行政の仕事，イコール自分たちには関係ない」となりやすい。

**山本** そういう意味では，子ども食堂などは良い切り口から貧困問題に取り組んでますよね。子どもだけではなく，いろんな年代の住民が集まれるという点もいいなと思います。

 **5 学生への期待**

　　　　　▶制度や枠組みを超えて，まちを見つめてほしい

**翔吾** では最後に，僕たち学生に期待することをお願いします。これからは僕たちの時代なんで。

**中島** （笑）。じゃあ僕から。日本って制度中心に発展してきたんですけど，地域福祉の魅力ってそれを超える，いわゆる制度ではないところに切り込めることが最大の魅力だと思うんです。ところが今は，社会福祉に関わるいろんな制度ができたり，国家資格ができたりする中で，制度の枠の中でとらえる面が強

くなりすぎています。たしかに僕らが学生だっ
た頃に比べたら，制度が広がったことでよかっ
た面はあるんです。でもやっぱり学生の皆さん
には，今ないもの，新しい価値観といったもの
にチャレンジしていってもらいたいし，地域福
祉にはそれを求めていきたい。今あるものが全
部いいわけではなく，もっともっと創り出して
いかなきゃいけないものがある。僕らが「えっ，
そんなことあるの？」ということに気づかせて
もらえたらと期待しています。そうしたら「い

やいや，まだまだ老けないよ」って，こっちも思えるじゃないですか（笑）。

**美咲** が，頑張ります……！

**熊田** 先ほどLGBTの話がありましたが，20〜30年前にはそのテーマで卒論
を書く人はほとんどいなかったはずです。そう考えると，地域や社会の問題へ
の認識も変わってきている。だから**どんどん新しい問題を開拓して，解決方法
を考えてほしいし，それが止まってしまってはおしまいなんだ**と思います。地
域福祉は，地域でいろんな生活の仕方をしている人々のことを考える分野。そ
の人々の生活，生き方は，時代によってどんどん変わっていきます。だから思
考の運動を止めないでほしいんです。「まぁこんなもんだろう」と妥協しない
でほしい。たとえば公務員になる人には六法の仕事も大事なんですが，六法以
外のものは認識しないという仕事の仕方が，今の地域の問題を生み出している
一因でもあるわけです。そこをどう超えられるかという視点はもっていてほし
いですね。キザな言い方をすると，「書を捨てよ街へ出よう」という，寺山修
司的な発想が大切だと思います。街の中で何かを見つけようとすることが，重
要なんじゃないかなと。

**加山** この会場を運営する法人は，地域の人たちが求めるものに何でも対応す
るスタンスで，LGBT勉強会などもやっています。以前，マイノリティの支援
者から聞いた「（当事者たちは）福祉の援助者からも排除される」という言葉を，
僕は忘れられないんです。それは克服しないといけません。既成のステレオタ
イプを超えていく視点は大事にしてほしいですね。そして，自分が住みたい地
域づくりに遠慮しないでもらいたい。自分が住みたい，子どもを育てたい，楽

しく過ごしたいのはどんな町か。時代によってハードもソフトも変化するので，「今，自分たちはこう思ってる」っていうのを出発点にして……。

山本　われわれ教員の責任もありますけど，学生たちは何となくこれが福祉だっていう枠の中で勉強しようとしているような気もします。それだけにしばられず，あちこちの地域に飛び出していってほしいなと私は思っています。最初は先生に指示されてしぶしぶ……でもいいと思うんです。でも，そこで何かを見つけられるということはあるはず。その何かを発見したときに，「こうじゃないほうがいいよね」とか，「こういうふうにしたらどうだろうか」と広げていってほしいな。……さて，これで終わり。みんなで豚しゃぶランチをいただきましょう！

美咲　やったー！　ご飯だ！

翔吾　いやー，ほんと長かった。ゴチになります！

一同　（笑）。ありがとうございました！

# 地域福祉に関する年表

| 年 | 内容（出来事） |
|---|---|
| 1874 | 恤救規則（1932年の救護法施行で廃止） |
| 1891 | A.アダムスがアメリカのハルハウスを参考に日本最初のセツルメントを開始（後に岡山博愛会となる） |
| 1897 | 片山潜が東京・神田町にキングスレー館を創設 |
| 1917 | 岡山県にて済世顧問制度創設（笠井信一知事）：民生委員制度の源 |
| 1918 | 大阪府にて方面委員制度創設（林市蔵知事）：方面委員制度が全国に広がる |
| 1923 | 関東大震災<br>関東大震災を契機に帝大セツルメント（現・東京大学）が創設される |
| 1929 | 救護法成立（1932年施行：方面委員の運動により施行） |
| 1938 | 社会事業法成立・施行（社会福祉事業法の前身） |
| 1945 | 労働組合法成立・施行。労働三権：団結権，団体交渉権，団体行動権を規定 |
| 1946 | 日本国憲法制定<br>旧生活保護法成立・施行（救護法同様制限扶助主義。保護請求権・不服申立権を認めず。福祉事務所の規定なく実施者は市町村長，保護決定権は民生委員）<br>民生委員令（方面委員は，民生委員へ名称変更） |
| 1947 | 児童福祉法成立・施行（児童委員創設。民生委員は児童委員を兼務することが規定される）<br>社会事業中央共同募金委員会発足（現・中央共同募金会） |
| 1948 | 民生委員法成立・施行 |
| 1949 | 身体障害者福祉法成立（施行は翌年） |
| 1950 | 福祉に関する事務所（福祉事務所の創設→1951年に社会福祉事業法に規定）<br>新生活保護法成立・施行（ほぼ現行法の仕組みを規定）<br>精神衛生法（現，精神保健福祉法）成立 |
| 1951 | 社会福祉事業法成立・施行<br>・社会福祉協議会の創設（日本社会事業協会，全国民生委員連盟，同胞援護会の3団体合併）<br>・社会福祉法人の創設<br>・共同募金の連合会の設立を規定 |
| 1955 | 世帯更生資金貸付制度創設（現・生活福祉資金貸付制度）：民生委員の世帯更生運動を契機に低所得者への貸付制度として社会福祉協議会に創設される<br>長野県上田市社会福祉協議会で家庭を支援する活動に取り組むボランティア育成の予算化を行う→翌1956年，長野県が上田市の取組みを参考に「家庭養護婦派遣事業」創設（日本のホームヘルプサービスの始まり） |
| 1959 | 「保健福祉地区組織育成中央協議会」結成。保健師の健康教育から社協が福祉教育の必要性を学ぶ。この活動は社協理論・実践に影響を与える |
| 1960 | 精神薄弱者福祉法（現・知的障害者福祉法）成立・施行 |
| 1961 | 国民皆保険・皆年金体制の確立 |
| 1962 | 「社会福祉協議会基本要項」発表。社協は，公私関係者の参加を得て住民福祉増進を図る民間の自主的組織である（＝住民主体の原則）とした<br>徳島県社協に善意銀行が創設される（社協ボランティアセンターの前身）<br>国庫補助事業として老人家庭奉仕事業運営要綱（派遣対象：要保護老人世帯）開始（国のホームヘルプサービスの始まり） |
| 1963 | 老人福祉法成立・施行 |
| 1964 | 母子福祉法（1981年の母子及び寡婦福祉法を経て，現・母子及び父子並びに寡婦福祉法） |

成立・施行

ライシャワー事件：この影響で精神科病床が急増し長期入院化の要因になる

| | |
|---|---|
| 1965 | ボランティア協会大阪ビューロー（現・大阪ボランティア協会）創立 |
| 1966 | 「社会福祉協議会活動の強化について」により法人格を有する市区町村社協に国庫補助職員である「福祉活動専門員」を配置 |
| 1968 | 全社協「ボランティア活動を育成するために――ボランティア育成基本要項」を発表し，社協としてはじめてボランティアやセンターのスタンスを示す |
| 1970 | 心身障害者対策基本法（現・障害者基本法）成立・施行 |
| 1971 | 厚生省「社会福祉施設緊急整備5か年計画」発表 |
| | 中央社会福祉審議会答申「コミュニティ形成と社会福祉」発表 |
| 1977 | 「学童・生徒のボランティア活動普及事業」（厚生省補助事業，実施主体：社協，学校を指定した福祉教育）が始まる |
| | 障害者の共同作業所全国連絡会（共作連）結成（6都府県16作業所が参加） |
| 1979 | 全国社会福祉協議会が「在宅福祉サービスの戦略」を発表 |
| | 文部省「養護学校義務化」を実施 |
| | 「心身障害児理解推進校」（2年間指定：文部省）開始 |
| 1981 | 国際障害者年 |
| 1983 | 社会福祉事業法一部改正。市町村社協法制化 |
| | 全国社会福祉協議会が『地域福祉計画――理論と方法』を刊行 |
| 1985 | 「福祉ボランティアのまちづくり事業（ボラントピア事業）」始まる（3年間指定） |
| 1987 | 社会福祉士・介護福祉士法成立・施行 |
| | 日本地域福祉学会創設 |
| | 東京都が「東京都における地域福祉推進計画の基本的あり方について」を発表 |
| 1990 | 社会福祉関係八法改正（社会福祉事業法，老人福祉法，老人保健法，児童福祉法，身体障害者福祉法，精神薄弱者福祉法，母子及び寡婦福祉法，社会福祉・医療事業団法）により在宅福祉サービスの法制化，市町村老人保健福祉計画の策定義務化 |
| | 「1.57ショック」（少子化が注目される） |
| 1991 | 「ふれあいのまちづくり事業」開始（5年間指定） |
| | 東京都社会福祉協議会が「権利擁護センターすてっぷ」を開設 |
| 1992 | 社会福祉事業法一部改正。「国民の社会福祉に関する活動への参加の促進を図るための措置に関する基本的な指針」の策定とともに，国および地方公共団体がそのために必要な措置を講ずることを規定（翌年告示）。人材確保（福祉人材センター設置） |
| | 「新・社会福祉協議会基本要項」策定：住民主体の原則を継承しつつ，公私協働・役割分担，福祉サービスの企画実施を盛り込む |
| 1993 | 厚生省「国民の社会福祉に関する活動への参加の促進を図るための措置に関する基本的な指針」（国民参加指針）発表 |
| | 中央社会福祉審議会地域福祉専門分科会意見具申「ボランティア活動の中長期的な振興方策について」発表 |
| | 全国ボランティアフェスティバル開始 |
| | 全国社会福祉協議会「ボランティア活動推進七カ年プラン」発表 |
| | 障害者基本法成立・施行 |
| 1994 | 「市町村ボランティアセンター事業」始まる（2年間指定） |
| | 「広がれボランティア連絡会議」結成（全国的なボランティア・市民活動団体，学校教育・社会教育関係団体，企業，労働組合，青少年団体等が参画） |
| | 地域保健法成立・施行。保健所から市町村保健センターへ健診等の権限移譲 |
| | 児童福祉法一部改正：主任児童委員が創設される |
| | エンゼルプラン（「今後の子育て支援のための施策の基本的方向について」）として文部，厚生，労働，建設各省が今後10年間の目標を定める |
| | ハートビル法（「高齢者，身体障害者等が円滑に利用できる特定建築物の建築の促進に関する法律」）成立・施行（2006年にバリアフリー新法成立で廃止） |

| 1995 | 阪神・淡路大震災：ボランティア元年（多くのボランティア・NPO が活動） |
|---|---|
| | 日本福祉教育・ボランティア学習学会創設 |
| | 精神保健福祉法成立・施行 |
| 1997 | 介護保険法成立 |
| 1998 | 特定非営利活動促進成立・施行：特定非営利活動法人（NPO 法人の創設） |
| 1999 | 地域福祉権利擁護事業（現・日常生活自立支援事業）開始（10 月〜） |
| | 介護保険要介護認定開始（10 月〜） |
| 2000 | 社会福祉法成立・施行 |
| | 介護保険法施行 |
| | 成年後見制度創設 |
| | 新エンゼルプラン（「重点的に推進すべき少子化対策の具体的実施計画について」）が，大蔵（現・財務），文部，厚生，労働，建設（現・国土交通省），自治の 6 大臣の合意で策定される |
| | 交通バリアフリー法成立・施行（2006 年にバリアフリー新法成立で廃止） |
| | 厚生労働省「社会的な援護を要する人々に対する社会福祉のあり方に関する検討会」報告書発表 |
| | 児童虐待防止法成立・施行 |
| 2001 | 配偶者暴力防止法（DV 法）成立・施行：配偶者暴力相談支援センター創設。 |
| | ボランティア国際年（日本からの提案で実現） |
| 2002 | ホームレス自立支援法成立・施行 |
| | 健康増進法成立（施行は翌年） |
| | 小・中・高校で「総合的な学習の時間」の創設：学校における福祉教育の拡充 |
| 2003 | 社会福祉法第 107 条，第 108 条に市町村地域福祉計画，都道府県地域福祉支援計画が規定される |
| | 支援費制度施行（身体障害者・知的障害者のみ対象）：2000 年の身体障害者福祉法・知的障害者福祉法・児童福祉法の改正を根拠法とする |
| | 高齢者介護研究会「2015 年の高齢者介護——高齢者の尊厳を支えるケアの確立に向けて」を発表し，地域包括ケアシステムの考え方を示す |
| | 次世代育成支援対策推進法成立・施行 |
| 2004 | 児童福祉法一部改正。市町村が児童相談の一次相談窓口となり，児童相談所は虐待等困難ケースのみの担当となる。 |
| | 発達障害者支援法成立（施行は 2005 年） |
| | 大阪府「CSW 機能配置促進事業」創設：中学校区単位にコミュニティソーシャルワーカーを配置（大阪府地域福祉支援計画に基づく） |
| | 新潟県中越地震 |
| 2005 | 障害者自立支援法成立（精神障害者も対象に，施行は 2006 年） |
| | 高齢者虐待防止法成立（施行は 2006 年） |
| 2006 | 介護保険法一部改正。「地域包括支援センター」が創設される |
| | 国連で「障害者権利条約」が採択される（日本国の署名は 2007 年，批准は 2014 年） |
| | 自殺対策基本法成立・施行 |
| | バリアフリー新法（高齢者，障害者等の移動等の円滑化の促進に関する法律）成立・施行（ハートビル法と交通バリアフリー法を統合） |
| | 住生活基本法成立・施行 |
| 2007 | 新潟県中越沖地震 |
| | 住宅セーフティネット法成立・施行（住宅確保のため居住支援協議会を規定） |
| 2008 | 厚生労働省「これからの地域福祉のあり方に関する研究会報告書」公表 |
| | 地方税法一部改正。同法第 37 条の 2 を挿入し，「ふるさと納税」（ふるさと寄附金）開始 |
| 2009 | 厚生労働省「安心生活創造事業」（地域福祉のモデル事業，地域福祉推進市町村）開始（3 年間のモデル事業＋1 年間の補助事業） |
| | 子ども・若者育成支援推進法成立・施行（2010 年）。厚生労働省「ひきこもり対策推進事 |

業」が 2009 年から開始され，同年ひきこもり地域支援センターが創設されている

地域生活定着支援事業（現在は地域生活定着促進事業）が開始され，「地域生活定着支援センター」が創設される（触法高齢者・触法障害者等を支援）

| 2010 | 障害者自立支援法改正（施行は，2011 年・2012 年） |
|---|---|
| 2011 | 東日本大震災：震災関連死などが定義され，福祉支援の必要性が明確化される |
| | 障害者虐待防止法成立（施行は 2012 年） |
| 2012 | 子ども子育て支援法成立・施行：子ども子育て支援事業計画を策定 |
| | 障害者総合支援法成立（難病も対象に。施行は，2013 年） |
| 2013 | 生活保護法一部改正及び生活困窮者自立支援法が一体的に成立 |
| | 改正社会福祉法施行。社会福祉法人の指導監督が都道府県から市に移行 |
| | 子ども貧困対策推進法成立（施行は 2014 年。子どもの貧困対策会議設置） |
| | いじめ防止対策推進法成立・施行 |
| 2015 | 生活困窮者自立支援法施行。福祉事務所設置自治体に総合相談である自立相談支援機関が設置される。町村部は，都道府県が運営 |
| 2016 | 改正社会福祉法成立・施行（一部施行：2017 年）。社会福祉法人制度改革。法第 24 条 2 項創設。社会福祉法人の「地域における公益的な取組」が全社会福祉法人の責務となる |
| | 熊本地震：DWAT（災害福祉支援チーム）が初めて派遣される |
| | 成年後見制度利用促進法成立・施行 |
| | 自殺対策基本法改正（地域自殺対策計画策定を規定。計画を策定する際は，地域福祉計画など他の関連する計画との調和を図ることが必要） |
| 2017 | 「地域包括ケアシステムの強化のための介護保険法等の一部を改正する法律」により，地域共生社会の実現に向けた取組の推進等に関する法改正が行われる（社会福祉法，介護保険法，障害者総合支援法，児童福祉法） |
| | ・社会福祉法第 4 条 2「地域生活課題」の創設 |
| | ・同法第 106 条の 3「包括的支援体制の整備」が地方自治体の努力義務へ |
| | ・同法第 107 条市町村地域福祉計画，第 108 条地域福祉支援計画の策定が努力義務化。同法第 107 条一に市町村地域福祉計画に地域における高齢者の福祉，障害者の福祉，児童の福祉その他の福祉に関し，共通して取り組むべき事項を新たに規定 |
| | 「保険者機能の強化，医療・介護の連携の推進」（介護保険法，医療法） |
| | 新住宅セーフティネット法成立・施行（住宅確保要配慮者への支援を規定） |
| 2018 | 母子保健法改正：子育て世代包括支援センターを法定化 |
| | 生活困窮者自立支援法改正・施行 |
| | 児童福祉法一部改正。東京都特別区（23 区）に児童相談所を設置できることとなる |
| | バリアフリー新法改正・施行（一部：2019 年施行） |
| 2019 | 児童福祉法一部改正：児童相談所の体制強化と弁護士の配置 |
| | 児童虐待防止法改正：関係機関の連携強化 |
| | 子どもの貧困対策推進法改正：市町村に貧困対策計画策定を努力義務化 |
| | 子ども子育て支援法改正：量的拡充と質の向上のための必要な措置を講ずる |
| 2020 | 新型コロナウイルス発生 |
| | 地域共生社会の実現のための社会福祉法等の一部を改正する法律成立 |
| | 地域住民の複雑化・複合化した支援ニーズに対応する包括的な福祉サービス提供体制を整備する観点から，「市町村の包括的な支援体制の構築の支援」「社会福祉連携推進法人制度の創設」などを規定 |

# ブックガイド

さらに読み進めたい人のために

● **第 1 章**

上野谷加代子・松端克文・永田祐編，2019，『よくわかる地域福祉（新版）』ミネルヴァ書房

『社会福祉学習双書』編集委員会編，2020，『社会福祉学習双書 2020 第 16 巻 学びを深める福祉キーワード集』全国社会福祉協議会

野口定久，2008，『地域福祉論──政策・実践・技術の体系』ミネルヴァ書房

牧里毎治・杉岡直人・森本佳樹編，2013，『ビギナーズ地域福祉』有斐閣


● **第 2 章**

岡村重夫，1974，『地域福祉論』光生館

倉沢進，2002，『コミュニティ論（改訂版）』放送大学教育振興会

鳥越皓之，1993，『家と村の社会学（増補版）』世界思想社

町村敬志・西澤晃彦，2000，『都市の社会学──社会がかたちをあらわすとき』有斐閣

読売新聞生活情報部編，2008，『つながる──信頼でつくる地域コミュニティ』全国コミュニティライフサポートセンター


● **第 3 章**

秋元美世・平田厚，2015，『社会福祉と権利擁護──人権のための理論と実践』有斐閣

岩田正美，2008，『社会的排除──参加の欠如・不確かな帰属』有斐閣

渡辺一史，2018，『なぜ人と人は支え合うのか──「障害」から考える』筑摩書房


● **第 4 章**

藤原瑠美，2013，『ニルスの国の認知症ケア──医療から暮らしに転換したスウェーデン』ドメス出版

ブレイディみかこ，2016，『ヨーロッパ・コーリング──地べたからのポリティカル・レポート』岩波書店

リッチモンド，メアリー・E，1991，『ソーシャル・ケース・ワークとは何か』小松源助訳，中央法規出版


● **第 5 章**

杉本章，2008，『障害者はどう生きてきたか──戦前・戦後障害者運動史（増補改訂版）』現代書館

日本地域福祉学会編，2006，『地域福祉事典（新版）』中央法規出版

日本福祉教育・ボランティア学習学会監修，2017，『ふくしと教育――特集　七・二六（相模原殺傷）事件を考える』第 22 号，大学図書出版

三浦文夫，1997，『社会福祉政策研究（増補改訂版）――福祉政策と福祉改革』全国社会福祉協議会

● 第 6 章

大橋謙策・白澤政和編，2014，『地域包括ケアの実践と展望――先進的地域の取り組みから学ぶ』中央法規出版

『社会福祉学習双書』編集委員会編，2020，『社会福祉学習双書 2020 第 8 巻 地域福祉論――地域福祉の理論と方法』全国社会福祉協議会

社会福祉士養成講座編集委員会，2017，『福祉行財政と福祉計画（第 5 版）』中央法規出版

● 第 7 章

岡檀，2013，『生き心地の良い町――この自殺率の低さには理由（わけ）がある』講談社

東洋大学福祉社会開発研究センター編，2011，『地域におけるつながり・見守りのかたち――福祉社会の形成に向けて』中央法規出版

宮本太郎，2017，『共生保障――〈支え合い〉の戦略』岩波書店

● 第 8 章

全国社会福祉法人経営者協議会監修，河幹夫・菊池繁信・宮田裕司・森垣学編，2016，『社会福祉法人の地域福祉戦略』生活福祉研究機構

永田祐・谷口郁美，2018，『越境する地域福祉実践――滋賀の縁創造実践センターの挑戦』全国社会福祉協議会

原田正樹監修，伊賀市社会福祉協議会編，2008，『社協の底力――地域福祉実践を拓く社協の挑戦』中央法規出版

和田敏明・渋谷篤男編，2015，『概説 社会福祉協議会』全国社会福祉協議会

● 第 9 章

中西正司・上野千鶴子，2003，『当事者主権』岩波書店

日本 NPO センター編，2016，『知っておきたい NPO のこと 4　参加編』

早瀬昇，2018，『「参加の力」が創る共生社会――市民の共感・主体性をどう醸成するか』ミネルヴァ書房

## ● 第 10 章

岩間伸之，2014，『支援困難事例と向き合う──18 事例から学ぶ援助の視点と方法』
中央法規出版

勝部麗子，2016，『ひとりぼっちをつくらない──コミュニティソーシャルワーカーの
仕事』全国社会福祉協議会

全国民生委員児童委員連合会編，2016，『単位民児協運営の手引き』全国民生委員児童
委員連合会

全国民生委員児童委員連合会編，2018，『これからの民生委員・児童委員制度と活動の
あり方に関する検討委員会報告書』


## ● 第 11 章

東洋大学福祉社会開発研究センター編，2020，『社会を変えるソーシャルワーク──制
度の枠組みを越え社会正義を実現するために』ミネルヴァ書房

日本地域福祉研究所監修／中島修・菱沼幹男編，2015，『コミュニティソーシャルワー
クの理論と実践』中央法規出版

野村総合研究所，2013，『コミュニティソーシャルワーカー（地域福祉コーディネー
ター）調査研究事業報告書』〔平成 24 年度セーフティネット支援対策等事業費補
助金（社会福祉推進事業分）

野村武夫，1999，『はじめて学ぶグループワーク──援助のあり方とワーカーの役割』
ミネルヴァ書房

松永俊文・野上文夫・渡辺武男編，2002，『現代コミュニティワーク論──21 世紀，
地域福祉をともに創る（新版）』中央法規出版


## ● 第 12 章

金川克子・田髙悦子編，2011，『地域看護診断（第 2 版）』東京大学出版会

川上富雄編，2017，『地域アセスメント──地域ニーズ把握の技法と実際』学文社

コミュニティソーシャルワーク実践研究会編，2013，『コミュニティソーシャルワーク
と社会資源開発──コミュニティソーシャルワーカーからのメッセージ』CLC

全国社会福祉協議会／全国ボランティア・市民活動振興センター編，2019，「地域共生
社会に向けた福祉教育の展開──サービスラーニングの手法で地域をつくる」全国
社会福祉協議会

筒井のり子，1995，『ボランティアコーディネーター──その理論と実際』大阪ボラン
ティア協会

牧里毎治・野口定久編，2007，『協働と参加の地域福祉計画──福祉コミュニティの形
成に向けて』ミネルヴァ書房

● 第 13 章

中本忠子, 2017, 『あんた, ご飯食うたん？　子どもの心を開く大人の向き合い方』カンゼン

パットナム, ロバート・D, 2017, 『われらの子ども──米国における機会格差の拡大』柴内康文訳, 創元社

山崎亮, 2011, 『コミュニティデザイン──人がつながるしくみをつくる』学芸出版社


● 第 14 章

沢田清方, 1998, 『住民と地域福祉活動』ミネルヴァ書房

新地域支援構想会議編, 2019, 『助け合いによる生活支援を広げるために──住民主体の地域づくり』シリーズ住民主体の生活支援サービスマニュアル第 1 巻（改訂版）』全国社会福祉協議会

藤井博志監修, 2012, 『地域支え合いのすすめ──暮らしの場（日常生活圏域）における福祉のまちづくり』CLC


● 第 15 章

社会福祉士養成講座編集委員会, 2017, 『福祉行財政と福祉計画（第 5 版）』中央法規出版

総務省, 2019, 『地方財政白書　平成 31 年版（平成 29 年度決算)』

宮城孝・長谷川真司・久津摩和弘編, 2018, 『地域福祉とファンドレイジング──財源確保の方法と先進事例』中央法規出版

# あとがき

　この本が世の中に出るまでには，多くの人の支えがありました。この場を借りてお礼を申し上げます。

　動画の取材に協力していただいたNPO法人おかやまUFEの阪井ひとみ代表，社会福祉法人氷見市社会福祉協議会の森脇俊二事務局次長に，まずは感謝申し上げます。また，動画の企画から撮影・編集まで，一般社団法人日本ソーシャルワーク教育学校連盟（ソ教連）の小森敦事務局長はじめ，スタッフの皆様に多大な協力をしていただきました。本書で紹介できる動画は，ソ教連のホームページ（http://jaswe.jp/yuhikaku/）からも見られます。

　ストーリーの作成にあたっては，執筆者による原案を，ライターの大西桃子さんに手直ししていただきました。大西さんは新聞や雑誌に記事を書くお仕事をしながら，地域の子どもたちのための無料塾（学習支援）の運営もしていて，まさに地域福祉実践者です。彼女が息をふきこんでくれたおかげで，美咲たちはとても生き生きとしたキャラクターに育ちました。

　座談会の収録の時には，社会福祉法人福祉楽団の「恋する豚研究所」をお借りしました。ここは，障害をもつ方々が自分らしく就労できる事業所です。とてもおしゃれで美味しいレストランとしてメディアでもよく取り上げられていて，地域の方々と自然なふれあいが生まれる空間になっています。

　また，本書をまとめるうえで，武蔵野大学（当時）の大澤陽朗さん，中川花南さんが手伝ってくださいました。今，お二人は大学を卒業され，それぞれ地域福祉を進める大事なお仕事をなさっています。お二人の，そして地域の方々の未来のため，ますます活躍されることをお祈りします。

　最後に，担当編集者である有斐閣書籍編集第2部の松井智恵子さんには，本当にお世話になりました。なかなか筆の進まない4人でしたが，松井さんには温かく，また叱咤激励をいただきながら，なんとかまとめることができました。

　そのほかにも，多くの方々の協力のおかげでこの本が完成しました。ありがとうございました。

　2020年6月

　　　　　　　　　　　　　　加山弾・熊田博喜・中島修・山本美香

# 文　献

AERA, 2019,「台風 19 号「人命」より「住民票」？　ホームレス避難所拒否で見えた自治体の大きな課題」, https://headlines.yahoo.co.jp/article?a=20191013-00000012-sasahi-soci&p=2

秋元美世・大島巌・芝野松次郎・藤村正之・森本佳樹・山縣文治編, 2003,『現代社会福祉辞典』有斐閣

秋元美世, 2010,『社会福祉の利用者と人権──利用関係の多様化と権利保障』有斐閣

秋元美世, 2015,「市民社会と権利擁護」秋元美世・平田厚『社会福祉と権利擁護──人権のための理論と実践』有斐閣

朝日新聞, 2018,「広がる『子ども食堂』, 全国で 2286 カ所 2 年で 7 倍超」(『朝日新聞』2018年 4 月 4 日)

足立区こころの健康, https://www.city.adachi.tokyo.jp/kokoro/fukushi-kenko/kenko/kokoro-g-kenshu.html （2018 年 11 月 3 日取得）

井岡勉, 2006,「地域福祉の源流と展開」日本地域福祉学会編『地域福祉事典（新版）』中央法規出版

市川一宏, 2006,「地域福祉における政策・計画と経営・運営との関係」日本地域福祉学会編『地域福祉事典（新版）』中央法規出版

市川一宏・大橋謙策・牧里毎治編, 2014,『地域福祉の理論と方法（第 2 版）』ミネルヴァ書房

稲沢公一, 2008a,「集団援助」稲沢公一・岩崎晋也『社会福祉をつかむ』有斐閣

稲沢公一, 2008b,「社会福祉の理念」稲沢公一・岩崎晋也『社会福祉をつかむ』有斐閣

岩田正美, 2008,『社会的排除──参加の欠如・不確かな帰属』有斐閣

右田紀久恵, 2005,『自治型地域福祉の理論』ミネルヴァ書房

エスピン-アンデルセン, イエスタ, 2001,『福祉資本主義の三つの世界──比較福祉国家の理論と動態』岡沢憲芙・宮本太郎監訳, ミネルヴァ書房

エツィオーニ, アミタイ, 2005,『ネクスト──善き社会への道』小林正弥監訳, 公共哲学センター訳, 麗澤大学出版会

大阪ボランティア協会／岡本榮一・筒井のり子・早瀬昇・牧口明・妻鹿ふみ子・巡静一編 2004,『ボランティア・NPO 用語事典』中央法規出版

大利一雄, 1990,「集団援助技術」岡本民夫・小田兼三編『社会福祉援助技術論』ミネルヴァ書房

大橋謙策, 1989,『地域福祉の展開と福祉教育』全国社会福祉協議会

大橋謙策, 1998,「コミュニティ・ソーシャルワークを踏まえた地域福祉実践」『社会福祉構造改革と地域福祉の実践』東洋堂企画出版社

大橋謙策, 1999,『地域福祉』放送大学教育振興会

大橋謙策編, 2014,『ケアとコミュニティ──福祉・地域・まちづくり』ミネルヴァ書房

大山博, 2005,「英国の福祉改革の概観──『Welfare to work』を中心として」『大原社会問題研究所雑誌』560

岡村重夫, 1974,『地域福祉論』光生館

岡村重夫，1976，「福祉教育の目的」伊藤隆二・上田薫・和田重正編『福祉教育の思想・入門講座 3 福祉の教育』柏樹社

奥西栄介，2000，「ケアマネジメントで調整する資源」白澤政和・橋本泰子・竹内孝仁監修『ケアマネジメント概論』中央法規出版

小田兼三，1993，『現代イギリス社会福祉研究——日本からみた理論・政策・実践と課題』川島書店

笠井信一，1928，『済世顧問制度之精神』岡山県社会事業協会

勝部麗子，2016，『ひとりぼっちをつくらない——コミュニティソーシャルワーカーの仕事』全国社会福祉協議会

河東田博，2007，「ノーマライゼーション」岡本民夫・田端光美・濱野一郎・古川孝順・宮田和明編『エンサイクロペディア社会福祉学』中央法規出版

金川克子・田髙悦子編，2011，『地域看護診断（第 2 版）』東京大学出版会

金田耕一，2012，「リベラリズムの展開——その振幅と変容」川崎修・杉田敦編『現代政治理論（新版）』有斐閣

加納恵子，1989，「コミュニティワーカー」高森敬久・高田真治・加納恵子・定藤丈弘『コミュニティ・ワーク——地域福祉の理論と方法』海声社

河北新報社編集局編，1975，『むらの日本人——'70 年代・東北農民の生き方』勁草書房

加山弾監，栃木県社会福祉協議会・とちぎ社協コミュニティワーク研究会編，2009，『社協コミュニティワーカーさぽーと・ぶっく 黒子読本』

加山弾，2010，「コミュニティ・オーガニゼーション理論生成の系譜」『東洋大学社会学部紀要』47

川上富雄編，2017，『地域アセスメント——地域ニーズ把握の技法と実際』学文社

菊池理夫，2007，『日本を甦らせる政治思想——現代コミュニタリアニズム入門』講談社現代新書

京極高宣・高橋紘士・小林良二・和田敏明編，1988，『福祉政策学の構築——三浦文夫氏との対論』全国社会福祉協議会

熊田博喜，2008，「ソーシャル・インクルージョンと地域社会」園田恭一・西村昌記編『ソーシャル・インクルージョンの社会福祉』ミネルヴァ書房

熊田博喜，2015，「地域での『支え合い』の新潮流——新しい地域のつながりづくりに挑む」『ネットワーク』東京ボランティア・市民活動センター，339

熊田博喜，2018，「社会福祉領域で求められる居場所づくりの展開プロセスと技法」『社会福祉研究』133

倉沢進，1998，『コミュニティ論——地域社会と住民活動』放送大学教育振興会

警察庁，2020，「東日本大震災について『警察措置と被害状況（2020 年 3 月 10 日）』」

小松理佐子，2012，「日本型コミュニティケア政策の変遷——地域包括ケアが実現しない要因」日本社会福祉学会編『対論社会福祉学 2 社会福祉政策』中央法規出版

厚生労働省，2006，「平成 17 年度福祉行政報告例」

厚生労働省，2016，「平成 27 年度福祉行政報告例」

厚生労働省，2018a，「2018 年海外情勢報告」

厚生労働省，2018b，「社会保障の給付と負担の現状」

厚生労働省，2018c，「災害時の福祉支援体制の整備に向けたガイドライン」

厚生労働省社会保障審議会福祉部会，2002，『市町村地域福祉計画及び都道府県地域福祉支援計画策定指針の在り方について（一人ひとりの地域住民への訴え）』

厚生労働省地域共生社会推進検討会，2019，『地域共生社会に向けた包括的支援と多様な参加・協働の推進に関する検討会最終とりまとめ』

厚生労働省地域力強化検討会，2017，『地域力強化検討会最終とりまとめ——地域共生社会の実現に向けた新しいステージへ』

厚生労働省老健局，2014，『介護保険制度の改正について（地域包括ケアシステムの構築関連）』

小林良二，2013，「地域の見守りネットワーク」藤村正之編『協働性の福祉社会学——個人化社会の連帯』東京大学出版会

小林良二，2015，「地域コミュニティ型組織とアソシエーション型組織の有機的連携」社会福祉士養成講座編集委員会編『地域福祉の理論と方法（第3版）』中央法規出版

コミュニティソーシャルワーク実践研究会，2013，『コミュニティソーシャルワークと社会資源開発——コミュニティソーシャルワーカーからのメッセージ』CLC

斉藤雅茂，2018，『高齢者の社会的孤立と地域福祉——計量的アプローチによる測定・評価・予防策』明石書店

佐甲学，2018，「地域福祉の計画化」『社会福祉学習双書』編集委員会編『社会福祉学習双書2018 第8巻 地域福祉論——地域福祉の理論と方法』全国社会福祉協議会

佐藤彰一，2017，「知的障害者の意思決定支援」『さぽーと』日本知的障害者福祉協会，64(1)

佐藤進，1977，「社会福祉サービスの法の仕組み」佐藤進・児島美都子編『社会福祉の法律入門』有斐閣

サラモン，レスター・M.／アンハイア，H.K.，1996，『台頭する非営利セクター——12カ国の規模・構成・制度・資金源の現状と展望』今田忠監訳，ダイヤモンド社

渋谷篤男，2017，「地域福祉サービスの実際」『社会福祉学習双書』編集委員会編『社会福祉学習双書2017 第8巻 地域福祉論——地域福祉の理論と方法』全国社会福祉協議会

清水良平，1967，「農業労働力の地域分布動向について」『農業総合研究』21

『社会福祉学習双書』編集委員会編，2009，『社会福祉学習双書2009 第8巻 地域福祉論——地域福祉の理論と方法』全国社会福祉協議会

『社会福祉学習双書』編集委員会編，2012，『社会福祉学習双書2012 第8巻 地域福祉論——地域福祉の理論と方法』全国社会福祉協議会

『社会福祉学習双書』編集委員会編，2019，『社会福祉学習双書2019 第8巻 地域福祉論——地域福祉の理論と方法』全国社会福祉協議会

須加美明，1996，「日本のホームヘルプにおける介護福祉の形成史」『社会関係研究』第2巻第1号

杉野昭博，2007，『障害学——理論形成と射程』東京大学出版会

Z市社会福祉協議会，2018，「ふれあいのまちづくり事業」説明資料

全国社会福祉協議会編，1984．『地域福祉計画——理論と方法』

全国社会福祉協議会，2008，「福祉サービス第三者評価事業のご案内」

全国社会福祉協議会全国ボランティア・市民活動復興センター，2018，『全社協被災地支援・

災害ボランティア情報 東日本大震災ボランティア活動者数の推移——東日本大震災岩手県，宮城県，福島県のボランティア活動者数』

全国民生委員児童委員連合会，2017a,「児童委員制度創設 70 周年全国児童委員活動強化推進方策 2017」

全国民生委員児童委員連合会，2017b,「民生委員制度創設 100 周年活動強化方策——人びとの笑顔，安全，安心のために」

全国民生委員児童委員連合会，2018,「民生委員制度 100 周年記念 全国モニター調査報告書」

全国民生委員児童委員連合会，2019,「民生委員制度創設 100 周年史」

総務省，2018a,『平成 30 年度 不交付団体の状況』

総務省，2018b,「地方財政の状況（平成 30 年度）」

総務省行政評価局，2017,「買物弱者対策に関する実態調査結果報告書」

総務省地域力創造グループ過疎対策室，2016,「平成 27 年度版 過疎対策の現況（概要版）」

田垣正晋，2006,「社会における障害とは何か」田垣正晋編『障害・病いと「普通」のはざまで——軽度障害者 どっちつかずのジレンマを語る』明石書店

高野和良，2014,「限界集落における地域生活支援」日本社会福祉学会事典編集委員会編『社会福祉学事典』丸善出版

高橋勝彦，2006,「サービスの質の向上と評価」日本地域福祉学会編『地域福祉事典（新版）』中央法規出版

高森敬久・高田真治・加納恵子・定藤丈弘，1989,『コミュニティ・ワーク——地域福祉の理論と方法』海声社

高森敬久・高田眞治・加納恵子・平野隆之，2003,『地域福祉援助技術論』相川書房

武川正吾，2006,『福祉国家と市民社会Ⅲ 地域福祉の主流化』法律文化社

武川正吾，2007,「地域福祉計画への途」牧里毎治・野口定久編『協働と参加の地域福祉計画——福祉コミュニティの形成に向けて』ミネルヴァ書房

竹中勲，2001,「社会保障と基本的人権」日本社会保障法学会編『講座社会保障法 1 21 世紀の社会保障法』法律文化社

立岩真也，2002,「ノーマライゼーション」市野川容孝編『生命倫理とは何か』平凡社

田中英樹，2015,「コミュニティソーシャルワークの概念」中島修・菱沼幹男編『コミュニティソーシャルワークの理論と実践』』中央法規出版

谷本寛治，2006,『ソーシャル・エンタープライズ』中央経済社

田端光美，1982,『日本の農村福祉』勁草書房

地域包括ケア研究会，2008,「地域包括ケア研究会報告書」

地域力強化検討会，2017,「地域力強化検討会最終とりまとめ——地域共生社会の実現に向けた新しいステージへ」

トインビーホールホームページ，http://www.toynbeehall.org.uk/（2018 年 10 月 10 日取得）

東京新聞，2017,「子ども食堂『だんだん』5 年で延べ 3000 人 大田区から共感全国へ」（『東京新聞』2017 年 9 月 3 日朝刊）

東京都，2013,「東京における自殺総合対策の基本的な取組方針の概要」（平成 25 年 11 月改正）

東京都監察医務局，2010,「東京都 23 区における孤独死の実態」

東京都社会福祉協議会, 2017,「生活困窮者自立支援法における地域のネットワークの活用に関する区市アンケート報告書（概要版）」

東京都福祉保健局高齢社会対策部在宅支援課, 2013,『高齢者等の見守りガイドブック——誰もが安心して住み続けることができる地域社会を実現するために』

東京の自治あり方研究会, 2015,「東京の自治あり方研究会 最終報告」

東京ボランティア・市民活動センター, 2003,「イギリスのコンパクトから学ぶ協働のあり方——ボランティア・市民活動, NPO と行政の協働をめざして」

鳥越晧之, 1993,『家と村の社会学（増補版）』世界思想社

内閣府, 2011,「セルフネグレクト状態にある高齢者に関する調査——幸福度の視点から 報告書」（平成 22 年度内閣府経済社会総合研究所委託事業）

内閣府, 2018,『平成 30 年版 防災白書』

内閣府, 2019,「生活状況に関する調査」（平成 30 年度）

内閣府 NPO ホームページ, https://www.npo-homepage.go.jp/npoportal/（2018 年 2 月 23 日取得）

内閣府市民活動促進担当, 2014,「ボランティア関係参考資料」

中島修, 2017,「地方自治体」『社会福祉学習双書』編集委員会編『社会福祉学習双書 2017 第 8 巻 地域福祉論——地域福祉の理論と方法』全国社会福祉協議会

中島修, 2019a,『社会福祉セミナー 2019 年 10 月〜2020 年 3 月』NHK 出版

中島修, 2019b,「福祉教育とボランティア」『NHK 社会福祉セミナー 2019 年 10 月〜2020 年 3 月』NHK 出版

中西正司・上野千鶴子, 2003,『当事者主権』岩波書店

中野いく子, 1980,「地域福祉の理論的枠組に関する一考察」『季刊社会保障研究』15(4)

ニィリエ, B., 1998,『ノーマライゼーションの原理——普遍化と社会変革を求めて』河東田博・橋本由紀子・杉田穏子訳, 現代書館

日本地域福祉学会編, 2006,『地域福祉事典（新版）』中央法規出版

日本地域福祉学会東日本大震災復興支援・研究委員会編, 2015,『東日本大震災と地域福祉——次代への継承を探る』中央法規出版

日本地域福祉研究所監修／中島修・菱沼幹男編, 2015,『コミュニティソーシャルワークの理論と実践』中央法規出版

日本ファンドレイジング協会, 2012,『認定ファンドレイザー必修研修テキスト』

日本ボランティアコーディネーター協会ホームページ, https://jvca2001.org/whats_vco/explanation/（2019 年 12 月 1 日取得）

野口定久, 2006,「住民運動と市民運動」日本地域福祉学会編『地域福祉事典（新版）』中央法規出版

野口定久, 2008,『地域福祉論——政策・実践・技術の体系』ミネルヴァ書房

野村総合研究所, 2013,「平成 24 年度セーフティネット支援対策等事業費補助金（社会福祉推進事業分）コミュニティソーシャルワーカー（地域福祉コーディネーター）調査研究事業報告書」〔平成 24 年度セーフティネット支援対策等事業費補助金（社会福祉推進事業分）〕

野村武夫, 1999,『はじめて学ぶグループワーク——援助のあり方とワーカーの役割』ミネルヴァ書房

蓮見音彦，1999，「地域社会」庄司洋子・木下康仁・武川正吾・藤村正之編『福祉社会事典』
　　弘文堂

パットナム，ロバート・D.，2017，『われらの子ども――米国における機会格差の拡大』柴内
　　康文訳，創元社

原田正樹，2009，『共に生きること共に学びあうこと――福祉教育が大切にしてきたメッセー
　　ジ』大学図書出版

原田正樹，2014，「ケアリングコミュニティの構築に向けた地域福祉――地域福祉計画の可能
　　性と展開」大橋謙策編『ケアとコミュニティ――福祉・地域・まちづくり』ミネルヴァ書
　　房

バンク－ミケルセン，N.E.，1998，『「ノーマリゼーションの父」N.E.バンク－ミケルセ
　　ン――その生涯と思想』花村春樹訳，ミネルヴァ書房

平岡公一，2003，『イギリスの社会福祉と政策研究――イギリスモデルの持続と変化』ミネル
　　ヴァ書房

平塚良子，2013，「メアリー・リッチモンドのソーシャルワークの機能論省察」『西九州大学健
　　康福祉学部紀要』44

福祉医療機構，2019，『社会福祉振興助成事業 事業評価報告書』

藤井博志，2018，「地域福祉拠点の形成と地域共同ケアの推進」『生活協同組合研究』511

復興庁・震災関連死に関する検討会，2012，「東日本大震災における震災関連死に関する報告」
　　復興庁

古川孝順，2003，『社会福祉原論』誠信書房

古川孝順編，2007，『生活支援の社会福祉学』有斐閣

ふるさと納税研究会，2007，『ふるさと納税研究会報告書』

ブレイディみかこ，2016，『ヨーロッパ・コーリング――地べたからのポリティカル・レポー
　　ト』岩波書店

法務省，2017，「平成 29 年 6 月末現在における在留外国人数について（確定値）」

穂坂光彦，2017，「開発福祉の視点」日本福祉大学アジア福祉社会開発研究センター編『地域
　　共生の開発福祉――制度アプローチを越えて』ミネルヴァ書房

ポランニー，K.，1980，『人間の経済 I　市場社会の虚構性』玉野井芳郎・栗本慎一郎訳，岩波
　　書店

牧賢一，1966，『コミュニティ・オーガニゼーション概論――社会福祉協議会の理論と実際』
　　全国社会福祉協議会

牧里毎治，1983，「研究の課題と展望――地域福祉研究を中心に」三浦文夫・忍博次編『講座
　　社会福祉 8 高齢化社会と社会福祉』有斐閣

牧里毎治，1990，「地域援助技術」岡本民夫・小田兼三編『社会福祉援助技術総論』ミネル
　　ヴァ書房

牧里毎治・野口定久編，2007，『協働と参加の地域福祉計画――福祉コミュニティの形成に向
　　けて』ミネルヴァ書房

町村敬志・西澤晃彦，2000，『都市の社会学――社会がかたちをあらわすとき』有斐閣

松岡洋子，2009，「障害者の福祉サービスの利用の仕組みに係る国際比較に関する調査研究事
　　業報告書」厚生労働省平成 20 年度障害者保健福祉推進事業（障害者自立支援調査研究プ

ロジェクト）

松永俊文・野上文夫・渡辺武男編, 2002, 『現代コミュニティワーク論――21 世紀, 地域福祉をともに創る（新版）』中央法規出版

松村直道, 2006, 「町内会・自治会」日本地域福祉学会編『地域福祉事典（新版）』中央法規出版

三浦文夫, 1997, 『社会福祉政策研究（増補改訂版）――福祉政策と福祉改革』全国社会福祉協議会

宮城孝・長谷川真司・久津摩和弘, 2018, 『地域福祉とファンドレイジング――財源確保の方法と先進事例』

宮本太郎, 2013, 『社会的包摂の政治学――自立と承認をめぐる政治対抗』ミネルヴァ書房

宮本常一, 1987, 『庶民の発見』講談社

村上徹也, 2008, 「米国におけるサービスラーニング――教育と社会貢献活動の融合」『ボランティアコーディネーター白書 2007-2009 年版』日本ボランティアコーディネーター協会

村上徹也ほか, 2009, 『ボランティア白書 2009 今後の地域福祉とボランティア』日本青年奉仕協会

妻鹿ふみ子, 2010, 「福祉を支える『連帯』という思想を問い直す」妻鹿ふみ子編『地域福祉の今を学ぶ――理論・実践・スキル』ミネルヴァ書房

文部科学省, 2014, 「日本語指導が必要な児童生徒の受入状況等に関する調査」（平成 26 年度）

山縣文治・柏女霊峰, 2013, 『社会福祉用語辞典（第 9 版）』ミネルヴァ書房

山口稔, 2010, 『コミュニティ・オーガニゼーション統合化説――マレー・G・ロスとの対話』関東学院大学出版会

山崎亮, 2011, 『コミュニティ・デザイン――人がつながるしくみをつくる』学芸出版社

山本克彦, 2006, 『ワークショップ入門――実践とプロセスアプローチ』久美出版

山本美香, 2017, 「都市部の団地（集合住宅）における課題と支援」『月刊福祉』第 100 巻, 全国社会福祉協議会

湯浅誠, 2016, 「『子ども食堂』の混乱, 誤解, 戸惑いを整理し, 今後の展望を開く」, https://news.yahoo.co.jp/byline/yuasamakoto/20161016-00063123/

湯浅誠, 2017, 『「なんとかする」子どもの貧困』角川新書

横山浩司, 1986, 『子育ての社会史』勁草書房

リード, ケニス・E., 1992, 『グループワークの歴史――人格形成から社会的処遇へ』大利一雄訳, 勁草書房

和田敏明・渋谷篤男編, 2015, 『概説 社会福祉協議会』全国社会福祉協議会

渡邉洋一, 2000, 『コミュニティケア研究――知的障害をめぐるコミュニティケアからコミュニティ・ソーシャルワークの展望』相川書房

Bradshow, Jonathan, 1972, "The Concept of Social Need," *New Society*, 30, 1972, pp.640-643. Reprinted in Neil Gilbert and Harry Specht, 1977, *Planning for Social Welfare: Issues, Models, and Tasks*, Prentice-Hall Inc., New Jersey, pp.200-296.

Dunham, A., 1958, *Community Welfare Organization: Principles and Practice*, Crowell Company.

Harper, E. B. and Dunham, A. eds., 1959, *Community Organization in Action: Basic Literature and*

*Critical Comments*, Association Press.

Jo Cox Commission On Loneliness, 2018, Jo Cox Loneliness Start a Conversation Combatting Loneliness One Conversation at a time.（中島修訳，2018，「つながりのある社会——孤独に取り組むための戦略」）

Oldenburg, R., 1999, *The Great Good Place : Cafes, Coffee Shops, Bookstores, Bars, Hair Salons, and Other Hangouts at the Heart of a Community*, 2nd ed., Da Capo Press.（忠平美幸訳，2013，『サードプレイス——コミュニティの核になる「とびきり居心地よい場所」』みすず書房）

Reid, Kenneth E., 1981, *From Character Building to Social Treatment: The History of the Use of Groups in Social Work*, Green Press.（大利一雄訳，1992，『グループワークの歴史——人格形成から社会的処遇へ』勁草書房）

Ross, Murray G., 1955, *Community Organization: Theory and Principles*, Harper & Brothers.（岡村重夫訳，1963，『コミュニティ・オーガニゼーション——理論と実際』全国社会福祉協議会）

Rothman, J., Erlich, J. L. and Tropman, J. E. eds., 1995, *Strategies of Community Intervention : Macro Practice*, 5th ed., F.E. Peacock Publishers.

VCU Libraries, "Social Welfare History Project" https://socialwelfare.library.vcu.edu/eras/civil-war-reconstruction/charity-organization-societies-1877-1893/（2018 年 5 月 21 日取得）.

Wirth, L., 1938, "Urbanism as a Way of Life," *American Journal of Sociology*, 44（1）（高橋勇悦訳，1965，「生活様式としてのアーバニズム」鈴木広訳編『都市化の社会学』誠信書房）

# 索　引

──────── 事 項 索 引 ────────

———— 人 名 索 引 ————

有斐閣 ストゥディア

ストーリーで学ぶ地域福祉
*Introductory Community Social Welfare:*
*Learning from Stories*

2020 年 7 月 30 日　初版第 1 刷発行

| | | | |
|---|---|---|---|
| 著　者 | 加か熊くま中なか山やま | 山やま田だ島しま本もと | 博ひろ | 弾だん喜き修おさむ美み | 喜き修おさむ香か |
| 発 行 者 | 江 | 草 | 貞 | 治 |
| 発 行 所 | 株式会社 | 有 | 斐 | 閣 |

郵便番号　101-0051
東京都千代田区神田神保町 2-17
電話　（03）3264-1315〔編集〕
　　　（03）3265-6811〔営業〕
http://www.yuhikaku.co.jp/

印刷・萩原印刷株式会社／製本・大口製本印刷株式会社
©2020, Dan Kayama, Hiroki Kumada, Osamu Nakashima, Mika Yamamoto.
Printed in Japan
落丁・乱丁本はお取替えいたします。
★定価はカバーに表示してあります。
ISBN 978-4-641-15075-1